EUROPA COME

15 RACCONTI PER 15 NAZIONI

ANTOLOGIA A CURA DI ENZO SICILIANO
PRESENTAZIONE DI MICHELANGELO JACOBUCCI

GIUNTI

ISBN 88-09-20914-1
© 1996 Giunti Gruppo Editoriale, Firenze

Presentazione di Michelangelo Jacobucci	9
Un continente di forma umana di Enzo Siciliano	15

EUROPA COME

AUSTRIA *Barbara Frischmuth* L'Europa a cui penso	21
BELGIO *Henry Bauchau* Polinice	41
DANIMARCA *Lars Bonnevie* Europa Giano bifronte	67
FINLANDIA *Leena Krohn* Due lettere da Tainaron	85
FRANCIA *Bernard Chambaz* Romeo quest'inverno	97
GERMANIA *Luise Rinser* Europea di passaggio	113
GRAN BRETAGNA *Tim Parks* Strasburgo 1993	121
GRECIA *Vasilis Vasilikòs* Europa e Taso	137
IRLANDA *Aidan Mathews* Vegliando un ebreo	145
ITALIA *Giorgio van Straten* Nel centro dell'Europa	191
LUSSEMBURGO *Marco Goetz* Europa	203
PAESI BASSI *Anton Haakman* Dal centro eccentrico	217
PORTOGALLO *Fernando Campos* Ritorni	235
SPAGNA *Juan Goytisolo* Il nemico mortale	255
SVEZIA *Lars Gustafsson* Un sermone di prima estate	263
Notizie biobibliografiche	281

*L'Editore ringrazia la Direzione Generale
delle Relazioni Culturali del Ministero degli Affari Esteri
e gli Istituti Italiani di Cultura
presso i Paesi membri dell'Unione Europea
per la collaborazione prestata nella realizzazione
di questa Antologia.*

Presentazione

La mia carriera all'estero come diplomatico la iniziai in Australia. Di lì fui trasferito a Vienna, che raggiunsi direttamente da Melbourne.

In Austria non avevo ancora mai messo piede e lì in quegli anni, per l'inasprirsi della questione alto-atesina, l'ambiente era un po' meno accogliente del solito per un funzionario dello Stato italiano. Eppure ricordo che, dopo l'interminabile volo, non appena dall'aeroporto di Schwechat mi avvicinai alle prime case della capitale, il mio primo pensiero fu "Eccomi di nuovo a casa".

Questo spontaneo moto dell'animo dopo la lunga esperienza extraeuropea era per me solo una conferma di quanto la mia ragione mi aveva sempre suggerito.

Non era da molto tempo che avevo lasciato l'Università. Allora non c'erano i voli Apex, l'Eurovisione, i "giochi senza frontiere", l'Erasmus. Noi giovani, quelli più interessati ai rapporti con gli altri popoli e specie quelli che avevano scelto le materie umanistiche, cercavamo di conoscere l'Europa viaggiando in autostop, dormendo nei sacchi a pelo negli ostelli della gioventù, spaccando legna o pelando patate nei campi di lavoro per studenti. La sera cantavamo, brindavamo, ma soprattutto discutevamo animatamente, di tutto e anche del nostro futuro comune.

Molti dei luoghi dove ci incontravamo mostravano ancora le ferite della guerra. Quelle più difficili da rimarginare erano nei cuori dei più anziani tra noi che faticavamo a superare antichi astii e risentimenti.

L'Italia era un Paese vinto e povero, terra di emigranti. Se facevi l'autostop, appena scoprivano che eri italiano, poteva capitare che ti chiedessero se facevi il lavapiatti.

Tuttavia nessuno, dico nessuno, neanche i più arroganti e impietosi, mettevano in dubbio che l'Italia fosse alle radici dell'Europa e che la futura Europa senza l'Italia sarebbe stata impensabile.

Come pure pochi dubitavano che l'Europa avrebbe dovuto unirsi, intendo unirsi davvero, politicamente, per poter tornare a contare qualcosa nel mondo dopo essersi dilaniata e degradata con le sue proprie mani.

Certo su questo tema le idee erano tante e molto diverse tra loro, alcune ingenue, altre grandiose. Idee da giovani, appunto.

C'erano gli utopisti (e non possono mancare nei grandi progetti) che sognavano un'Europa dei popoli la quale, facendo tesoro delle sue drammatiche esperienze antiche e recenti, avrebbe potuto mediare tra Est e Ovest e trascendere in un nuovo umanesimo laico le due ideologie che dividevano il mondo.

Altri invece, più attratti dalla Realpolitik, anticipavano già la visione che fu poi molti anni dopo di Nixon e Kissinger, di un equilibrio mondiale multipolare nel quale una Superpotenza Europa avrebbe avuto una delle voci più autorevoli.

Tutti, gli uni e gli altri, anche se in maniera talvolta vaga e confusa, avevano in mente una sorta di Stati Uniti d'Europa.

Per gli idealisti il sogno federalista avrebbe dovuto realizzarsi dal basso, sotto la spinta delle masse. I realisti invece, allora li chiamavamo i "funzionalisti", volevano andare con i piedi di piombo e puntavano su una diversa spinta, meno potente, più graduale ma ritenuta più efficace, quella degli interessi economici e delle istituzioni comunitarie.

Quando poi passai a terminare gli studi all'ancor giovane Collegio d'Europa di Bruges, che aveva accolto vari rifugiati dall'Europa orientale, le discussioni si allargarono ad alti orizzonti che a quei tempi ci apparivano come i più temerari di tutti: se si potesse ipotizzare che un giorno, chi sa quando, anche quei Paesi si sarebbero liberati dal giogo sovietico e sarebbero rientrati nella grande famiglia europea.

Si trattava il più delle volte, ripeto di idee tutt'altro che articolate, di quelle che circolano intorno ad un tavolo di birreria. Ma dietro queste idee vi era entusiasmo e in cima a tutti i discorsi rispuntava sempre quella magnifica idea fissa: l'Europa unita.

Tutti, o quasi, più col sentimento che col ragionamento, pensavamo all'Europa come a qualcosa di reale, che era là, c'era sempre stata; a quelli della nostra generazione spettava il compito di riscoprirla e valorizzarla.

Io non so se questo sentire vivo ed intenso che avvertivo in tanti miei coetanei, francesi, olandesi, tedeschi, belgi, ma anche inglesi o svedesi e tanti altri incontrati in quegli anni – erano gli anni della Conferenza di

Messina e dei Trattati di Roma – fosse limitato alla cerchia di giovani accomunati dalla passione del viaggiare e della politica estera, dal piacere di comunicare nelle rispettive lingue o fosse invece più largamente diffuso anche tra studenti di diversa formazione e altre inclinazioni.

In questi quarant'anni tante cose sono cambiate, il quadro geopolitico ed economico si è trasformato radicalmente.

Certo è che oggi, nei contatti, professionali o no, che continuo ad avere con gli ambienti studenteschi di vari Paesi, questa "anima" europea non l'ho più ritrovata. Direi anzi meno che mai in quei giovani che più da vicino seguono la problematica europeistica, magari frequentando corsi di specializzazione in materie comunitarie o "stages" presso la Commissione europea. Quelli che la mia generazione potrebbe considerare i continuatori ideali dei dibattiti del periodo pionieristico sono oggi, salvo qualche eccezione, diversi, il loro linguaggio è assai più articolato, meditato, tecnico, tale da fare la gioia di qualsiasi eurocrate a Bruxelles, Strasburgo o Lussemburgo. È un linguaggio fatto di articoli di trattati, di convergenze, di cesti, di pilastri e di parametri. Ed è certo un bene che coloro che saranno gli addetti ai lavori di domani abbiano una misura pressoché scientifica delle poste in gioco, tengano i piedi ben piantati in terra e si avvalgano di una solida base giuridica ed economica. Ci vuole senza dubbio una preparazione specializzata di tutto rispetto per padroneggiare le nuove formule, complesse ma ricche di promesse, che si susseguono come mitiche tappe del processo integrativo: l'Atto Unico, il Grande Mercato Interno, il Trattato di Maastricht.

Solo che a volte ho l'impressione che i nuovi architetti dell'Europa, quelli affermati e quelli ancora in erba, pur dando prova di grande perizia ed anche immaginazione, con tutti i loro progetti a geometria variabile e a più velocità, non abbiano le idee ben chiare su che cosa alla fine intendano costruire.

Che ascolti relazioni di esperti o conversazioni da salotto, mi sorprendo spesso a pensare che ormai parliamo linguaggi diversi e che quando parliamo d'Europa i miei interlocutori, anche i più giovani, abbiano in mente non l'Europa del ventunesimo secolo ma quella del secolo decimonono.

Ma è proprio così? Non vi è più nemmeno una scintilla dell'idealismo o della lungimiranza politica dei "Padri fondatori"?

Riprendendo uno spunto nato nelle conversazioni in seno alla "troika" e su impulso del Ministro Susanna Agnelli, abbiamo pensato assieme ai colleghi della Direzione Generale delle Relazioni Culturali del Ministero degli Esteri di trarre vantaggio dall'attivismo creato nel nostro Semestre di Presidenza dell'Unione europea per avviare una riflessione anche su questo tema appassionante.

Come è vista l'Europa, soprattutto dai giovani e dagli intellettuali, dentro e fuori il nostro continente?

C'è ancora qualcuno che, al di sopra delle valutazioni mercantilistiche sulla convenienza di una zona di libero scambio, crede ad un minimo comune denominatore, ad un nucleo aggregatore, un *fundamentum* delle diverse culture che arricchiscono l'Europa? In altre parole, si può parlare di una identità dell'Europa? E in caso affermativo, quali ne sono i limiti e le frontiere?

Una riprova di quanto sia difficile dare una risposta a quesiti del genere è stata fornita dalla magistrale indagine promossa di recente dalla Fondazione Agnelli su "L'immagine dell'Europa nei manuali scolastici di Germania, Francia, Spagna, Gran Bretagna e Italia". Nelle scuole dei principali Paesi dell'Unione già la semplice definizione di Europa, anche sotto il mero profilo geografico, risulta ancora vaga ed ambigua.

Il nostro contributo non poteva che limitarsi necessariamente ad alcune poche iniziative mirate. Ma nei primi sei mesi del 1996, come "leit-motiv" del programma culturale della Presidenza italiana abbiamo scelto proprio quello dell'identità e delle frontiere culturali dell'Europa, con tavole rotonde tra accademici ed intellettuali e una serie di convegni e dibattiti nelle Università, nelle Scuole e nei nostri Istituti di Cultura.

In simile riflessione su una "Europa dei sentimenti" non potevamo trascurare la voce degli scrittori, che sono per vocazione i più vicini alle emozioni dei popoli e sanno come interpretarle ed esprimerle.

La Casa Editrice Giunti, sempre aperta agli esperimenti letterari, ha prontamente accolto i nostri suggerimenti ed è così nato il progetto, curato da par suo da Enzo Siciliano, di una antologia di quindici racconti originali, uno per ogni Paese dell'Unione, dal suggestivo titolo: *Europa, come*. Alcune case editrici potrebbero affiancarsi all'iniziativa, rafforzandone così l'originalità e il carattere di impresa comune.

Non sono qualificato ad esprimere un giudizio sulla piena validità ed il pregio letterario di questo esperimento. Mi sembra, in quanto lettore, che se un qualche indirizzo unitario è stato dato, gli autori lo hanno scarsamente rispettato, un tratto del resto usuale negli artisti. Ogni scrittore ha espresso innanzi tutto se stesso, qualche volta la sua terra, solo di sfuggita l'Europa. Diversi sono stati i criteri delle scelte, attuate in consultazione con gli ambienti interessati dei quindici Paesi e con l'assistenza dei Direttori degli Istituti Italiani di Cultura.

Ne è risultato un mosaico assai variegato, in quanto a motivi ispiratori, stili e livelli, ma forse per questo ancora più interessante.

Alcuni racconti mi sono piaciuti molto. Mi piace soprattutto, e spero che piaccia anche ad altri lettori, questo tentativo, quasi una sfida, di afferrare il bandolo di quel filo invisibile e inestricabile che lega Ulisse e Colombo, Fedro e Andersen, Erasmo e Saint-Simon, Calderon e Beckett.

Spira da questa raccolta una vitalità creativa e allo stesso tempo un'aria di famiglia che esorcizza antiche e nuove paure, da una parte di un livellamento delle culture nazionali, dall'altro di un rigurgito di eurocentrismo.

Leggendo queste pagine, mi sono sentito un tantino rassicurato. Ho rivissuto un sentimento non molto dissimile da quello provato molti anni addietro toccando nuovamente il suolo europeo. "Ecco, siamo tra noi".

MICHELANGELO JACOBUCCI
Direttore Generale delle Relazioni Culturali
del Ministero degli Affari Esteri

Un continente di forma umana

Novalis – correva l'anno 1799 – identificò l'Europa con la Cristianità: «Erano bei tempi, splendidi, quelli dell'Europa cristiana, quando un'unica cristianità abitava questo continente di forma umana, e un grande e comune interessamento univa le più lontane province di questo ampio regno spirituale».

Non so se "quei tempi" fossero realmente "splendidi". Comunque, questo è vero, la Cristianità aveva unito l'Europa: – non un potere temporale, ma una sensibilità spirituale.

I capitoli delle lotte fra papato e impero occupavano l'immaginazione di noi studenti della prima classe del liceo classico. L'Europa di cui leggevamo nel libro di storia era un continente travagliato da furibonde lotte intestine, ma la fede cristiana era il suo fiore: alla luce di quella fede, attraverso gli irradianti centri di studio, a Parigi, a Bologna, la cultura, tessuta di confronti laici, rendeva il continente, come ha scritto Novalis, «un ampio regno spirituale».

Neanche le insorgenti differenze linguistiche sembravano aprirvi faglie interne. Il vagabondaggio dei chierici portava l'intelligenza delle cose da un capo all'altro di quel complesso e vasto paese istituendo il fitto reticolo del sapere medievale.

Nacquero poi le dinastie, il feudalesimo trovò la sua fine nel nascere delle monarchie: le ragioni di tante corone diverse ebbero la meglio sui comandamenti del serto imperiale – il quale restò per alcuni secoli ancora simbolo smemorato di se stesso, uno scettro il cui potere poteva essere esercitato in una sola lingua, il tedesco.

Il secolo dei lumi diede all'Europa una nuova unità del sapere – nell'utopia enciclopedistica. Fu una purissima operazione intellettuale, di grandissima e indelebile novità, ma fu anche un esercizio unilaterale, svolto in lingua francese. L'epopea napoleonica fu la sua risoluzione pratica e la sua temporanea sconfitta.

Il Romanticismo inventò l'Europa delle patrie, o la cristallizzazione di una serie di separatezze culturali, le quali potevano anche richiamarsi ad alcuni principi comuni, ma ciò che le fondava era la parcellizzazione delle tante, contrastanti esperienze.

L'Europa delle differenti borghesie, dai differenti e concorrenziali sistemi economici, emerse violenta sotto il velo dei concordati diplomatici stipulati a Vienna col 1815.

Lo ha scritto Isaiah Berlin: come conseguenza di tutto questo «l'unità del mondo europeo risulta sconvolta... La ragione unisce, ma la volontà – l'autodeterminazione – divide».

Il liberalismo nascente si presenta subito con un doppio volto: se iscrive la ragione nella concretezza della storia, ne libera anche le energie segrete, e irrazionali (poiché la ragione si nutre di un sostrato irrazionale di non-ragione da trasformare in modo positivo passo per passo). Quelle energie segrete vollero anzitutto, e poté essere anche un bene, perseguire mete indipendenti. Ma la storia successiva ci ha insegnato che tale perseguimento travolse se stesso fino alla sovversione dei propri principi, alla negazione delle proprie radici.

Con il primo Novecento l'antica unità d'Europa fu polverizzata, anche se resisteva nell'immaginazione di alcuni come idealità: penso a un "immigrato" USA come T.S. Eliot, o a Corrado Alvaro, per il quale «la nostra tradizione ci richiama di continuo a una sconfinata libertà classica che è l'essenza dell'europeismo».

Oggi, l'Europa non ha più per noi l'eco di quel "richiamo". È una concreta prospettiva i cui problemi riempiono i tabulati degli economisti e dei politici. L'Europa della cultura si può esprimere, a esempio, nella gioia erratica del trasferirsi dall'Olanda a Berlino, da Berlino alla penisola iberica e viceversa, di cui parla, con ironica, spregiudicata fantasia, Cees Nooteboom. Ma può essere anche altro: può essere un segno di faticoso accertamento esistenziale, pure se le antiche parcellizzazioni romantiche hanno perduto non soltanto attrattiva ma senso, e in modo radicale.

Alle nostre spalle c'è la tragedia della seconda guerra mondiale, il lascito oscuro del fascismo, del nazismo e dello stalinismo. L'Europa fu sventrata da una volontà di potenza il cui fondamento concettuale le apparteneva di diritto, e per alcuni equivoci come parte nobile. Tutto ciò ha rappresentato una contraddizione le cui conseguenze morali sono difficili da smaltire.

Eppure, lo stesso Romanticismo che generò tanta necrosi ci ha insegnato che il peggiore d'ogni male è umiliare gli individui in nome di qualche schema o idea cui essi devono venir dannati come su un letto di Procuste – e peggio per chi, per razza o per fede, a quel letto non può essere legato.

È circolato nella prima metà secolo il fantasma di un'Europa unita nel terrore. L'Europa delle libertà che abbiamo davanti deve nascere non dall'oblio ma per la redenzione da tanta mostruosità.

Di sicuro, non può più appartenere a noi la vecchia Europa dei sistemi economici in lotta e concorrenziali; né ci appartiene l'antica Europa della Cristianità.

L'idea di unità comunitaria che possiamo coltivare deve però ospitare i sensi di quell'alta nostalgia che Novalis esprimeva – la nostalgia per "un continente di forma umana".

I racconti che questo volume raccoglie – un nome per ciascun Paese della Comunità – vogliono testimoniare l'eventualità concreta di una simile "forma umana".

Per le differenze di stile, di immaginazione, di tecniche che questi testi allineano qualcuno potrà eccepire una qualche disomogeneità d'intento: il riferimento di contenuto, l'Europa, potrà sembrare labile. L'Europa da costruire è qualcosa di diverso da una già sperimentata "società di nazioni".

Dopo l'ultimo conflitto si è ricostruito un comune orizzonte morale per tutti gli uomini civili. L'esperienza letteraria non può non essere che un'esperienza individuale, e le coordinate della politica le sono naturalmente estranee.

L'unità culturale europea è anzitutto un tema pratico: deve riguardare le strutture, l'organizzazione, l'apertura a contatti per una sempre più viva circolarità delle idee. Per il resto, ciascun scrittore, ciascun artista ha davanti soltanto il proprio lavoro disinteressato, la propria coscienza rigorosa e critica, la propria profondità da esplorare con la massima sapienza possibile.

Per questo verso, segni evidenti di unità la storia li ha già consegnati alla memoria collettiva, da Chaucer a Dante, da Boccaccio a Cervantes, da Ariosto a Racine, da Goethe a Leopardi, da Jane Austen a Balzac e a Manzoni, fino a Proust, a Cavafis, a Mann, a Montale.

La letteratura d'Europa è una articolatissima costellazione che ha sempre e soltanto narrato quanto la gloria e la dignità dell'uomo consistano nel fatto che, posto davanti al proprio destino, sia egli a scegliere e non sia piegato a una scelta che la forza gli impone.

In questo è l'immenso respiro di classicità che Corrado Alvaro avvertiva come il nucleo fondante dell'europeismo. Quel nucleo è ancora vivo, – piuttosto ha necessità d'essere ravvivato in modo incessante.

Enzo Siciliano

Europa *come*

AUSTRIA

Barbara Frischmuth

L'Europa a cui penso

Titolo originale:
Europa, das ich meine
Traduzione di Umberto Rinaldi

Barbara Frischmuth

L'Europa a cui penso

Sono nata in una regione che si è fatta rilasciare il brevetto ufficiale di centro geografico dell'Austria, e poiché l'Austria da sempre è stata descritta come il cuore d'Europa («Ti trovi al centro del continente, simile a un cuore forte», così dice il nostro inno nazionale), sono convinta, e non solo io, che il territorio dell'Aussee è anche il centro d'Europa. Un centro che mi andrebbe anche bene se come tale potesse almeno includere, e non escludere, ampie zone dell'ex blocco orientale, della Turchia e del Nordafrica. (In base a nuovi calcoli, il vero centro d'Europa dovrebbe trovarsi in Lituania, più esattamente attorno a Riga; l'estensione della Scandinavia viene normalmente sottovalutata). In ogni caso, mi piace immaginarmi un'Europa un po' più grande, che non ha reciso le sue radici e per la quale il Mediterraneo non è un confine ma un ponte. Quando oggi si parla di Europa, mi vengono subito in mente due cose. La prima è che il nome Europa è un'autodefinizione, a differenza dei nomi dell'Africa e dell'Asia, che sono stati dati dagli europei. La seconda è che Europa doveva essere originariamente una principessa fenicia che improvvisamente – secondo la leggenda, per un motivo erotico – si è ritrovata nel continente che da lei ha poi preso il nome.

Questa origine fenicia è una sigla abbreviata e ben riuscita per il futuro occidente cristiano, che non solo si è preso un nome orientale, ma anche si è fondato su una dottrina salvifica orientale, per non parlare dell'intenso commercio di pensieri e idee svoltosi con le altre due importanti civiltà, quella ebrea e quella musulmana, di cui però si tace volentieri, quando si tratta di autopresentarsi. Nel frattempo Donna Europa si è completamente europeizzata, come si vede chiaramente dal suo marchio di fabbrica, con cui ha stampigliato tutto quanto ha preso dagli altri, e dal severo rigore con cui esige che esso venga utilizzato solo dietro remunerazione. In effetti l'Europa non ha più niente a che fare con quella principessa orientale, ma assomiglia piuttosto a quegli ermafroditi molto simili alla creatura allegorica a cui il poeta iraniano Said così si rivolge nelle sue *Notizie dall'esilio*:

Tutto tu vendi Europa,
e ti acquisti in cambio quella malattia
per cui un giorno davanti alla storia
sarai dichiarata insolvente.
Europa schizofrenica
ora innocente amore giovanile
ora baldracca convertibile!

Si tratta di un intervento, in forma epistolare, tenuto da Said al X Congresso degli Scrittori europei a Regensburg, e racconta la storia di un esiliato persiano, dell'Europa quale suo amore giovanile, che lui aveva identificato se non con libertà, eguaglianza e fraternità, certo almeno con la libertà, che però, anche in questo, l'aveva sempre deluso; vero è che egli sottolinea di avere imparato dall'Europa «che la libertà è sempre ed esattamente *la libertà di chi la pensa diversamente*». Ma proprio questa Europa si prende la libertà di intrattenere le migliori relazioni con i servizi segreti di Teheran o di fornire gli strumenti di tortura con i quali gli sgherri della dittatura torturano le donne, per chiamarle «sporche puttane europee», e accoglie poi nelle sue cliniche queste stesse vittime, se riescono a sfuggire, sviluppando persino nuove terapie per il ristabilimento. Said conclude esprimendo la speranza che l'Europa sia e rimanga qualcosa di più di una chimera finanziaria.

Chi, come questo poeta iraniano nel frattempo diventato cittadino tedesco, è rimasto tanto a lungo – più di un quarto di secolo – fedele al suo amore giovanile, ha di fatto accettato un rapporto quasi coniugale.

Ma la sua provenienza da un altro Paese, dalla non-Europa, rende ancor oggi acuto il suo sguardo e gli garantisce quella distanza che sola permette affermazioni attendibili. Quanto mi commuove nello sguardo poetico di Said è la sua sincera profferta di amore (*e l'esule invecchiato / ora diventato un composto / di due mondi / ama e cerca ancora la sua Europa*).

L'Europa, questo energico ermafrodito, ha davvero meritato l'amore di un poeta? In altre parole, che cosa *la* rende così attraente? Le libertà individuali, la secolarizzazione, la scientificità, insomma, i vecchi valori dell'Illuminismo che hanno portato al progetto Modernità? Anche se nel frattempo siamo già giunti al Postmoderno? O si tratta invece delle condizioni di vita quotidiana, che, con il pretesto di renderci la vita sempre più comoda, ci portano a considerare il benessere sempre più irrinunciabile? È la rete sociale, ora con qualche strappo in più? O un'amministrazione della giustizia nel complesso affidabile? I motivi possono essere molti e tutti presentabili.

Io stessa ho gradualmente scoperto l'Europa come qualcosa di concreto e non come costruzione nel cui centro il mio luogo natale fosse chiamato a collocarsi. Era infatto un centro alquanto impreciso, da cui mi sentivo sempre più spesso sospinta verso le aree marginali, perché evidentemente i miei pensieri urtavano contro le pendici settentrionali delle Alpi, sempre citate per prime quando si trattava dell' irruzione di intemperie.

Me la svignavo, non appena potevo. Durante le ferie scolastiche del 1956, in Inghilterra, da un vecchio amico di mio padre, caduto in Russia. Ma l'Inghilterra non si trovava allora in Europa, che, quando se ne parlava, veniva definita "il continente". Fu allora che imparai per la prima volta a dire "Europa" parlando di me stessa.

Il ricordo della Germania nazista e dei suoi crimini, perpetrati anche da austriaci, era ancora fresco. I padri delle amiche inglesi mi raccontavano con orgoglio quanti aerei avevano abbattuto e nei cinema si proiettavano film di guerra, in cui i tedeschi erano così cattivi, ma anche così stupidi, che mi veniva la pelle d'oca. Presi dunque allora l'abitudine di rispondere "from Europe", quando mi chiedevano da dove venivo. Spesso gli interroganti si accontentavano di questa risposta e l'Europa di colpo divenne una realtà per me, realtà nel senso di un manto protettivo, sotto il quale ogni tanto potevo infilarmi, anche se non mi poteva difendere da nient'altro che da una classificazione di cui io, come quindicenne, mi vergognavo.

L'estate successiva me ne andai per due mesi in Svezia, ospite di parenti, e qui era Europa pura e semplice. Mia zia e mio zio erano austriaci della vecchia generazione, vale a dire provenivano da uno dei territori dell'Imperial Regia Monarchia, nella fattispecie da Karlsbad, che ora è nella Repubblica Ceca.

Mia zia cercò allora di spiegarmi, mentre giravamo in bicicletta per l'isola di Gotland, di cui conservo un ricordo bello e aspro, che cosa fosse la cultura europea, il comportamento europeo, insomma i valori europei. Non si stancava di farmi notare le tracce ovunque presenti dell'Occidente cristiano, e di farmele toccare con mano, soprattutto sotto forma di numerose chiese di pietra, che a me sembravano tutte uguali. E la sera, prima di andare a letto, mi raccontava ancora della cultura della danza, ai tempi della sua giovinezza, quando portava sempre con sé un libriccino nel quale i suoi ammiratori si prenotavano per uno dei prossimi balli, e la cosa mi fece subito pensare a *Guerra e pace* di Tolstoj.

Qualche volta avevo però il sospetto che mia zia, più esattamente la mia prozia, quando parlava dell'Europa e dei suoi valori, avesse in mente l'impero austroungarico, che lei aveva conosciuto; ora si serviva del suono raffinato dell'aggettivo "europeo" perché in fin dei conti quel moderno Stato europeo le permetteva di conservare davanti al suo cognome la piccola sillaba *von* che in Austria era stata abolita insieme con la monarchia. La monarchia svedese invece, molto più progressista, sopravviveva, come mia zia non si stancava mai di sottolineare.

Mi risentii di nuovo tutta europea solo nel maggio del 1960, ad Ankara. Nell'autunno del '59 avevo incominciato a studiare turco all'università di Graz e, in mancanza di altri concorrenti, nel secondo semestre avevo ottenuto una borsa di studio annuale per la Turchia, che accettai subito, anche se già correvano voci di golpe militare. Quando arrivai erano di fatto già chiuse quasi tutte le università, era stato proclamato lo stato d'emergenza e la Casa dello studente in cui ero alloggiata mostrava sulla facciata i fori dei proiettili.

Poiché la borsa di studio non era particolarmente ricca, dovevo guadagnarmi qualcosa come baby-sitter e una sera, tornando dalla nostra ambasciata, per poco non mi trovai nel bel mezzo dell'insurrezione dell'Accademia militare. I cadetti e gli allievi ufficiali salivano a passo di marcia lungo il boulevard Atatürk, mentre io camminavo in direzione opposta per arrivare alla Casa dello studente, e al più presto, per entrare prima che scattasse il coprifuoco e si bloccassero le strade, cosa che mi riuscì correndo disperatamente per salvarmi la vita.

Poco dopo ebbe pietà di me una donna di colore, moglie di un sottufficiale americano, che avevo conosciuto per caso. Insistette per ospitarmi da lei, finché non fossi partita per Erzurum, dove c'era l'unica università rimasta aperta. Con Rita ci intendevamo a meraviglia, era solo di un paio di anni più vecchia di me e aveva una bambina piccola, che frequentava gli scout.

Una sera, il coprifuoco era evidentemente meno rigido, Rita mi portò con sé al suo club. Era un club per gente di colore e non mi volevano lasciar entrare, ma Rita disse: «But she's European!». Questo lasciapassare mi aprì le porte; mi invitarono persino a ballare, ma una volta sola. Si vede che non ballavo abbastanza bene. Quella sera mi sentii particolarmente europea, e particolarmente bene come europea, senza peraltro chiedermi come sarebbe finita se fossi stata americana o turca. In seguito, a Erzurum, dove studiai per un anno all'Università Atatürk come unica studentessa straniera, divenni di nuovo l'europea, *avrupali*. Non c'era ancora in quegli anni la commissione tedesca o austriaca per il reclutamento di lavoratori stranieri e i nomi *Almanya* (Germania) e *Avustriya* (Austria) risvegliavano piuttosto in molti il ricordo della vecchia fratellanza d'armi nella prima guerra mondiale, un ricordo a cui personalmente non tenevo molto.

Avrupali aveva da una parte quel suono vago e nostalgico che ancor oggi mi sorprende, e dall'altra, quando si trattava di donne, qualcosa di equivoco. Nel lontano Oriente (Erzurum è più lontana da Istanbul di Graz, e per più aspetti) le europee erano considerate piuttosto disinibite per quanto riguarda la loro vita sessuale e bisognava prendere delle precauzioni se non si voleva passare per libera preda. Mi ricordo ancora dei ragazzini che mi tiravano le pietre quando andavo a fare equitazione in pantaloni. A quanto pare, solo le puttane portavano i pantaloni. Anche all'università era proibito alle donne di portarli e questo mi ricordava vivamente le norme sull'abbigliamento degli internati religiosi austriaci, che avevo frequentato dal mio decimo al mio quattordicesimo anno di età.

D'altra parte è probabile che un buon numero di europee abbia dato ai funzionari dell'ufficio di polizia di Erzurum l'impressione di creature spaurite e pudibonde. Erzurum era la sede della III Armata turca, al centro di una zona militare protetta, in cui si trovavano anche le basi di difesa missilistiche americane nel quadro della NATO. Tutti coloro che transitavano di là dovevano entrare in città in convoglio, sotto scorta militare, presentarsi all'ufficio di polizia con i documenti in ordine e quindi, sempre in convoglio, proseguire il viaggio.

Era allora tradizione diffusa per gli studenti persiani più benestanti, che studiavano in Germania o in Austria, di portarsi in Iran una Mercedes tedesca e una donna europea. Alcune di queste donne o ragazze però perdevano già durante il viaggio attraverso l'Anatolia tutto il loro slancio verso l'avventura orientale, e volevano tornare a casa. Ne ho conosciute parecchie, perché venivo spesso chiamata come interprete – e d'altra parte dovevo presentarmi alla polizia almeno una volta alla settimana –, e ho visto la loro paura di fronte a un ambiente che diventava sempre più estraneo e, a completamento del tutto, il continuo scuotimento di testa dei funzionari turchi. Per le austriache esisteva una piccola cassa in contanti, per pagare loro almeno il biglietto in seconda classe fino ad Ankara, dove se le prendeva in cura l'ambasciata. Alle tedesche pensava un loro console.

«Non c'è nessuno da voi in Europa, che badi alle vostre donne e alle vostre ragazze?», mi chiese una volta un funzionario turco. Io scossi la testa e risposi: «No, Hüsnü Bey, noi dobbiamo badare da sole a noi stesse».

«Allah, Allah, ma che fanno i vostri uomini?», fu il suo commento.

Mi sono spesso chiesta perché, nella non-Europa, gli altri fossero sempre pronti a perdonare all'Europa quello che gli europei avevano fatto loro. Forse perché l'Europa è stata e continua a essere anche qualcosa di diverso dalla somma delle sue nazioni, e ciò ben prima che il pensiero di un'Unione europea prendesse, lentamente e faticosamente, forma. Per quanto dunque tedeschi, francesi, inglesi, spagnoli potessero e possano tuttora essere responsabili di massacri, guerre, colonialismo, sfruttamento, l'Europa nel suo complesso è sempre riuscita a presentarsi compatta, con le sue libertà democratiche, le sue tradizioni rivoluzionarie, le sue arti e le sue scoperte, il suo fasto e la sua potenza, e a far capire a tutti gli altri che la sua cultura e la sua struttura si potevano avere solo come pacchetto preconfezionato. L'Europa, non gli europei, ha prodotto quello splendore illusorio agli occhi dei non europei.

Solo nella poesia, come nel già ricordato Said, l'Europa, come personificazione degli europei, viene chiamata al rendiconto e confrontata con i suoi lati oscuri. L'Europa dell'Unione europea invece va bene per tutte le allegorie possibili e immaginabili. *L'Europa sta davanti alla por-*

ta, così si è detto per anni prima che l'Austria finalmente potesse entrarci. Si trattava di una prosopopea gentilmente sorridente di quell'Europa, basata sul consenso più ampio possibile dei suoi membri, e il fatto di crederla davanti alla porta testimoniava di un travisamento quasi classico della realtà. Se proprio c'era qualcuno che stava davanti a una porta che non si era ancora aperta, si trattava proprio dell'Austria, e non dell'Europa. Certo, l'Austria era benvenuta, stava a lei decidere se voleva entrare o no. Un'eccellente posizione di partenza, se confrontata con quella di tanti altri paesi, che stanno in attesa davanti a questa porta che introduce all'agognata Europa delle regioni, in cui non ci saranno più confini, dogane, limitazioni di viaggio e guerre. Chi non vorrebbe entrarci?

L'Europa, o meglio quell'Europa che fa luccicare gli occhi dei non europei come a suo tempo la mela d'oro, fosse allora Roma o Vienna, e ora, a maggior ragione, proprio l'Europa dell'UE, rappresenta prima l'esigenza e poi il mantenimento di determinati standard. Chi non è all'altezza non ne fa parte. Gli stati dell'ex blocco orientale non potevano capire tanto in fretta perché mai, quando erano sottoposti al predominio sovietico, erano esclusi dall'Europa solita, mentre Tolstoj e Dostoevskij, Ciaikovskij e Mussorgski continuavano a essere trattati come beni culturali europei.

Il nome di Europa orientale aveva presto acquistato un suono così meschino che gli ungheresi avevano incominciato a reclamare per sé la denominazione di Mitteleuropa orientale, già molto prima che l'idea di Mitteleuropa, largamente maturata nell'Italia settentrionale, diventasse un fenomeno di moda. Inutile dire che il concetto di Mitteleuropa orientale non ha sfondato; credo anche che gran parte degli europei non ne abbia neppure sentito parlare.

Nel 1963-64 ho studiato ungherese nell'Ungheria orientale, a Debrecen, e da allora sono stata spesso in questo paese confinante. Mi ricordo bene come gli studenti della Casa dello studente "Al bosco grande", me compresa, piangevano quando venne assassinato Kennedy, che si era persino incontrato con Krusciov. Piangevamo come europei perché temevamo cambiamenti in peggio per la Mitteleuropa orientale o nel migliore dei casi un'acutizzazione della guerra fredda.

Poco dopo si sparse la voce che il carismatico poeta russo Jevtuscenko si era ucciso. Piangemmo di nuovo, come europei, o meglio come mitteleuropei orientali, per uno scrittore dell'Europa orientale, sebbene gli ungheresi fossero poco propensi a riconoscere ai russi lo status di europei. Le cose sono nel frattempo cambiate. Pochi anni fa Jevgenij Jevtuscenko venne per una lettura pubblica nella mia città natale, dunque dall'estrema periferia fin nel sedicente centro geografico d'Europa, e si lamentò amaramente per il cattivo trattamento riservatogli come russo all'aeroporto di Budapest.

Ai tempi del dominio comunista, essere europei era ingrediente inalienabile dell'autocoscienza di molti perseguitati o semplicemente maltrattati, era un tipo di opposizione intellettuale che nessuno poteva sradicare, meno che mai i tracotanti detentori del potere. Non per niente uno dei film ungheresi più commoventi del dopoguerra era intitolato *Da qualche parte in Europa...*

Negli anni Sessanta ho sentito parlare di Europa in Ungheria più che in ogni altro luogo, e in tutti questi discorsi filtrava la paura di essere separati dall'Europa, da quell'Europa apprezzata e forse sopravvalutata, di cui ci si sentiva parte integrante ma alla quale sembrava abbastanza indifferente il destino dell'Ungheria.

Anni prima, nel 1956, era ancora possibile avvertire qualcosa di quella solidarietà europea, quando davvero si cercava in tutta Europa di dare un aiuto dignitoso ai molti profughi, mentre l'Austria, con i suoi interventi di coinvolgente interessamento, riassumeva la vecchia funzione dell'Austria-Ungheria.

L'Europa, e mi riferisco ora all'Europa che culmina nell'UE, è cosa buona e bella, ma gli antichi legami non possono essere semplicemente spazzati via. In Ungheria mi sono sempre sentita meno straniera che nella Germania del Nord. E poco tempo fa ho ascoltato uno storico francese che parlava dell'Europa al canale TV ARTE e, almeno a seguire il senso delle parole, diceva anche lui che l'Europa era cosa bella e buona, ma che in fin dei conti i francesi avevano più legami con l'Algeria che con la Danimarca.

Quando guardo l'Europa sulla carta, mi sembra un po' come una piovra, con i tentacoli ben protesi nel Mediterraneo, una piovra che non ha mai lasciato sfuggire la sua preda. Anche le guerre creano dei rapporti, che non possono essere eliminati neppure mediante nuove guerre. I molti cadaveri nelle cantine delle diverse nazioni europee sono come zombi che si aggirano nella testa dei sopravvissuti. L'Unione europea è un'Europa degli standard, ma non sarà possibile lasciare fuori a lungo i vicini, e meno ancora quelli che si sentono, con le buone o le cattive, europeizzati e quindi piantati in asso dall'Europa. La questione non ha nulla a che fare con una giustizia accomodante o con altre categorie morali di questo tipo, ma con pressione e oppressione, costrizione e imposizione, volontà di sopravvivenza e possibilità di sopravvivenza.

L'Europa dovrà continuare ad attingere a un afflusso di intelligenza per affrontare questi compiti. Gli svizzeri possono ancora permettersi di lasciare attendere "l'Europa davanti alla porta", loro vivono nell'occhio del ciclone. Ma gli altri, quelli che vivono ai margini, stanno già su un piede pronti a bloccare con l'altro la porta, il più presto possibile, non appena essa si apra nella loro direzione, e in un modo o nell'altro dovrà pure aprirsi, anche a costo di un'eventuale trasformazione globale.

Anche senza tenere conto che molte epoche ritengono di essere epoche di rottura, se non epoche di fine del mondo, non si dovrebbe dimenticare del tutto che la fine del millennio è vicina. Concezioni millenaristiche sono sempre scottanti, perché portano necessariamente a speculazioni inevitabilmente ricorrenti, che attizzano l'irrequietezza generale in tempi di transizione come questi.

Anche un millenario così innocuo come quello austriaco del 1996 – e il millenario austriaco è evidente come dire che l'Aussee è il centro d'Europa – suscita già preoccupazioni finanziarie che complicano ancor più il dibattito. Per quanto rischiose siano le formulazioni millenaristiche in Europa, l'Austria ha ora in mente i suoi mille anni trascorsi, austriaci o non che siano stati, insomma, ha il suo "uovo oggi". Detto tra parentesi, l'Ungheria ha già celebrato il suo millennio il secolo scorso. La "gallina di domani" invece, orientata verso il futuro, si è già rivelata una volta avvoltoio, che nei dodici anni di Reich intenzionalmente millenario ha insegnato all'Europa che cosa significa l'orrore.

Il pensiero chiliastico sarà presumibilmente in ascesa nei prossimi anni, e con ciò stesso anche le previsioni nere, delle quali solo pochissime sono semplicemente inventate, e noi le conosciamo fin troppo bene. La guerra nei Balcani ad esempio, la cui fine effettiva non si vede ancora, nonostante tutti gli accordi di pace, perché non si scorge ancora la fine dei problemi che l'hanno scatenata. La problematica dell'ambiente, la cui fine si prevede però bene, e cioè la scomparsa di aria respirabile e di acqua potabile. Il problema del diritto al lavoro: chi deve, chi può garantirlo? La crescente ingovernabilità degli stessi paesi democratici, che genera occasionalmente vaghe atmosfere da guerra civile. Una seria distribuzione dei beni esistenti... È ozioso continuare ad abbozzare i vari scenari: li conosciamo tutti e se ne discute ogni giorno. L'Europa, quella dell'Unione, ma anche quella geografica, avrà alla fine del millennio più fastidi che capelli sulla sua testa allegorica, e più si rinchiude, più dovrà far fronte a posizioni sempre più aggressive da parte dei Paesi vicini che vengono esclusi dall'integrazione.

Non che la storia si debba comunque ripetere, ma i conflitti rimangono gravidi di effetti reali per secoli, direi quasi per millenni, come soprattutto quello con il mondo islamico. Già all'inizio del primo medioevo in Europa, che molto lentamente si veniva formando come Occidente cristiano con una cultura non classica, esisteva un contatto stretto e fruttuoso con la cultura musulmana, il cosiddetto Oriente, che attraverso la Spagna e la Sicilia esercitava il suo profondo influsso nell'acquisizione di quella autocoscienza che l'Europa si stava formando nella letteratura, nella scienza, nell'arte. Matematica, medicina e scienze naturali erano allora dominio dei primi musulmani e la filosofia e la mistica islamica hanno lasciato tracce ben riconoscibili nel pensiero e nella sensibilità occidentale. La simbiosi delle tre religioni "abramitiche" in Andalusia è solo l'esempio più luminoso per un'Europa discente, che ancora considerava i vicini come suoi pari. Ma "epoche auree" di questo tipo spariscono presto. Il delicato equilibrio si distrugge facilmente (la Bosnia è l'esempio più recente) e quindi arrivano le crociate, che con le loro atrocità annientano il capitale di rispetto reciproco che si era costituito.

L'influsso originariamente esercitato dalla civiltà islamica su quella europea è abbastanza grande da autorizzare gli islamisti di oggi a proclamare a gran voce che è giusto riprendersi, a ricompensa delle donazioni di allora, la tecnica europea di oggi, perché in ultima analisi la scienza occidentale si basa sulle antiche scoperte di quella orientale. Si può pensare di queste tesi quello che si vuole, in ogni caso esse rivelano la situazione di conflitto, un conflitto che di certo sarà in un futuro prossimo quello più violento nella "casa comune europea".

Da una parte e dall'altra si sta già lavorando a crearsi l'immagine del nemico, banalizzatori e banalizzazioni sono di moda. Eloquente è il lamento del già citato Said «*Tu* [Europa] *ci attacchi alle spalle: / ché la tua "libera stampa" ha offerto senza volerlo argomenti / alle tesi di un Khomeini: / essa è diventata isterica / e si è scagliata contro i Saraceni*».

Anche per me, che a suo tempo ho studiato turcologia e iranistica, è difficile talvolta rimanere ottimista di fronte al crescente radicalismo di islamisti e fondamentalisti e battermi ripetutamente e con sempre maggiore insistenza per un ostinato "cercare di documentarsi" come pure per una migliore informazione, tolleranza, obiettività e per tutte le virtù possibili che sarebbero necessarie per non perdere il controllo del conflitto.

Ma anche l'Europa non ha forse mostrato altri aspetti? L'Europa non è forse in procinto, buoni o cattivi che siano i suoi motivi, di sbarrare le porte? E, in nome della *political correctness*, di rifiutare sempre più spesso una comprensione che almeno tra intellettuali dovrebbe godere di uno spazio maggiore?

Né le richieste categoriche né i boicottaggi clamorosi contribuiscono sempre a rendere giustizia alle vittime. Talvolta è più produttivo cercare di capire bene il caso specifico e fare quanto è concretamente possibile, piuttosto che atteggiarsi ad angelo con la spada di fuoco, anche se questo atteggiamento, bisogna pur dirlo, è più spettacolare. Non si tratta qui di cedere al relativismo culturale, sempre più di moda, né di confermare il dato di fatto che proprio le democrazie di più antica data collaborano meglio con le dittature più brutali, purché i rapporti commerciali siano redditizi. Quanto intendo dire è che si è troppo pronti ad eliminare dal gioco quelli che non corrispondono alla nostra immagine di amico o di nemico.

Si tratta solo di imparare a vivere insieme; non c'è bisogno di imparare a morire combattendosi, perché la cosa ha sempre funzionato molto più rapidamente di quanto non si volesse credere. Per l'islam, il tempo è ormai poco. Dodici milioni di musulmani vivono già entro i confini europei, chiuse o no che possano essere in futuro le nostre frontiere. E altri otto milioni vivono nei Balcani.

Quello che meno serve in una situazione simile sono arroganza e sentimentalismo, che spesso sono più vicini di quanto non si creda. Non si contribuisce all'integrazione neppure quando – e di questo si lamenta il sociologo musulmano Bassam Tibi, di origine siriana e docente a

Harvard e Gottinga – per gruppi etnici e fondamentalisti, in nome della "tolleranza", si creano zone extraterritoriali, dalle quali essi opprimono e terrorizzano i loro connazionali, mentre per le correnti islamiche chiaramente più liberali si dimostra assoluto disinteresse. In futuro gli europei non potranno più permettersi ignoranze del genere, meno che mai nei riguardi della Turchia, di cui si parla come di Paese che vuole e può associarsi. A quanto pare, i più selvaggi fondamentalisti islamici di lingua turca non vivono in Turchia ma in Germania, come mi fanno continuamente sapere i miei amici turchi. Tolleranza e indifferenza sono cose radicalmente diverse, anche se possono essere occasionalmente confuse, ma l'indifferenza che si spaccia per tolleranza è altrettanto inumana e gravida di conseguenze quanto l'abbandono delle persone effettivamente minacciate.

Soprattutto negli anni dal '60 al '70 sono stata spesso in Turchia e poi ho percorso più volte l'Iran e l'Egitto. La Turchia era allora uno Stato chiaramente laico e molti dei suoi cittadini erano di orientamento occidentale, con desideri e aspirazioni per nulla islamici; e soprattutto i giovani non si distinguevano quasi in nulla dalla gioventù europea per come si presentavano e per quello per cui si entusiasmavano. Almeno nelle città, le differenze erano sempre meno sensibili. Nessuno se ne meravigliava in Occidente: si riteneva un fenomeno naturale mentre non lo era affatto. Quanto poco fosse naturale è stato dimostrato dalla radicale trasformazione in Iran, alla fine degli anni '70, quando il Paese venne deamericanizzato dall'alto e deeuropeizzato, e non solo contro la volontà della popolazione.

Quando le donne scomparvero sotto il chador, ero propensa a considerarle come convertite per forza o come martiri. E consideravo le teste velate in Europa come propagandiste sviate, come peraltro spesso erano e sono.

Un velo può significare costume e tradizione, non deve necessariamente essere segno di imposizione. Personalmente preferisco le ragazze che non portano velo, perché penso che senza si possano muovere più liberamente. Ma costringerle? Erano molto più politicizzati i foulard palestinesi degli anni '60 e '70, che tutti abbiamo portato almeno una volta. Queste ragazze non avevano forse l'impressione di avere perso la loro identità, lontane da casa e non del tutto in Europa? E questa Europa, le voleva davvero?

Recentemente ho visto su TV ARTE, questo canale decisamente europeo, che si interessa molto di tradizioni islamiche, una trasmissione particolarmente istruttiva dedicata ai giovani in Egitto. Prendendo le mosse da una famiglia media, cioè una famiglia borghese, che in passato poteva permettersi più di adesso, come quasi tutte le famiglie borghesi dei paesi islamici, il servizio illustrava la vita quotidiana del figlio, della figlia e dei loro amici e amiche.

Quasi tutte le ragazze portavano il velo, anche se nella loro maggioranza insegnavano in una scuola professionale. I dibattiti sul tema erano molto vivaci, e venivano presentati argomenti ai quali da noi non penserebbe nessuno, cioè che il velo fa risparmiare le spese di parrucchiere o che va bene con ogni vestito. Nel complesso tuttavia le ragazze con il velo apparivano più sicure di quelle senza, e si notava chiaramente anche la pressione esercitata dalla maggioranza decisasi per il velo sulla minoranza che lo rifiutava. Eppure ho avuto l'impressione che il velo fosse per la maggior parte di loro una scelta consapevole, che esprimeva il loro modo di porsi di fronte al mondo.

Stranamente curioso, in questo contesto, l'album di famiglia, che conteneva molte fotografie degli anni '70. La madre era allora tutta europea, con abito corto e pettinatura cotonata. All'inizio mi sembrava che l'argomento addotto, che con il velo e l'abito lungo si fa miglior figura, fosse tirato per i capelli. Ma poiché si trattava per la maggior parte di sarte e disegnatrici, veniva anche fatto vedere come copiavano i modelli dell'ultima moda, adattandoli al loro gusto. E più le guardavo, più dovevo accettare la loro tesi, almeno in questo caso. Confrontata con la madre vestita all'occidentale della fotografia, la ragazza, nel suo abito svolazzante e con il velo di seta perfettamente sistemato, stava decisamente meglio. Queste ragazze si erano create, mediante la loro moda, anche un fascino personale loro proprio.

Non ho intenzione di polemizzare, voglio solo dire che dietro ogni pregiudizio, per quanto possa apparire sacrosanto – e di solito i nostri giudizi sono pre-giudizi, è il nostro cervello che funziona così –, si cela una multiforme varietà di dati di fatto che si sottraggono ai pregiudizi. Eppure, anche in questa società borghese egiziana, che dava l'impressione di allontanarsi sempre più dall'Europa lungo vie sue proprie dopo essersi ad essa avvicinata fino al punto di portare la minigonna, l'Europa continuava a rimanere presente, soprattutto nel desiderio del figlio di andare a lavorare in Francia.

In ultima analisi il problema che riguarda noi europei non è il particolare abbigliamento usato in Egitto, ma come dobbiamo convivere in Europa con l'Islam e con i suoi simboli e segni esterni. La civiltà islamica non è qualcosa che si sviluppi lontano, in Turchia, in Algeria o in Indonesia; l'islam è anche in Europa e ci si identificano più o meno venti milioni di persone. Se le mie informazioni sono esatte, dei due milioni di turchi residenti in Germania, solo il diciassette per cento è organizzato in gruppi fondamentalisti, e anche in Austria la proporzione dovrebbe essere quella. Sono ancora solo il diciassette per cento. Ogni forma di rifiuto nei confronti dei propri cittadini musulmani – e molti di questi venti milioni sono ormai cittadini del Paese in cui vivono – contribuirà ad aumentare la percentuale. La domanda è dunque: come comportarsi, senza contribuire alla nascita di sempre nuovi conflitti etnici?

Da non dimenticare, come invece accade spesso: non c'è solo una seconda generazione di lavoratori stranieri emigrati, c'è anche, all'interno di questa, un giovane ceto intellettuale, che usa il tedesco (o altra lingua europea) come sua lingua scritta, cioè scrive in tedesco, quando si tratta di giovani scrittori, e che non si sente politicamente rappresentata in nessun modo. Forse si dovrebbe partire da qui, dai neotedeschi, dai neoaustriaci, dai neoeuropei, insomma da quelli che si sono ormai inseriti ma che continuano ad essere sentiti come stranieri e dunque come tali si sentono.

L'Europa, e non parlo ora né di quella geografica né di quella ideale, ma di quella reale, deve oggi, a livello mondiale, confrontarsi con i desideri che essa stessa ha risvegliato, e si tratta di un problema tale da far perdere la testa agli europei. Nessun confine può essere tanto sbarrato da impedire la penetrazione di coloro che vogliono tentare ad ogni costo la fortuna. Non sono in grado di dire se i paesi fondatori dell'UE hanno piena coscienza di questo; nel mio Paese si pensa al massimo ai confinanti dell'est, con i quali in un modo o nell'altro si sono avuti contatti secolari. Tutto il resto interessa solo relativamente, anche se in Austria vivono già ora circa ottantamila cittadini musulmani. Finora non ho sentito alcun politico austriaco che si sia rivolto a loro.

Il confronto tra paesi europei e paesi islamici è ormai in corso; si deve solo sperare che non si giunga ad azioni di guerra, chiunque ne sia il promotore. La cosa è già successa; quanto non abbiamo ancora provato è la volontà di rendersi conto dell'altro in un modo nuovo. Lasciatemi citare ancora una volta il poeta iraniano Said: «*Ah Europa! / Pensaci, / le crociate sono finite / i papi domati / non possiamo ripetere l'errore. / Non estrarre la spada, / informati sul pane / perché la fame determina il modo di morire*».

Questo Said era uno dei giovani che aveva visto nell'Europa la personificazione di tutti i valori più appetibili, in primo luogo della libertà. Era uno di quelli che di nascosto e a proprio rischio e pericolo leggeva il poeta proibito Camus. Un Camus che non si interessava delle tradizioni arabo-islamiche del suo Paese natale, l'Algeria. Sono sicura che oggi lo farebbe. Avrebbe riconosciuto che il vivere insieme presuppone la conoscenza reciproca, e che non ci si può più permettere il lusso dell'ignoranza, se lo scontro di civiltà deve rimanere al livello della discussione.

L'Europa come fortezza non sarebbe l'Europa a cui io penso. Come esiste, geograficamente parlando, una Turchia europea, quel pezzetto a ovest del Bosforo e dei Dardanelli, così ci potrebbe essere, idealmente parlando, anche una specie di piccola Europa turca, che riconosce come sua propria questa origine culturale mista ed è pronta a rinnovarla per dare nuova vita al fecondo interscambio di un tempo. Poiché sono una scrittrice, e non un politico, posso permettermi sogni a occhi aperti di questo genere, senza dovere a tutti i costi realizzarli.

Anche la Turchia ha una tradizione europea di almeno centocinquant'anni, è un paese laico, con strutture economiche moderne; tutti buoni motivi per non volerla vedere solo come avamposto dell'islam militante, nelle cui braccia dovrà cadere se l'Europa non abbatte le sue mura davanti all'antica Adrianopoli.

Le società moderne sorgono non sulla base di clan o di tribù, bensì di una rete di interessi comuni, e sono internazionali. La società è costituita da chi vuole associarsi ad altri e non da chi parla lo stesso dialetto. L'Europa crea i presupposti sui quali devono costruire coloro che vogliono questa Europa, così multiforme, così molteplice, così variamente dotata come ce la possiamo immaginare nei nostri sogni più arditi.

BELGIO

Henry Bauchau

Polinice

Titolo originale:
Polynice
Traduzione di Roberta Maccagnani e Donatella Cannova

Henry Bauchau

Polinice

Per lasciare Tebe, mi sono vestita da pastore. Mentre raggiungo Mano d'oro sotto l'immensa volta della Porta Nord, sentiamo il rumore di un cavallo al galoppo. È Emone che arriva su un carro tirato da un cavallo nero splendente al sole. Giunto accanto a noi, Emone lo ferma senza sforzo apparente, salta dal carro più con vigore che con grazia e mi dice che Eteocle lo autorizza a farci da scorta per tutto il giorno. La sua forza, la sua gioia, lo stallone nero dal manto rilucente, tutto mi abbaglia e mi sembra di partecipare anch'io allo splendore dell'alba appena sorta dalla notte. Toccato nel suo amore per i cavalli dalla bellezza dello stallone, Mano d'oro lo liscia mugolando di ammirazione.

«Il suo nome è Nike», dice Emone. «È il più bello dei cavalli di Eteocle, e vuole che tu lo dia da parte sua a Polinice».

Questo semidio nero che devo offrire in dono mi incute un'improvvisa paura. Che cosa vuole mai Eteocle, non si starà spingendo in un ruolo che non è il suo offrendo a suo fratello questo dono regale, che è piuttosto nello stile di Polinice?

Interrogo Emone: «È in segno di pace che manda Nike a Polinice?»

«Eteocle è impenetrabile. Ama questo animale con passione, ma meno di Polinice. È il suo modo di dirglielo».

Le sue parole mi commuovono ma non bisogna porre troppe domande alla speranza, ed è ormai l'ora di partire.

Mano d'oro prende un cavallo e io monto sul carro con Emone, che mi tende le redini. Sono spaventata, è tanto tempo che non salgo a cavallo né conduco un carro.

«Mi ricordo che una volta uguagliavi i tuoi fratelli, non è una cosa che si dimentica. Ha la bocca delicata, guidalo col peso delle redini».

Mi rendo conto molto presto di saper ancora guidare un cavallo e di prenderci gusto, tanto più che Emone mi osserva sorridendo. Lancio Nike al galoppo, lo controllo senza trattenerlo e resto stupefatta dalla scioltezza dei suoi movimenti, sembra sfiorare appena il suolo e galoppare nell'aria o sull'acqua. In prossimità di un albero modero la sua andatura e lo fermo senza sforzo. Tutta felice mi giro verso Emone e gli leggo in viso un'ammirazione rivolta molto ingiustamente più a me che a Nike. Gli rispondo con un sorriso che senza saperlo sono andata a cogliere nelle oscurità misteriose del corpo.

Non indugio in questo sorriso perché già lancio di nuovo Nike a quel suo bel passo allungato che è un vero piacere per gli occhi. In me c'è anche qualcuno che aleggia sopra di noi e che contempla con un certo distacco quest'Antigone, vestita da ragazzo, che si sente felice fra uomini che l'amano. Mi meraviglio nel vedere quanto gli sguardi di Emone e l'affetto gioioso di Mano d'oro piacciano a questa fanciulla, vivificata dal desiderio, dalla bella giornata e dallo splendente corsiero nero. È proprio la stessa, proprio quella che credo di conoscere meglio, quella che ha seguìto Edipo nel suo viaggio e ha sopportato così a lungo il sorriso cupo, l'amara derisione, il desiderio e l'amore di Clio?

Quella che sta in alto sente, a questo punto, di doversi calare di nuovo nell'altra che si sorprende e arrossisce ai pensieri che colgono la nostra mente. Pensieri che per un attimo mi hanno nascosto che vado nell'accampamento di Polinice con la speranza di riconciliare i miei fratelli. Se fallisco, la guerra ricomincerà e l'unione che mi sembrava possibile, del giovane e della fanciulla sul carro, cesserà di esserlo per sempre.

La sera, quando terminiamo di cenare, Emone ci annuncia che

attraverseremo presto una terra devastata. Dopo la battaglia con Eteocle, una parte dei Nomadi di Polinice si è ribellata. Lui li ha domati insieme ad altri, ma rovine e morti abbandonati senza sepoltura ci accompagneranno per tutto il tragitto.

Si alza, Mano d'oro ha accudito e sellato il suo cavallo. Mi bacia teneramente ma io sono inquieta:

«Dopo una giornata così lunga, ti metti ancora in viaggio per tutta la notte...».

«Ci sono abituato e gestirò le forze del mio cavallo in modo di entrare a Tebe al galoppo, per manifestare a Eteocle e a Creonte quanto ti amo».

Lo slancio e la speranza con cui mi dice queste parole mi fanno credere che sia ancora accanto a me, mentre invece non è già più che un'ombra che svanisce nella notte.

Uscendo dal territorio controllato da Tebe, troviamo le tracce della ritirata di Polinice e della ribellione dei Nomadi. Case incendiate, campi devastati, carri grandi e piccoli senza ruote, cumuli enormi di immondizie. Cadaveri di uomini e di cavalli sono stati abbandonati senza sepoltura e miasmi terribili salgono da quei carnai ancora brulicanti di avvoltoi. Lasciate qua e là dalle bestie, si vedono braccia, gambe e perfino teste di uomo separate dai loro corpi per essere divorate.

Dietro a una collina scopriamo una fila di scheletri impalati, le loro facce semidecomposte rivolgono al cielo le bocche torturate dal palo.

Al nostro arrivo avvoltoi e corvi prendono pesantemente il volo. Non avrei mai immaginato che degli esseri umani potessero essere tanto umiliati dopo la morte. Sto per cadere dal carro e per fortuna Mano d'oro mi sostiene. Non riesco a sopportare l'idea di tutti quei corpi abbandonati senza sepoltura, delle loro anime erranti fra di noi.

Mano d'oro mi capisce e giunti vicino a una sorgente decidiamo di eseguire un rito collettivo per tutti coloro che non hanno potuto ricevere l'onore di una tomba.

L'uno di fronte all'altra, compiamo i gesti rituali, gettiamo un po' di sale nelle fiamme e recitiamo le preghiere per i morti. Dopo ci sentiamo più sollevati e decidiamo, malgrado il pericolo, di continuare per un'altra strada.

Dopo aver errato per parecchi giorni, raggiungiamo infine una vasta pista di terra che porta all'accampamento di Polinice, continuamente ingrandita dai movimenti delle truppe, dei cavalieri e dei carri che la percorrono. Riconosco l'intensa attività, l'animazione che suscita ovunque la presenza di uno dei miei fratelli.

A una stazione di guardia il capoposto, vedendo il sigillo di bronzo datomi da Eteocle, mi dice:

«Il re vi aspetta».

«Come può aspettarci?»

«Ha ricevuto un messaggio da Tebe».

Resto sbalordita da questa notizia, e vedo che un messaggero già parte al galoppo per avvertire Polinice. Mano d'oro ha accuratamente pulito il carro e fatto brillare le bardature di Nike, il nostro splendido stallone nero riluce e attira su di sé tutti gli sguardi.

Il campo a cui ci dirigiamo è molto più grande di quanto mi aspettassi. Ha la forma di una grande ruota, con tende a colori vivaci disposte a mo' di raggi e di circonferenza. Nel suo centro solare si trova la tenda di Polinice, verso cui tutto converge.

Mano d'oro imprime a Nike con le redini un leggero galoppo che suscita mormorii di ammirazione fra i soldati usciti dalle tende per vederlo. È in un modo degno di lui che ci fermiamo di fronte alla porta dove ci attende il viso illuminato dalla gioia del mio fratello maggiore. Mano d'oro salta a terra per aiutarmi a scendere dal carro, ma Polinice lo precede. Mi solleva dal carro come un fuscello, mi concede un istante di tenerezza e mi mette di fronte a lui per osservarmi bene. Io pure lo divoro con gli occhi: com'è bello, com'è grande, come gli si addice perfettamente quella vasta ruota di uomini e tende variopinte che gli gira immensamente intorno.

I miei abiti da pastore gli piacciono e mi dice come se ci fossimo lasciati il giorno prima:

«Sei sempre bella, piccolina, e la cosa ancor più bella è che sei sempre la stessa, Antigone».

Poi si volge verso Mano d'oro:

«Sei stato bravo nel condurre fin qui mia sorella, e vi siete difesi bene quando i disertori vi hanno aggredito. Vedi che so tutto del vostro viaggio. Dopo la nostra ultima battaglia, mio fratello mi ha insegnato a informarmi e mi obbliga a stare attento a tutto. Tu sei un uomo fedele ed esperto, ho bisogno di gente come te. Quando avrai riportato Antigone a Tebe, vuoi diventare uno dei miei uomini?».

Mano d'oro si inchina con rispetto e la sua risposta è no.

«Fai parte di un clan?»

«Clios».

«Non vuoi servire né re né città?»

«No».

Lo dice con grande semplicità mentre guarda mio fratello in faccia, e questo piace a Polinice. Vorrei tanto essere come lui e non esitare mai alle frontiere del sì e del no, ma io non sono così.

Nike sente che le scuderie sono vicine e i suoi movimenti di impazienza fanno risaltare ancor più la sua bellezza. Polinice gli si avvicina, lo accarezza e lo contempla con un'ammirazione crescente.

«Non ho mai visto una bestia così bella. Da dove viene?»

«Eteocle mi ha incaricata di fartene dono, è il suo cavallo preferito».

«Una vera meraviglia. E lo vuole dare a me? Dovrei dunque accettare questo regalo. E da lui poi! Voglio esaminare movimenti, intelligenza, velocità, tutto. Mano d'oro, sali con me sul carro».

Non lascerò che si divertano con Nike mentre io resto qui da sola. Un soldato tiene il cavallo di Polinice:

«Vengo con voi! Prendo il tuo cavallo!».

Polinice è già salito sul carro che si avvia subito, e mi urla qualcosa che dev'essere un'approvazione. Corro verso il cavallo. Il soldato, atterrito, dice:

«Solo il re...».

Ma io sono già sull'animale che si impenna altissimo, rovescia il soldato e mi trascina in un galoppo furioso. Si ribella con tutte le sue forze, probabilmente non è mai stato montato da altri che da Polinice, ma io non cedo, sento che non l'avrà vinta su di me e provo una gioia inebriante.

Raggiungiamo il carro dove Polinice studia i movimenti di Nike... Nel vedere che li sorpasso su questo animale scatenato, Mano d'oro sembra preoccupato, mentre Polinice mi grida esultante: «Molla, lascia andare!». Accorgendosi che allento le redini, il suo cavallo accelera ancora di più l'andatura ma smette di dibattersi. Dietro di me sento avvicinarsi il carro e l'incitamento di Polinice: «Vai!». Ha lanciato Nike a tutta velocità, arriva alla mia altezza, i due cavalli si fiancheggiano per un attimo e poi, senza sforzo apparente, Nike ci supera e ci distanzia di gran lunga. Polinice salta a terra e mi grida: «Trattienilo!». Quando gli arrivo addosso si getta sulle redini del suo cavallo e mi aiuta a fermarlo. È contento:

«Sei la sola persona oltre a me ad averlo cavalcato senza essere stata gettata a terra».

E a Mano d'oro che ci raggiunge:

«Che cavalleggera, che coraggio! E pensare che tutti la credono così dolce!».

Ritornando all'accampamento mi dice:

«Che splendido regalo mi ha fatto Eteocle! Come posso ricambiarlo? Devo trovare un cavallo che lo uguagli, e lo troverò!».

Quella sera stessa Polinice dà una festa e mi invita a prendervi parte ma sono troppo stanca per il viaggio e per il galoppo sfrenato del suo cavallo. Non voglio più pensare ai miei temibili fratelli né alla loro rivalità. Voglio dormire e dimenticare.

In sogno sento enormi ondate frangersi contro degli scogli. Sono forse in mare, è forse una tempesta che sento dalla riva...? Non posso saperlo poiché il buio è fitto e il sonno mi inghiotte. Nel tumulto delle onde percepisco parole rotte da grida di collera. Mi sembra di riconoscere la voce di Polinice levarsi fra le onde che si spezzano in mezzo ai frangenti. Che si stia già avvicinando l'alba? Sto forse svegliandomi? Mi rendo conto che mio fratello è la, che va e viene urlando nella mia tenda. Ma è proprio Polinice? È pallido, livido, sofferente, non c'è più niente in lui che risplenda. Non sembra vedermi; che Eteocle sia riuscito a trascinarlo nelle tenebre della sua angoscia notturna?

Mentre prego perché il giorno sorga, Polinice erompe:

«Che trappola questo cavallo così bello! È il principe, il re dei cavalli, come farò a trovarne uno uguale...? Se mai esiste... Il dono di Eteocle supera tutti i miei regali. Però non hai vinto, fratello. Lo troverò, ne sono sicuro. E se non potrò dartene uno che lo uguagli, ti restituirò Nike... Per poi venirtelo a riprendere con la forza a Tebe, stanne certo. Lo so che è assurdo, ma chi mi ha costretto a diventare tuo rivale? Chi ordisce sempre trappole contro di me e mi obbliga a fatiche senza fine?».

Si aggira nella tenda e ogni suo grido esplode come prima i flutti della tempesta contro il promontorio. Mi alzo e mi vede:

«Antigone... sono venuto per parlarti. Parto, andrò via per qualche giorno con Nike e Mano d'oro. Non stare in pensiero durante l'attesa, ho bisogno di trovare».

«Verrò con te, ti aiuterò».

La notte si dissolve, Polinice apre la porta della mia tenda e con i primi raggi di luce ritrovo il mio grande fratello solare, sorridente, imperioso, il solo che io conosca.

Se ne va senza rispondermi, ma quando ho finito di vestirmi Mano d'oro mi porta un cavallo e ritroviamo Polinice che cavalca Nike con evidente piacere.

Ci seguono alcuni Nomadi, in sella a cavallini arruffati.

«Ecco i miei migliori alleati», dice Polinice, «gli uomini del clan azzurro. Quello è il loro capo, Timuro. Sono uomini e cavalli capaci di un'estrema resistenza e sono anche cacciatori straordinari. Con loro farò presto contro Eteocle una guerra che non si aspetta».

Per vari giorni incontriamo degli allevatori. Vediamo cavalli bellissimi ma gli sguardi impietosi di Polinice, di Mano d'oro e del capo dei Nomadi fanno presto a trovarvi dei difetti ed è evidente che nessuno di loro può reggere il confronto con Nike.

Sono stupita nel constatare che l'entusiasmo e la perseveranza che Mano d'oro ed io mettiamo nella ricerca sono gli stessi di Polinice. Quando una sera lo faccio notare a Mano d'oro, lui mi guarda in silenzio e alla fine dice:

«Dev'essere così». Per lui, me ne rendo conto, è per causa mia che l'impresa dev'essere portata a termine, è a causa del vincolo che mi lega ai miei fratelli.

Proseguiamo il nostro viaggio sempre senza risultato. Polinice si attacca sempre più allo stallone nero e diventa estremamente impaziente.

Sogno di essere in barca sul mare, devo passare tra due promontori attraversati dalle correnti. Vedo un cavallo che nuota verso di me, è quasi sommerso dai flutti ma avanza lo stesso. Riconosco la testa superba di Nike, e quando mi arriva vicino riesco a infilargli i finimenti. Allora lui salta fuori dall'acqua e galoppa sul mare. Mi sembra che possa riuscire a salvare la barca ma le correnti aumentano e Nike procede a stento. In quel momento appare un altro cavallo, insieme galoppano sulla cresta delle onde e superano tutti gli ostacoli.

La mattina racconto il mio sogno a Polinice e a Mano d'oro.

«Di che colore era il secondo cavallo?», chiede Mano d'oro.

L'ho dimenticato ma Polinice afferma:

«È bianco, quello che serve a Eteocle è uno stallone bianco».

Sono sorpresa perché mi ricordo che il cavallo del sogno era bianco.

«Vedi», dice Polinice, «se lo hai sognato vuol dire che esiste».

Mano d'oro ci conduce sulla costa da un allevatore che vende cavalli ai re d'Asia. Nemmeno lui ha il cavallo regale che cerchiamo, ma qualche cosa improvvisamente mi spinge a domandargli:

«Dove abita l'allevatore che ha uno stallone bianco?».

Finge di non saperlo e sembra spaventato. Io insisto, sento di essere sulla buona strada e alle sue risposte negative contrappongo soltanto il mio sorriso.

Ben presto non può più resistere, anche perché avverte dietro di me la presenza imperiosa di mio fratello e di Mano d'oro. Dice:

«A nord mio fratello Parmenide ne ha avuto uno, ma credo che l'abbia venduto».

Quando arriviamo da Parmenide, scopriamo che è un uomo ricco, molto esperto nel suo mestiere. Sa bene chi è Polinice e desidera manifestamente fargli piacere. Ci fa visitare tutto il suo allevamento, ha dei bei cavalli ma nessuno è all'altezza di Nike. Al momento, ci dice, non ha nessun cavallo bianco. Io sento però che in quel luogo c'è qualcosa di bianco che mi attrae e che ci viene nascosto.

Durante la notte esco con Mano d'oro e lascio che quell'oscura attrazione guidi i nostri passi. Dopo un lungo giro giungiamo nei pressi di un boschetto dove attraverso i tronchi degli alberi distinguo una forma bianca. Ci avviciniamo e scopriamo una bellissima giumenta bianca un po' pesante, legata e abbondantemente provvista d'acqua e di foraggio. Le vado vicino, l'accarezzo, le passo le mani sul fianco. Come prevedevo, porta in grembo un puledro.

Portiamo la giumenta con noi. Il giorno dopo Parmenide conferma che ha avuto sì uno stallone bianco ma che l'ha venduto. Non riesce a spiegare perché abbia nascosto la giumenta. Polinice gli ordina di restare in casa sotto la sorveglianza di due Nomadi. Mano d'oro fa il giro della proprietà con la bella giumenta, sente dei nitriti e così scopriamo una scuderia sotterranea, una vera e propria fortezza in cui si trova nascosto quel magnifico stallone bianco di cui tutti e tre avevamo intuito l'esistenza.

Parmenide è disperato, ama quel cavallo sopra ogni cosa e si rifiuta di venderlo.

Polinice gli offre una somma enorme, Parmenide sa che se persiste nel suo rifiuto lo stallone gli sarà preso con la forza, ma non si risolve a dire di sì.

Durante il breve lasso di tempo accordatogli per decidere, Mano d'oro mi conduce a rivedere la giumenta. Dopo averla esaminata e accuratamente palpata, annuncia a Parmenide che partorirà presto un puledrino maschio le cui qualità saranno pari a quelle del suo genitore. Queste sono le parole che infine convincono Parmenide ad accettare l'offerta di Polinice.

Questi è al colmo della felicità e vuole confrontare immediatamente i due cavalli. Monta su Nike mentre Mano d'oro prende lo stallone bianco, che si chiama Giorno. Che spettacolo vedere insieme quei due magnifici animali e quei due superbi cavalieri compiere evoluzioni nel maneggio e poi rivaleggiare in velocità nella pianura. Nemmeno i Nomadi, sempre impassibili, riescono a nascondere il loro piacere e il loro entusiasmo. I due stalloni giudicati entrambi incomparabili in realtà si equivalgono e la loro evidente rivalità eccita Polinice, che vuole vederli insieme da vicino e liberi da ogni impedimento. Mano d'oro lo avverte che si metteranno a lottare, ma queste parole non lo fermano perché è proprio quello che vuole. Toglie lui stesso la cavezza che permetteva di trattenerli, ed eccoli che si fronteggiano completamente nudi, nervosi, scalpitanti, il corpo fremente. La presenza dell'altro, del rivale, li galvanizza, con le criniere irte scalciano e si impennano nitrendo l'uno contro l'altro. Lo stallone bianco è il primo a essere colpito, si vede il sangue colargli lungo il collo, ma anche l'altro presto è ferito.

Fra Parmenide e Mano d'oro, assisto atterrita a quella magnifica lotta in cui ogni movimento, ogni spostamento dei corpi è portato fino alla perfezione. Siamo tutti presi dalla paura di vedere quelle due meraviglie terrestri, rese quasi soprannaturali dal furore che le anima, ferirsi gravemente nel loro scontro. Ma Polinice non condivide la nostra paura, è in uno stato di euforia, e anzi incita i cavalli con le sue grida. Non sembra rendersi conto che se entrambi gli stalloni o uno solo di loro si mutilano, la ricerca del cavallo uguale a Nike, perseguita con tanta determinazione, finirà male. Oppure forse lo sa, ma si abbandona interamente al piacere che gli procura la perfezione selvaggia dei cavalli in lotta e la bellezza di questo scontro. Il duello si fa più aspro, Parmenide non può più sopportare la vista del sangue sul mantello bianco del suo cavallo e scappa via.

I due animali sono parimenti veloci e scatenati, nessuno dei due riesce a superare l'altro e così aumenta il rischio di un incidente orribile. Vedo soltanto le loro teste, gli occhi spiritati, le labbra rialzate sui denti. Non sono più cavalli, vedo le teste di due superbi mostri, vedo i miei fratelli pronti a uccidersi fra loro. Non posso sopportarlo, corro verso di loro, urlo, li colpisco per costringerli a separarsi. Ma non sono abbastanza forte, resto fulminata dai loro occhi furibondi, coperta dalla loro schiuma, morsa dai loro denti. Ricevo fortissime testate, grido, cado, sto per essere calpestata.

Polinice si alza, con un pugno potente colpisce il muso di Nike, poi quello dell'altro cavallo, li costringe a indietreggiare. Distesa a terra lo vedo immenso, i suoi capelli biondi sono una criniera, e nel colpire gli animali non emette urli ma nitriti più forti di quelli degli stalloni. Mi solleva, mi porta fuori dallo spazio in cui i loro zoccoli mi minacciavano.

Una corda sibila sopra la nostra testa, è Timuro che prende Nike al laccio, ripete il gesto e tocca all'altro cavallo. Mano d'oro e i Nomadi afferrano le corde e immobilizzano i due animali senza riuscire a separarli. Polinice mi depone nelle braccia di Mano d'oro, si precipita su di loro e con una forza titanica gli mette il morso, li colpisce, li accarezza, gli parla, li colpisce ancora prima di consegnarli domati nelle mani di Timuro e dei Nomadi.

Mano d'oro mi porta in casa di Parmenide, sua moglie mi lava, sono coperta di sangue ma non è il mio. Sono quasi tramortita dai colpi che ho ricevuto, ma non ho vere ferite. Parmenide è sconvolto ma Mano d'oro l'assicura che nessuno dei due cavalli ha ferite gravi.

Polinice arriva, ancora esultante per il furore della lotta.

«Che combattimento, che ardore, che cavalli straordinari! Proprio quello che volevo, proprio uguali l'uno all'altro. E tu, piccolina, che non puoi sopportarlo, che ti butti fra di loro con il tuo grande cuore. Pallida, coi capelli ritti, altrettanto selvaggia, altrettanto bella, che credi di poter imporre la tua bontà ai loro istinti. Tutto questo era la vita, quella vera, aggressiva, palpitante, irresistibile. Quella che amiamo Eteocle ed io, quella che tu ami senza saperlo e così pure Mano d'oro, che vedendoti cadere avrebbe voluto uccidermi. E tu, in mezzo a tutto questo, la più bella, la più pazza. Pur desiderando uccidermi, Mano d'oro era pazzo d'ammirazione. E anche Timuro, che non ti lascia un solo istante con lo sguardo, che fa fischiare il suo laccio. Non piangere Antigone, sono stato così fiero della mia sorellina selvaggia. È stato pericoloso, certo, è stato insensato, ma che lotta, che spettacolo e che piacere abbiamo provato tutti!».

È tanto istintivamente felice che non posso volergliene, e mi metto a ridere anch'io ripensando ai momenti che abbiamo appena passato. Mano d'oro ritorna, ha controllato e accudito i cavalli con Parmenide.

«I due cavalli», dice Parmenide, «si sono dimostrati pari. Non è giusto che quello nero si chiami ancora Nike come se avesse vinto su Giorno. Dovrebbe chiamarsi Notte».

La proposta riempie di gioia Polinice, lo sento mormorare: «Cavalcare Notte, la notte di Eteocle».

«Che avresti fatto», domanda a Mano d'oro, «se per causa mia Antigone fosse stata ferita o uccisa?».

Mano d'oro non risponde ma il suo sguardo cupo mostra che pensieri di morte hanno attraversato l'anima di quest'uomo tanto buono.

«Pensi che avresti potuto uccidermi da solo?»

«Non da solo».

«Allora con chi ? Con Timuro? È incredibile quante passioni provochi, ragazza mia. Il mio fedele Timuro che vuole uccidermi!».

Polinice è raggiante, ama vivere al centro delle emozioni violente che scatena.

«Antigone nell'inferno dei cavalli. Che spettacolo è stato! Ne avete sofferto, gioito come me, soltanto dopo è venuta la collera e il desiderio di uccidere. Non è stato così?»

«Sì», dice Mano d'oro. La sua collera è sempre presente ma non può fare a meno di accennare a un sorriso, con quell'aria complice che hanno gli uomini quando hanno fatto insieme un gioco pericoloso.

La notte dopo il nostro ritorno al campo, sono turbata dalle onde cupe e terribili che vengono a infrangersi contro la scogliera dirupata in cui mi trovo. Sono le onde di collera su cui emergono, a poco a poco, le grida e la voce di Polinice.

«Non ce la farai a vincermi con Notte, fratello; Giorno gli è pari, ma non mi sono accorto che questo inganno ne nascondeva un altro. La mia vita trascorre così tra una trappola e l'altra. Per trovare Giorno ho perso molto tempo, ed è troppo tardi ora per attaccare Tebe quest'anno, prima che tu abbia finito di ingrandire le ultime tre porte. Sei paziente, molto paziente Eteocle, mi hai giocato ancora una volta.

«L'anno prossimo le porte saranno terminate, la vittoria sarà più difficile. Inviandomi Nike hai pensato a tutto questo e io non ho capito che mi tendevi un inganno duplice, ma ti farò una guerra più tremenda, fratello, molto più tremenda».

Nella notte distinguo confusamente qualcosa di enorme, è Polinice e molto più di Polinice, urta contro la mia scogliera e la fa tremare. Ho paura, non devo aver paura, dormivo, sono nel mio letto, nella mia tenda, dove non ci sono scogliere, non c'è mare, né onde, né tempesta.

«Cos'è questo fragore che odo, Polinice, cos'è quest'onda che mi colpisce ma che non esiste?»

«È il mio pensiero, sorella, quello che si scontra con l'avanzare continuo degli scogli neri di Eteocle, dei suoi inganni sotterranei. È stato il più debole durante la nostra infanzia, e se ne è fatto un diritto. Il diritto di prendermi Tebe, nostra madre, e la sua corona incorruttibile. Non posso trattenere le mie onde. Non ho desiderato io nascere per primo, né averlo come gemello, né essere amato più di lui. Grazie a te ho trovato Giorno, ho eluso il primo tranello, sono caduto nel secondo. Costruisca pure le sue porte, gli farò una guerra che non si aspetta».

«Perché, fratello?».

«Per Tebe, per il piacere, per arrivare insieme allo stremo delle nostre forze. Se siamo così pazzi, Antigone, è anche un po' per colpa tua. Se non ci avessi abbandonati come hai fatto, le cose sarebbero forse state diverse. Solo tu avresti potuto trattenerci nella realtà. E invece corri stupidamente dietro a nostro padre, ci lasci in preda alle passioni. Ho visto a Colono che Edipo era cambiato, ma aveva proprio bisogno di te per questo?».

Sono turbata dalla domanda, Polinice si accorge del mio turbamento:

«Lo vedi, non puoi rispondermi».

«No, non posso; lui è andato via e io l'ho seguito perché non potevo fare diversamente».

«E se fosse stata Ismene a seguirlo?»

«Ismene! Lei lo avrebbe fatto ritornare».

«Sarebbe stato meglio per lui».

«No!». Grido no con tutte le mie forze e con una sicurezza assoluta.

La mia violenza fa ridere Polinice di quel riso inesauribile che amo.

«Che grido, che bel grido, come quando ti sei lanciata fra i due stalloni. Significa che Edipo doveva diventare a tutti costi il veggente che è, mentre io non ho diritto di essere quel che sono: il re naturale di Tebe. È per dirmi questo che sei venuta, e per tendermi con Notte le due trappole di Eteocle».

«Sono venuta soltanto per mostrarti le due sculture di Giocasta che Eteocle mi ha costretta a fare».

«Dici costretta?»

«Sì, io non volevo farle. Non potevo. Ismene mi ha parlato a lungo di noi e di Giocasta. Ascoltandola, a poco a poco le sculture sono nate dalle mie mani».

«Nella sofferenza?»

«Sì».

«Anche in quella di Eteocle e di Ismene. Tu vorresti che ora io vi aggiungessi la mia. Ma è proprio necessario, Antigone, non basta la vita? Perché ci fai soffrire così spesso? Perché ti metti continuamente sulla nostra strada? Edipo se ne va da Tebe e tu lo obblighi a prenderti con lui. Doveva proprio diventare una specie di saggio, di giusto, di aedo illuminato?

«Eteocle mi ha rubato il trono di Tebe, ci facciamo guerra, è una cosa naturale. Lottiamo l'uno contro l'altro, ci facciamo l'un l'altro del male ma così viviamo intensamente, molto più intensamente. Lui mi infligge ferite superbe, profonde, inaspettate, e io faccio la stessa cosa. Pensa a Notte, a Giorno che stai per portargli, a tutto ciò che di pensieri ardenti e rivolti all'altro questo rappresenta, alla gioia di cercare, di trovare, di vincere o di eguagliarsi.

«Tu vorresti che noi ci rappacificassimo, che Tebe diventasse una città tranquilla, un po' sonnolenta, che nutrisse piccole felicità. Ma non è così, Tebe è un grande rapace che ha bisogno del cielo, un cavallo da guerra che vuole la battaglia.

«Tu ti auguri che io lasci in pace Eteocle e diventi un buon re che fa ingrassare i suoi sudditi e sviluppare il culto dei buoni sentimenti. Ma i sentimenti e gli dei sono selvaggi e quando si civilizzano muoiono, nello stesso modo in cui i re buoni perdono il loro trono. Eteocle ha bisogno di un avversario alla sua altezza, e anche io, questa lotta è il nostro piacere e tu vuoi impedirci di goderne.

«Tu avresti potuto trovare il tuo nell'amore di un uomo, in una casa, nei figli. Invece hai preferito proteggere nostro padre, mendicare per lui, far commuovere l'intera Grecia davanti alla sua disgrazia e alla tua devozione filiale. Hai trovato in questo un gusto particolare e indubbiamente fortissimo. Perché adesso vuoi privarci del nostro, quello di combattere ciascuno contro il proprio magnifico rivale?».

La voce di Polinice mi colpisce in pieno corpo, in pieno cuore, ogni suo innalzamento mi raggiunge al cuore e ogni volta che una sua onda si frange con una potente detonazione contro la mia scogliera interiore, sento che questa cede e a poco a poco si frantuma.

Attraverso la tenda si annuncia la prima luce del giorno. Polinice non è più soltanto quella forma nera, quell'onda schiumante e indistinta che mi terrorizza.

Indovino il movimento delle sue spalle, i suoi capelli luccicano morbidamente, la sua voce non ha più l'ansito rauco della tempesta, si addolcisce, chiede:

«Perché tutti noi: Edipo, Clios, Eteocle, Ismene e io stesso lasciamo che tu ostacoli le nostre vite, turbi i nostri desideri, le nostre folli ambizioni e il nostro gusto sfrenato della vita? Sì, perché mai ti amiamo tanto, non me lo sono mai chiesto, ma ora la tua presenza e il tuo silenzio mi interpellano. Ti amiamo per la tua bellezza, che non è quella di Giocasta né di Ismene, ma che è più nascosta, più seducente, perché è quella delle grandi illusioni celesti. E non sei soltanto bella, sorella mia, sei anche incredibilmente pazza, e sei così brava a convincere delle verità della tua pazzia e a farle vivere così naturalmente intorno a te».

Ride del suo riso leonino che mi sgomenta perché in esso avverto quanto le nostre strade divergano e le nostre vite siano oscuramente legate. È l'alba, la sua voce diventa più calda e suadente...

«Tu fai credere agli dei, quelli che danno la luce e quelli che trafiggono. Fai credere al cielo, agli astri, alla vita, alla musica, all'amore, illimitatamente. Sei sempre quella che si lancia nella speranza dell'infinito, dove ci conduci con i tuoi occhi così belli, con le tue braccia caritatevoli e con le tue grandi mani operose, che conoscono solo pietà».

La nebbia si alza, il cielo comincia a schiarire e la voce di Polinice si fa sempre più luminosa. Mi gira intorno molto lentamente, mi guarda, mi contempla come se non mi avesse mai vista. Sento che è stato molto infelice e che la sua tristezza mi implora e mi accarezza con la voce. Mi sta davvero parlando? Non è sicuro, percepisco soltanto suoni che mi avvolgono, mi rassicurano, mi ricordano il tempo in cui, bambino amante dei giochi violenti, cadeva e si feriva spesso.

Bambino che veniva poi da me perché gli asciugassi le lacrime, lo stringessi nelle mie braccia molto più piccole delle sue, gli cospargessi l'unguento o lo baciassi sulla parte dolente. Ed è ciò che vuole anche oggi, affinché lo aiuti a dimenticare la notte di Eteocle e l'alba di tumulto e di scoramento che ha appena vissuto. Spera che io lo abbracci, e come potrei rifiutare, non sono forse sempre la sua sorellina, colei che ha il potere della consolazione?

Mi alzo, lo prendo tra le braccia e sento che sono sempre il rifugio della sua ferita segreta. Lui si stringe contro di me, ci culliamo un po' come una volta e sento la gioia che, impetuosamente, ritorna in lui. Le sue mani salgono lungo le mie braccia, mi percorrono teneramente le spalle; la sua voce ripete con dolcezza: sorella mia, sorella mia.

Io lo cingo, lo accolgo tra le mie braccia, ma vorrei che se ne staccasse e ritornasse ai suoi giochi come allora. Sento che adesso è impossibile e il pensiero fin lì taciuto, riemerge crudamente: non ha potuto avere sua madre, ora vuole avere sua sorella.

Ho un tale desiderio di proteggerlo, di acquietarlo, sono tanto sconvolta per quello che ci succede, per il grande impeto di desiderio che mi prende rivestito delle immagini dell'infanzia, che non son più capace di difendermi. Penso con smarrimento: siamo perduti, Emone è perduto ed Eteocle non potrà mai perdonare. Il suo viso scende sul mio seno, lo bacia con quella pericolosa dolcezza, o dolore che mi scioglie le forze. Mi invade con le sue mani imperiose, la sua voce mormora: sorella mia, amore mio.

È con questa parola che mi salva, perché io sono indissolubilmente sua sorella, la sua sorellina, non sono il suo amore, non lo sono mai stata, né mai lui sarà il mio.

Udendola, il mio corpo si irrigidisce, si rifiuta, mi svincolo e smetto di abbracciare colui che era un bambino e che adesso non lo è più. Polinice è irritato dalla mia resistenza inaspettata, mi afferra le mani, fa scivolare le sue dita fra le mie e tenta di farmi piegare, come faceva un tempo nelle nostre lotte infantili. Non sa che ho scolpito nella scogliera l'immensa figura del Cieco del mare. Per farlo sono dovuta penetrare con tutta me stessa nel popolo della materia e inscrivere in me la sua rivelazione. Dopo tante battaglie e gesti d'amore, Polinice ha una tale fiducia nel potere delle sue mani che non immagina che io possa resistergli. La forza della sua speranza è così viva che nel suo corpo c'è già la certezza della vittoria. Quando le sue mani urtano contro le mie mani di pietra, non può credere che l'ostacolo sia insormontabile. Intensifica il desiderio e gli sforzi senza capire che è rimandandogli la sua stessa forza che la mia statua lo costringe, senza fretta ma inesorabilmente, a piegarsi, a inginocchiarsi davanti a me come lui costringeva noi, Ismene e me, a farlo davanti a lui. Fino a che esercita la sua forza contro di me io non posso fermare quella delle mie mani di pietra. Ma di colpo se ne rende conto, smette di lottare e urla in quel suo modo terribile. Le mie mani si aprono, le sue ricadono inerti, doloranti. Pur col viso contratto dal dolore, riesce a sorridere:

«Bel colpo, piccolina... peccato».

Sostengo il suo sguardo e lui sembra fiero di me.

«Mi hai battuto, è incredibile! La mia grande pazza non vuole diventare la mia grande pazzia. Peccato, ma ho capito. Vado dal mio massaggiatore, altrimenti non potrò più reggere le armi».

Se ne va con la sua sicurezza e la sua superba gioia di vivere ritrovate. Io resto là, stupefatta per quello che ha osato, stordita per quello che è successo e per il ritorno in me del Cieco del mare. Un disordine violento regna nella mia tenda, devastata da un uragano. Mano d'oro mi chiama, entra, era fuori pronto a soccorrermi.

Ha visto Polinice uscire con le mani inerti, un sorriso silenzioso, a labbra chiuse, gli sbarra il viso. Dice:

«Domato!».

Rimettiamo tutto in ordine, quando lui trova qualcosa di rotto si mette a ridere. Mi dice che tutto è pronto e che possiamo ripartire con Giorno quando voglio.

Presto torna Polinice, il suo massaggiatore è rimasto sgomento alla vista delle sue mani e non capisce come abbiano potuto subire una tale pressione.

«Sai cosa mi ha detto? Si dice che tua sorella sia stata discepola di Diotima, la grande guaritrice. Forse conosce dei suoi rimedi, mostrale le tue mani perché con me ne passerà di tempo prima che tu possa servirti ancora delle armi. Dopo aver potuto ferirmi, pensi di poter ora curarmi?».

«Ho lavorato con Diotima, conosco un po' il suo modo di operare. Ci proverò».

Lo faccio sedere di fronte a me, spalmo un unguento sulle sue mani e malgrado il male gliele massaggio delicatamente. Poco alla volta sento che non è più necessario continuare e che mi basta prendere le sue mani tra le mie. Lui chiude gli occhi, io faccio lo stesso e dopo alcuni momenti di sollievo si crea uno scambio fra di noi e sento le lunghe mani di Polinice distendersi e riprendere speranza. In esse c'è tensione, c'è amore per tutti gli istanti della vita, fra i quali non vuole scegliere. Li attraversa liberamente, accettando con magnanima indifferenza le gioie, le pene, le sorprese della sorte, che il suo riso affronta con generosità.

Nei dieci anni in cui ho seguito Edipo senza mai sapere cosa avrebbe fatto l'indomani, ho anch'io conosciuto la vita dell'attimo. Quando non resta altro, l'esistenza diventa intensissima, noi l'abbiamo vissuta entrambi, Polinice nella gloria, io nell'incertezza, forse sullo stesso cammino. Grazie a Edipo, io ho cercato di capire quello che vivevo, Polinice invece, essendosi interamente votato al flusso del vivere, non s'è mai curato di una simile preoccupazione.

Con gli occhi chiusi, lo ammiro per il suo modo di essere e con gli occhi aperti, lo ammiro ancora di più per quel suo essere così furiosamente figlio di se stesso, così libero nel suo rifiuto radicale delle verità che non sono le sue. Questo rifiuto lo trascina alla catastrofe, ma nelle sue mani avverto che non la nega, che essa gli appare come un evento naturale e inevitabile nella totalità, nell'esuberanza di vita che esige.

Apre gli occhi, mi sorride con l'allegria, l'ironia solare che Eteocle non potrà mai raggiungere, e capisco che mi giudica un po' esaltata ma che mi ama così. Il suo sguardo azzurro mi conferma che non potrò scongiurare la sua disgrazia né quella di Eteocle e di Tebe, ma che ormai non ha tanta importanza. Quello che importa è che in questo istante, in questo preciso istante, l'unico che vale ai suoi occhi, io sia la custode e la protettrice delle sue mani.

Attraverso loro, attraverso la coppia stessa delle nostre mani, passa una grande corrente di vita e di emozioni. Per effetto del Cieco del mare, mia creatura di pietra, sto destando a nuova vita le mani di Polinice, che nella sua foga di vincere sempre ha quasi rischiato di fare schiacciare da me.

Se lo avessi fatto, me ne rendo improvvisamente conto, avrei potuto fermare la guerra, perché da infermo non sarebbe più stato capace di sostenerla.

Ma non è questo quel che ho voluto, e continuo a rifiutarlo anche in questo momento. Grazie a Polinice, alla sua audacia, alla sua gioia, al suo rifiuto di ogni limite ripartirò di qui più forte, più forte di fronte alla sventura di cui egli si assume il rischio e che, forse, non sarà solo sventura.

Restiamo a lungo l'uno davanti all'altra, ora con gli occhi chiusi, ora con gli occhi aperti, ognuno dentro al sorriso dell'altro pensando a Tebe, a Ismene, a Eteocle e ai due sposi in delirio che ci hanno fatto come siamo.

Lui dice: «Mi hai guarito».

«No, ci siamo guariti a vicenda. Pensavo che Eteocle avesse fatto male a inviarmi da te, ma adesso vedo che ha avuto ragione. Ho orrore della vostra guerra ma non sono il vostro giudice, non lo sarò mai. Accanto a te ho capito che ero, che sono sempre la vostra sorellina, e nient'altro che questo, che non devo essere nient'altro».

Polinice si alza, libera le sue mani dalle mie con la sua straordinaria leggerezza:

«L'odio, la collera fra Eteocle e me non è rivolta contro uno di noi ma al cielo, alla vita umana che è troppo costretta al silenzio, troppo mutilata per noi. Non illuderti, io non rinuncerò a niente e lui nemmeno, non è nella nostra natura.

«Sei venuta qui per mostrarmi le tue sculture. Ti ho fatto aspettare, forse ne avevo paura. Fammele vedere adesso, è venuto il momento».

Tiro fuori le sculture dal sacco, le appoggio contro la tela bianca e tesa della tenda. Riprendo le sue mani tra le mie, non temo più che tenti di forzarmi, e del resto me lo dice lui stesso:

«Le nostre mani si sono amate meglio di quanto non avrei saputo fare con l'invadenza del mio corpo. Ho desiderato aggiungerti alle immagini o ai sogni dei corpi che ho creduto di possedere. Amo i corpi, amo le folli illusioni di potenza, di vittoria che suggeriscono. Ma oggi ho scoperto che si può amare senza prendere. E tu, quando guardavi queste sculture con Eteocle, cosa provavi?»

«Un senso di gioia; mi sono accorta che avevo amato Eteocle meno di te e che potevo amarlo quanto te».

«Finalmente te ne rendi conto. Tu, Giocasta e Ismene l'amavate di meno, ma eravate ingiuste. Per me lui è sempre stato il primo, il mio pari. Se durante la nostra infanzia non ho mai smesso di attaccarlo, è perché l'ammiravo. Essere ammirevoli nella vittoria è facile, è l'esultanza, ma esserlo, come nel suo caso, nella sconfitta e nell'eterno confronto, è quel che non sono mai riuscito a superare. Solo

Edipo ed io sapevamo che lui mi uguagliava, ma che andava anche oltre: che era un nunzio del futuro».

Aspetto che mi dica di più, ma tace e insieme guardiamo a lungo le due sculture di nostra madre. È commosso, non vuole parlarne, si alza e ripone nel sacco la statua fatta per lui dove Giocasta l'ammira in tutta la sua gloria. Tiene per sé quella in cui il suo viso è incupito dal fardello della disgrazia che pesa sul destino di Eteocle.

Gli chiedo: «Perché proprio questa?»

«Perché Eteocle è il futuro, il futuro della notte contro cui devono lottare i frammenti della luce. Perché così dev'essere, per ardimento. Per umilissimo ardimento, Antigone».

Ripartiamo l'indomani. Giorno è già attaccato al nostro carro e scalpita d'impazienza al sopraggiungere di Polinice. La guerra sta per riprendere, non lo rivedrò forse più, oppure in circostanze terribili. Non riesco a staccare i miei occhi dai suoi, da quei gesti così belli, dal suo viso dove tuttavia leggo già l'urgenza di gettarsi in altre imprese, in altre gioie. Nell'abbracciarlo, gli ripeto le parole di Edipo a Colono: «Tu sei re, figlio mio, di più, sei il re, come tua madre era la regina».

Le ha forse dimenticate, perché le ascolta e sembra scoprirle felicemente. Gli ricordo allora le parole che Edipo aveva aggiunto e che lui non aveva voluto ascoltare: «Un vero re, quale tu sei, non ha bisogno di trono per regnare».

Non azzarda nessuna risposta, mi solleva come fossi un oggetto e mi scaraventa senza riguardi nel carro in cui per fortuna Mano d'oro è già salito. Mi caccia in mano le redini, e insieme alle lunghe grida dei suoi cavalieri nomadi incita Giorno al galoppo.

Faccio grandi sforzi per non cadere e quando riesco a rallentare la corsa del cavallo è già troppo tardi. Dietro di noi, appena dorata, non resta che una nuvola. Il grande fratello, il suo riso, la sua gloria temeraria sono inghiottiti dalla polvere.

DANIMARCA

Lars Bonnevie

**Europa
Giano bifronte**

Titolo originale:

Det Europæiske Janushoved

Traduzione di Giuseppina Zaccarin

Lars Bonnevie

Europa Giano bifronte

> *Todo período de transición es una frontera*
> *temporal entre dos épocas históricas.*
> José Louis Sampedro Sáez

È avvenuta in Africa la mia scoperta dell'Europa. Ed avendo io quarant'anni non era certo troppo presto. «Sono europeo», rispondevo se qualcuno mi chiedeva da dove venissi, e l'abisso non si apriva per inghiottirmi. Né sentivo la mia voce interiore ribellarsi. Al contrario: consideravo del tutto normale definirmi europeo in un continente dove la gente nota di più le somiglianze che le differenze. Inoltre nessuno aveva la minima idea dell'esistenza della Danimarca, o della sua posizione, circostanza innegabilmente vantaggiosa per chi proviene da un piccolo paese, e io non avevo voglia di dilungarmi in lunghe spiegazioni con cortesi, distaccati africani. Oltretutto per me era più facile definirmi europeo che danese, anche perché l'idea di identità danese come la intendo io, e credo di conoscerla fin troppo bene, mi ha sempre lasciato perplesso. La parola "Europa" mi conferiva una identità, ma su premesse non mie. L'ebreo andorrano di Max Frisch la pensava come me. Indossavo abiti prestati che non mi andavano bene; del resto mi sono reso ben presto conto che gli africani avevano dell'Europa un'idea diversa dalla mia. Quando pronunciavo la parola "europeo" la gente era appena in grado di collocarmi in qualche punto dell'emisfero settentrionale.

Poche persone informate sapevano anche che in Europa esisteva un cosiddetto Mercato Comune, un Eldorado con le strade lastricate d'oro, dove non c'era limite a quello che tutti – e non soltanto i ricchi – potevano comprare: impianti stereo, macchine veloci, abiti firmati, liquori di marca e ville di lusso. E per di più quasi tutto era gratis. Correva anche voce che persino i disoccupati potessero mantenere un discreto livello di vita. "Europa" era una icona che emanava messaggi di incredibile ricchezza in un continente che è di per sé l'immagine di una disperata miseria. E anche se l'Europa stava là, a dieci ore di volo, si sarebbe allo stesso modo potuta trovare sull'altra faccia della luna. Negli anni trascorsi in Africa mi sono reso conto che davvero io ero europeo e che il mio modo di pensare, le mie idee, le mie reazioni potevano essere capite soltanto come il condensato di tremila anni di civiltà europea.

L'Europa come vasto, generico agglomerato di buoni alberghi, ristoranti, monumenti costituiva inoltre il sogno che molti africani bianchi del Sud Africa e dello Zimbabwe aspiravano a realizzare almeno una volta nella vita. Erano venuti dall'Europa e l'Europa li aveva negletti e disconosciuti. Nutrivano, per il vecchio continente, una inguaribile nostalgia, ma il sogno aveva le stesse tinte di quello degli africani neri: il Paese del latte e miele. Noi europei siamo malati del sogno contrario, quello che Alberto Moravia ha provato ad analizzare e criticare in uno dei più bei libri che siano mai stati scritti sull'Africa, il sogno della nostra origine, dell'europeo antidiluviano che presumibilmente proviene dall'Africa. Poiché entrambi i sogni sono parimenti lontani dalla realtà, sono totalmente incapaci di creare una qualsiasi possibilità di comprensione o contatto fra i due continenti.

Le illusioni continuano a fare il loro gioco. Talvolta qualche africano mi ha chiesto a quale tribù appartenessi e per semplicità di cose gli rispondevo: «A quella europea», risposta che lasciava tutti soddisfatti, tranne me che, sotto il peso del mondo circostante, mi vedevo costretto a riflettere e rivalutare il mio concetto di identità europea.

Gli africani mi hanno fatto dono di una libertà terribile: quella di poter decidere dove collocare il mio rapporto di appartenenza con tutte le sue implicazioni di rinuncia e di sconfessione. Perché nel momento in cui io mi identifico come europeo opero una scelta e nell'accettare una identità ne perdo un'altra. La mia nazionalità è danese, ma non la mia identità. In un modo o nell'altro l'intero apparato ideologico danese con i suoi salmi e i suoi inni nazionali, dall'asilo infantile al liceo, non ha avuto su di me alcun effetto, salvo crearmi poi un'esistenza conflittuale. Per un tedesco, un italiano o un francese non è un problema avere contemporaneamente una identità nazionale e una identità europea. In Danimarca, ai margini della zona settentrionale dell'Unione, è tutta un'altra storia.

Il compiaciuto provincialismo, la cautela verso il mondo circostante e un isolamento passivo che da più di duecento anni caratterizzano la mentalità danese rappresentano la reazione a una lunga serie di catastrofi nazionali sotto forma di guerre perdute che hanno ridotto la Danimarca a uno stato lillipuziano. Questo fardello storico non si elimina semplicemente entrando a far parte del Mercato Comune, e cioè, per la Danimarca, dal 1972. Al contrario: un nazionalismo retrogrado scaturito da un vivo romanticismo nazionale rappresenta oggi uno dei più potenti stimoli nel panorama ideologico danese. La diffidenza e il malanimo della plebe per tutto ciò che è straniero ed eccezionale, che trovarono la loro cornice ideologica in un movimento di rinascita popolare del XIX secolo, sopravvivono in tutto il loro vigore al pari della fede per l'artefice di tale disgrazia, Grundtvig. È stato lui a scrivere i versi nei quali ci siamo da allora identificati: «*Non siamo nati per il vento delle cime / restare a terra ci è più congeniale*». Va detto, per la precisione, che l'amico al quale Grundtvig indirizzava i suoi versi, un poeta alcolizzato, che ha contribuito suo malgrado alla formulazione della nostra identità nazionale, si era creato una fortuna con il commercio degli schiavi nelle Indie Occidentali. L'ipocrisia, da allora, è andata fedelmente di pari passo con il romanticismo nazionale. È in questo clima spirituale che, con il comprensibile stupore del mondo che ci circonda, ha luogo in Danimarca il dibattito sull'Europa.

Per le medesime ragioni vorrei ribadire che definirmi europeo è una mia scelta. Non rappresenta una vuota struttura razionale, dato che le istituzioni europee già esistono e, seppur con esasperante lentezza, sviluppano le loro competenze. Al di là di ciò che io possa dire di queste istituzioni, la cui debolezza è pari a quella di chi le ha create, c'è la volontà di creare il vincolo di leggi comuni. L'alternativa non è una vaporosa utopia globale, dove il leone e l'agnello pascolano uno accanto all'altro, ma la legge della giungla, dove il più debole soccombe al più forte, come così spesso è accaduto nella storia d'Europa. Forse la ragione fondamentale della mia adesione all'Unione è di carattere difensivo: è uno strumento per evitare guerre e oppressioni. Sulla scorta di tale ragionamento si sarebbe portati a pensare che siano molti i danesi sostenitori dell'Unione, se non altro per evitare di restare schiacciati dalle grandi potenze, come è già successo in passato. Invece si verifica il contrario, in virtù della nostra peculiare *forma mentis*, la quale fa sì che vogliamo e non vogliamo quello che vorremmo ma che d'altro canto gradiremmo evitare. Non per nulla Amleto è il nostro archetipo nazionale. Ad esempio i danesi accusano a ragion veduta l'Unione di carenze democratiche. Contemporaneamente però i vari governi danesi si sono battuti con le unghie e coi denti per non cedere più potere al Parlamento europeo, l'organo che può esercitare il controllo democratico. Le case in Provenza e le ville sulle isole greche le compriamo volentieri, ma guai agli stranieri che comprano le case al mare da noi.

È insomma a questo livello che si svolge il dibattito sull'Europa. Non scaturisce dalla consapevolezza di una storia comune e di comuni tradizioni culturali, essendo tale consapevolezza pressoché cancellata da una autosufficienza nazionale, una sorta di schiavismo culturale che ci ha paurosamente isolati dal resto del continente. E poiché l'*intellighentsia* danese è per lo più ostile e scettica nei confronti del progetto europeo, le argomentazioni in favore di una Europa unita hanno rispettato i dettami delle *élites* economiche e politiche aumentando così la sfiducia della gente comune. Il referendum di Maastricht del 1993 l'ha confermato: il trattato, rifiutato in prima istanza con una esigua maggioranza, a un secondo ballottaggio è stato approvato con una maggioranza di voti ancora più esigua, che ha diviso i danesi in due parti pressoché uguali e parimenti ostili che, da allora, si odiano a vicenda.

Gli intellettuali favorevoli all'Europa come me hanno assaggiato il sapore del fiele; ricordo la lettera di un collega scrittore che, riferendosi al mio nome di origine francese, mi invitava a tornarmene da dove ero venuto e a non impicciarmi degli affari danesi. La mia famiglia abita in Danimarca da quasi trecento anni ma evidentemente non basta.

Scelgo dunque di essere europeo con domicilio a Copenaghen, che dopotutto ha sempre meno in comune con il resto della Danimarca e sempre più con le metropoli del continente. A questo modo non debbo farmi carico di una identità che non ho mai avuto e alla quale non ho mai ambìto. Questa scelta mi dà inoltre la sensazione – forse fittizia – di essere sfuggito da quella ermetica campana di vetro che sono la Danimarca e l'intera Scandinavia, dove le voci del mondo arrivano rarefatte e accompagnate da edificanti spiegazioni pedagogiche e nazionali. Dubitare della propria appartenenza nazionale – cosa che è ben diversa dal possedere una nazionalità qualunque – e dover pertanto scegliere la propria appartenenza non è però uno stato di grazia. E non lo è neppure l'identificarsi come europeo. Che significato ha, in fondo, questa parola? Solo con un ampio volo prospettico e soltanto negligendo il reale svolgimento della storia è possibile parlare di una comune eredità europea, di alcune peculiarità culturali, di categorie dello spirito e modelli della mente che dovrebbero essere specificatamente europei e pertanto insiti in ogni europeo. Mi riferisco alle opere che hanno avuto origine dal pensiero locale che, col tempo, sono diventate patrimonio europeo. Si cita ad esempio Montaigne, la cui *opera omnia* è uscita in traduzione danese nel 1993! Meglio tardi che mai.

Il prodotto culturale europeo dell'ultimo millennio, se si eccettua la componente ebraica e greco-romana, non ha alle origini caratteristiche europee comuni, bensì regionali. Un Voltaire inglese è impensabile quanto un Kant greco, un Beethoven spagnolo o un Cervantes svedese. Chopin non avrebbe mai potuto essere olandese né Rembrandt ucraino. Vero è che i nostri ideali democratici sono basati sulla concezione erronea che i filosofi illuministi francesi avevano dell'attività politica della *polis* ateniese o della *res publica* romana, ma essi videro la luce del giorno per la prima volta nella dichiarazione d'indipendenza americana a Boston nel 1776. Prettamente europee sono anche le ideologie totalitarie come il fascismo e il comunismo, il primo radicato in un pensiero tribale primitivo, il secondo versione pressoché religiosa di un fondamentalismo gerarchico cristiano. Nell'arsenale di entrambi si trova il Millenarismo, un'altra specialità europea, che è costata la vita a milioni di persone nel mondo. Nonostante il livellamento democratico delle differenze strutturali ed economiche avvenuto alla fine di questo secolo persistono, nei Paesi che formano oggi l'Unione europea, profonde e marcate differenze nei sistemi politici e nelle tradizioni. È possibile costruire una identità politica comune soltanto comprimendo le singole identità. Dunque una identità politica comune è utopistica quanto una comune identità culturale. Ma se vogliamo sopravvivere dobbiamo muoverci verso questa utopia.

Si parla tanto oggigiorno della incapacità degli europei di arrivare a un accordo qualsiasi. Si vedano in proposito gli esperimenti nucleari francesi, la guerra in Bosnia, l'interminabile dibattito sull'Unione occidentale e le controversie sull'Unione monetaria. Dai giornali il lettore potrebbe facilmente farsi l'idea che non soltanto l'Europa, ma anche la pace siano seriamente minacciate. Sotto le mura della roccaforte Europa, disperate folle affamate si assembrano invocando di poter entrare, e i mass media, invece di informare la gente, alimentano l'ansia di migrazioni temporanee, il razzismo e la paura. È come se la collaborazione economica e politica già in atto avesse trovato terreno fertile per le speranze deluse di una politica comune che non è mai stata sancita da alcun trattato, forse appena discussa in occasione di incontri al vertice. Invece di lamentarci dello stato delle cose dovremmo rallegrarci del fatto che, nonostante tutto, siamo riusciti a raggiungere accordi che, prima della seconda guerra mondiale, sarebbero stati impensabili.

Ci si interroga con grandi speranze sul futuro dell'Europa, ma anche con profonda ansia. Abbiamo tra l'altro paura dei 35 milioni di disoccupati dell'Unione, che sono il monito assillante e fastidioso delle dubbie benedizioni dell'economia di mercato, della degenerazione del pensiero che si volge soltanto a categorie economiche invece che a categorie sociali ed etiche. Sarebbe triste se l'unico denominatore comune dell'Europa dovesse essere la paura di vedere arrivare l'apocalisse a privarci del benessere e dei privilegi acquisiti. *Hannibal ante portas*. In realtà siamo già stati invasi, proprio al pari dei romani che troppo tardi si resero conto di avere i cosiddetti "barbari" dentro le mura di casa. Non ho mai capito in che cosa consista la paura degli immigrati – siano essi musulmani o meno – soprattutto perché lo sviluppo dell'Europa è da sempre indissolubilmente legato all'emigrazione. Ma la paura degli stranieri si tocca con mano e provoca dovunque reazioni razziste. Si aggiunga a questo un'ambiguità bizantina nel processo decisionale della Commissione e del Consiglio dei ministri e le frodi sistematiche a danno dei fondi dell'Unione come, per esempio, quelle perpetrate nel settore degli aiuti agricoli, tali da far morire di invidia un dittatore africano, e ci potremmo fare un'idea sul perché il comune cittadino dell'Unione abbia difficoltà a definirsi europeo. È già complicato gestire se stessi e il proprio piccolo raggio d'azione. E qui sta il pericolo. Se il progetto europeo non saprà offrire visioni positive e chiare, se il cittadino non si sentirà attore invece che spettatore, il pensiero europeo soffocherà per mancanza di ossigeno.

Nessun essere dotato di buon senso è disposto ad ascoltare il ditirambo *pret-à-porter* degli eurocrati sull'eredità comune, la cultura e la missione di civiltà. Questi concetti, già di per sé lacunosi in un contesto nazionale, perdono completamente contenuto in un contesto sovrannazionale, quando vengono comunicati dall'alto verso il basso. O si percepisce la dimensione comune europea nel quotidiano, in concreto e in pratica, oppure è inutile. Ci si può talvolta chiedere se le istituzioni dell'Unione e i loro sostenitori rappresentino un ostacolo all'obiettivo dichiarato dell'Unione. L'Europa, come idea, non ha fatto in tempo a giungere sul tavolo dei suoi architetti che subito ha assunto risvolti pop: si manifesta con i viaggi d'istruzione Inter-rail, le "città della cultura" col Tivoli, lo spettacolo operistico discount e le iniziative comuni europee su questo e quello, che lasciano tutti, tranne le persone più direttamente implicate, perfettamente indifferenti e apatici. Penso tuttora con un brivido al film *Blu* di Kieslowski, dove la sinfonia europea di un defunto compositore doveva essere suonata contemporaneamente in dodici capitali europee per consolidare l'Unione. Questo tipo di politica culturale coatta sfiora, da un punto di vista danese, quella totalitaria. Ma la nostra forza di europei sta proprio nel ribadire la diversità nell'unità. Nel periodo antecedente alla prima guerra mondiale gli scambi culturali fra i Paesi europei non erano certo – dal punto di vista qualitativo – peggiori di quelli odierni e nonostante le profonde tracce impresse nella vita spirituale non hanno tuttavia saputo evitare la catastrofe. Chi potrebbe prendere sul serio l'ipotesi che i viaggi turistici siano uno stimolo per sviluppare nella gente un'identità europea, quando gli ultimi quarant'anni hanno rivelato provincialismo e presunzione crescenti, anche se muoversi al di fuori dei propri confini è diventato così comune? Chi continua ad illudersi che le "città della cultura" in Europa altro non siano che un pretesto per restaurare monumenti nazionali e per un po' di pubblicità turistica?

L'atteggiamento dell'Unione nei confronti dei Paesi dell'Europa orientale – una parte irrinunciabile della vecchia cultura europea da Kiev a Riga – parla purtroppo da sé. Il crollo del comunismo ha brutalmente rivelato il senso delle opulente parole di libertà e comune destino pronunciate dai governi dell'Europa occidentale. Nulla ha maggiormente messo a nudo l'impoverimento spirituale e la mentalità gretta dell'Europa occidentale e nulla più di questo problema esige con assoluta urgenza un nuovo modo di pensare.

Dopo la seconda guerra mondiale, un po' per codardia e un po' per debolezza, abbiamo abbandonato l'Europa orientale alla parodia del socialismo russo, e, proprio come allora, consegnamo la stessa regione alle guerre civili, alle epurazioni razziali, ai massacri, al capitalismo dei giocatori d'azzardo, al racket mafioso che ha diramazioni fino ai vertici degli organismi governativi. Sembra quasi che noi siamo convinti di poter costruire una identità europea occidentale sulla miseria del resto dell'Europa. Due conflitti mondiali non ci hanno certo resi più saggi, perché noi europei d'occidente, nonostante le differenze strutturali, viviamo nella democrazia ed è una sua caratteristica quella di essere gestita da uomini che non sono sostanzialmente diversi dai più bassi comuni denominatori rintracciabili nel popolo che li ha eletti. In caso contrario non sarebbero mai stati eletti. Nessuno arriva al potere in virtù di una visione di un mondo migliore, dato che la maggior parte della gente nutre un sano e sacrosanto timore dei cambiamenti e vota per chi, al di là di ogni possibile forma di imbonimento elettorale, si proponga puramente di amministrare la società nel pieno rispetto della legge del minimo attrito.

L'Europa occidentale è per le medesime ragioni rappresentata da persone mediocri ben lungi dall'essere stupide. Da esse non nascono visioni e coloro che vengono scelti a rappresentare la nostra parte del mondo sono tutt'altro che visionari, salvo che nei comunicati delle riunioni di vertice redatti per loro da fedeli funzionari. Molti intellettuali, ed io fra loro, sono amareggiati per questo, e per la stessa ragione la stampa europea occidentale è periodicamente invasa dalle geremiadi sul destino della povera Europa. Si creano allora dei dibattiti, ma poco dopo tutto torna a tacere. E a buona ragione. L'Europa come pensiero, come idea, è qualcosa che oggi serve da faro esclusivamente agli intellettuali europeizzati del Terzo Mondo. A noi non sembra di avere molto da offrire, ma se ci potessimo vedere dall'esterno scopriremmo che è vero il contrario.

Dopo un'orgia millenaria di cristianesimo totalitario e fondamentalista, di inquisizione, di rivoluzioni, di conflitti mondiali, genocidi, epurazioni razziali e sanguinari esperimenti utopistici, adesso gli europei vogliono stare in santa pace. Ci si può biasimare? Se spirito e identità debbono essere pagati con un'altra guerra mondiale, gli interessati sono pregati di rivolgersi altrove. Nel corso della storia, e soprattutto negli ultimi cinquant'anni, si è andata formando in Europa una massiccia classe media che, con l'istinto di sopravvivenza e la cupidigia ereditati dal popolino, non ambisce ad altri mutamenti che quelli coincidenti con una crescita del benessere. In tale contesto la visione del presidente della Commissione Jacques Delors era sublime: egli si raffigurava un'Europa socialmente giusta e animata da una missione spirituale. Certo aveva ragione, ma resta il dubbio che la sua visione si avveri.

I periodi più felici sono quelli non riportati dai libri di storia, dato che la storia registra soprattutto le qualità e le azioni umane peggiori e le catastrofi che da esse derivano. La storia d'Europa ne costituisce un esempio, giacché nel corso del nostro breve secolo, che Eric Hobsbawm fissa dallo scoppio della prima guerra mondiale nel 1914 al crollo dell'Unione Sovietica nel 1991, i cittadini d'Europa sono riusciti a dissanguarsi tanto che il continente ha cessato di giocare il ruolo di protagonista nella politica mondiale, un privilegio peraltro esercitato per ben cinque secoli. Molti cittadini europei non sono tanto vecchi da aver dimenticato il tempo in cui era l'Europa a dirigere l'operato degli altri continenti. A turno, i Paesi europei hanno esercitato il ruolo di grande potenza, con colonie dove il sole non tramontava mai e dove si dominava con brutalità inaudita. Persino un piccolo Paese come la Danimarca, nel 1500, è stato un peso massimo nella politica dell'Europa settentrionale. Ovviamente tutti noi, qualunque sia la nostra nazionalità, nutriamo un forte amor proprio che trova le sue radici parte nella reminiscenza di passate grandezze, parte nella convinzione di aver sviluppato l'eredità trasmessaci da Gerusalemme, Atene e Roma.

Un'educazione europea, ammesso che si possa usare tale espressione, coincide pertanto con la consapevolezza di racchiudere in sé migliaia di anni di civiltà, resa manifesta dalle opere dello spirito e dai monumenti creati nel corso di tale periodo. Quando, in circostanze solenni, parliamo di civiltà europea, intendiamo proprio questo. Ed essendo oltretutto riusciti ad esportare questa civiltà, per lo più con l'aiuto delle armi, si rafforza il nostro senso di egemonia nei rapporti con il mondo circostante, anche se la maggior parte della gente ha una idea piuttosto vaga dello spirito di cui dovrebbe essere portatrice. Che l'Unione europea debba essere l'incarnazione della civiltà europea mi sembra oggi alquanto dubbio, anche se i sostenitori e i denigratori dell'Unione fanno appello a paralleli storici, quali per esempio l'Impero Romano di Occidente o l'universalismo della Chiesa cattolica nell'alto Medioevo.

Sta per cadere la sera sull'Europa, dopo una lunga giornata. Anche se non ci piace sentircelo ricordare, bisogna riconoscere che sono ora gli altri continenti a muovere i fili dell'Europa, e non viceversa. Gli esempi non si contano più, a partire dal controllo straniero esercitato nel campo delle comunicazioni e dei media per finire al settore economico. Si è visto con quanta facilità una banda di speculatori americani possa stravolgere la politica monetaria dei Paesi europei. Abbiamo finito di dare ordini, per fortuna, e, secondo un parere diffuso, non ci resta che portare avanti il progetto di trarre il maggior vantaggio possibile dagli affari combinati con gli altri. I leader cinesi possono scherzare con i diritti umani, frutto peraltro di una faticosa conquista da parte degli europei, ma ciò non ci impedisce di stipulare con loro contratti da capogiro. Di ciò nessuno si scandalizzi. Se qualcosa interverrà a salvarci, sarà proprio questo pragmatismo che, a scapito di tutte le nostre smentite, è un punto fisso nel nostro orizzonte etnocentrico: i valori europei appartengono all'Europa. È fuori dubbio. I nostri sforzi, pur anche sovrumani, di trasmetterli ad altri, di conferire loro uno *status* universale, sono generalmente finiti nell'insuccesso e nella catastrofe. Tutto sommato, se l'Europa è stata riportata a dimensioni naturali con la perdita delle colonie e della maggior parte del suo passato potere, abbiamo finalmente la possibilità di chiederci chi siamo veramente. Questa riflessione non risiede nella stratosfera europea, ma nel sottosuolo melmoso dello stato nazionale. Noi europei ci definiamo rapportandoci a valori in via di estinzione e senza avere la più pallida idea di che cosa li potrà sostituire, per il semplice fatto che nessuno, nel corso della storia, ha tentato prima l'esperimento di un'unione europea. Ci troviamo pertanto mentalmente e politicamente in una zona di frontiera dove attendiamo che succeda qualcosa che ci indichi la strada da seguire. Siamo come i personaggi della nota poesia di Kavafis sulla città in decadenza che aspettano i barbari con un brivido di piacere e gli mandano incontro i notabili adornati di tutti i loro ori nella speranza che la esasperata monotonia venga interrotta da qualcosa di nuovo. Ma i barbari non arrivano; la gente rientra nelle proprie case e riprende a guardarsi in giro con stanchezza e disgusto. La zona di frontiera è offuscata, non si distingue che cosa ci attenda e allora ci aggrappiamo alla storia passata, che però ci può servire tanto poco quanto gli antichi numi, e questo la storia dovrebbe avercelo insegnato. L'isterismo nazionale, il razzismo, il senso di impotenza e i traumi soffocati rappresentano le scorie di questa situazione, che certo non deve costituire il risultato finale. È proprio nella situazione di frontiera, dove ogni cosa è fluida, dove il futuro non ha contorni, che si prendono decisioni determinanti.

Cinquant'anni dopo l'ultimo conflitto mondiale la maggior parte degli stati dell'Europa occidentale ha bene o male cicatrizzato le ferite provocate dalla catastrofe, se non altro perché molti degli adulti di allora oggi sono morti. In realtà le ferite non si chiudono mai, muoiono con chi le ha ricevute. Ci vorrà quindi un altro mezzo secolo prima che le due Germanie diventino una.

Con la Danimarca le cose vanno diversamente: lo smacco subìto con le sconfitte prussiane del 1851 e del 1864, che ci costò la perdita di un quinto del nostro territorio, è tuttora bruciante nella nostra ideologia nazionale e rappresenta – anche se può suonar strano – l'ostacolo più grave a una nostra appartenenza organica all'Europa. In realtà non ci siamo mai ripresi dalla perdita dello Schleswig-Holstein e, in tale contesto, l'occupazione nazista non ha rappresentato che un episodio sporadico.

Il trauma si manifesta nelle persone con una forma di ritrosia, simpatica ma anche ingenua, nei confronti degli aspetti meno gradevoli della politica. Proprio fra quelle persone si trovano coloro che denunciano con maggior veemenza i mali del mondo, neocolonialismo e sfruttamento dei paesi sottosviluppati inclusi, dai quali essi stessi non sono alieni. Sosteniamo a denti stretti di essere persone perbene facendo appello alle nostre modeste dimensioni, non come categoria religiosa, bensì come categoria politico-amministrativa. Provando e riprovando a dimostrare che siamo in grado di amministrarci e disciplinarci sulla strada del perbenismo, se ne è andato mezzo secolo. Attorno a quel perbenismo aleggia una sacra aura di solidarietà tribale dalla quale, ovviamente, tutti gli stranieri sono accuratamente esclusi.

Così i danesi hanno potuto sostenere in massa le proteste del loro presidente del Consiglio contro gli esperimenti nucleari francesi nel Pacifico, formulati con un linguaggio da grande potenza: la grande potenza della bontà che si rivolge alla potenza nucleare. Contemporaneamente, per mera sfortuna, è venuto alla luce che il governo danese, nel 1957, ha brutalmente sfrattato la popolazione di Thule, in Groenlandia, per far posto a una base aerea americana autorizzata al deposito di armi nucleari, pur avendo gli americani espresso parere favorevole a che gli Eschimesi restassero dove risiedevano da sempre. Incoraggiati dall'atteggiamento del governo danese nei confronti degli esperimenti nucleari francesi, i groenlandesi hanno preteso scuse formali per la grave violazione di diritti umani elementari – perché di ciò si trattava – ma è stato loro bruscamente detto che non potevano aspettarsi scuse o risarcimenti. Aveva parlato una potenza coloniale. La reazione è stato il silenzio.

Niente proteste, niente dimostrazioni. Se ci minacciano sul lato del perbenismo, ci chiudiamo come ostriche. E questo fondamentalismo di osservanza nordprotestante mi preoccupa nella misura in cui esso potrà influenzare il progetto europeo, cosa che vivamente spero non avvenga. Perché se scegliamo l'Europa, scegliamo anche un innato dualismo di dimensioni suggestive e terrificanti insieme.

Credo che dovremmo assumerci la responsabilità comune della nostra civiltà europea e della nostra storia e non chiederci se siamo contro o pro le direttive di Bruxelles. Da ciò dipenderà se il pensiero europeo risulterà vincitore oppure verrà disperso dal vento come una nuova utopia. Nel crogiolo europeo sono mescolate insieme forze esaltanti e demoniache al tempo stesso e non possiamo riconoscerci nel prodotto positivo della civiltà europea senza prendere in considerazione la malvagità, il fanatismo e l'intolleranza.

Dentro di noi abbiamo tutti un Giano bifronte che guarda sia verso la luce che verso il buio. Non accettare ciò significa rinunciare al diritto di scelta. Ma proprio nella scelta di essere europei sta la nostra dannazione e la nostra ragione di essere.

FINLANDIA

Leena Krohn

Due lettere da Tainaron

Titolo originale:
Tainaron
Traduzione di Fiorello Di Silvestre

Leena Krohn

Due lettere da Tainaron

Dayma

Ieri avevo voglia di prendere al mattino una dayma o dayme, la dolce bevanda spumeggiante prediletta dai tainaroniani, che si beve con la cannuccia. Gli abitanti del luogo hanno una tale passione per questa bevanda, che la consumano in ogni occasione possibile, fredda o calda, e oltre a "dayma" possono usare una decina di altre denominazioni. Ho sentito dire che bevendola in grandi dosi la dayma avrebbe degli effetti speciali, e che alcune persone, dopo averla consumata, possono vedere cose strane ed anche sconvenienti.

Io da parte mia non ho notato nulla del genere.

Mi ricordo di un piccolo e piacevole caffè lungo un canale, dove Maggiolino mi aveva portato subito dopo il mio arrivo a Tainaron per la prima volta. Mi piacevano anche quelle cialde particolarmente croccanti e condite con spezie, leggere come ostie, che avevano il gradevole odore del cibo affumicato, e di cui mi risulta che non vengano preparate in nessun altro posto al di fuori di quel panificio. Mi struggevo dalla voglia al punto che mi venne l'acquolina in bocca e dovetti mandar giù la saliva quando il ricordo di quelle cialde si diffuse sulla mia lingua.

Fu per me una delusione quando mi resi conto che non sapevo più trovare la traversa di quel viale dal tracciato tortuoso dove si trovava il caffè. Pensavo di seguire il percorso giusto, girai allo stesso angolo proprio come in passato e continuai a camminare lungo la sponda del canale, ma dopo un po' mi ritrovai in una zona del tutto sconosciuta. Là c'erano dei nuovi edifici ancora non ultimati, eretti al posto di costruzioni precedenti, e immensi capannoni industriali, dai quali si propagava nell'ambiente il suono delle turbine e delle perforatrici e si diffondeva l'odore sgradevole dei motori a combustione. Anche la gente che stava là sembrava tanto diversa, più povera e di statura inferiore rispetto a quei tainaroniani che stavano seduti sul terrazzo del mio caffè preferito. Finalmente trovai un bar, peraltro squallido, in cui la dayma – che spumeggiava con difficoltà –, veniva servita in spesse tazze senza manico, e il pane era stantio e duro.

«Vorrei avere una pianta di Tainaron», dissi ieri a Maggiolino. «Così sarebbe molto più facile andare in giro da sola, e tu non avresti bisogno di incomodarti a farmi da guida. Nei grandi magazzini non ne ho trovate. Tu, per caso, potresti procurarne una da qualche parte? Sarebbe possibile?»

«È impossibile, purtroppo», rispose.

«Perché è impossibile? Sono tutte esaurite?»

«Non si tratta di questo», disse. «Di Tainaron non è stata mai fatta una pianta esauriente».

«Ma come? Non è stata fatta mai neppure una carta esauriente? È proprio strano», dissi con disappunto e sorpresa.

«Non è strano per niente», disse Maggiolino seccamente. «Fare una pianta del genere è semplicemente un'assurdità, un'impresa assolutamente insensata».

«E perché?», chiedevo sempre più irritata. «Per me un paese di cui non esiste una pianta non è un paese, ma barbarie, caos, solo disordine».

«Sai ancora molto poco di Tainaron», disse a bassa voce. «Anche noi abbiamo le leggi, è solo che sono diverse dalle vostre».

Provai un certo senso di vergogna, ma ciò non bastò per far scomparire del tutto la mia irritazione.

«La pianta non si può fare», continuò, «perché Tainaron si trasforma in continuazione».

«Tutte le città cambiano», dissi io.

«Ma nessuna con tanta velocità come Tainaron», rispose Maggiolino. «Quello che Tainaron era ieri non è più oggi. Nessuno può avere un'idea delle dimensioni di Tainaron. Qualsiasi pianta disorienterebbe chi la usa».

«Ogni città deve avere una pianta», replicai.

Maggiolino sospirò e mi guardò amichevolmente, ma un po' stanco.

«Vieni!», disse poi, e mi prese dolcemente sottobraccio. «Andiamo!»

«E dove, ora?», chiesi.

«Andiamo sulla torre panoramica», disse Maggiolino. «Così capirai».

La torre panoramica era stata costruita sulla stessa collina del parco dei divertimenti. Non avevo notato prima la torre, poiché il movimento della ruota panoramica aveva attirato completamente la mia attenzione. La salita si protrasse tormentosamente a lungo per le strette scale di legno, che come dei festoni a spirale giravano sulla parete esterna della torre. Non mi piacciono i posti così in alto, tanto più che mi sembrava che il vento facesse vacillare l'esile costruzione. Salimmo e salimmo. Proseguendo per le scale a spirale anche la ruota panoramica ritornava in continuazione davanti ai miei occhi; i suoi vagoncini, ora vuoti, traballavano e oscillavano, e il movimento della ruota mi fece venire il capogiro. Continuammo a salire, e mi pentii di aver seguito Maggiolino.

A metà strada dissi a Maggiolino: «Ora non ce la faccio più. Fermiamoci qui. Da qui si vede già a sufficienza».

Ma Maggiolino fece finta di non sentire e continuò a salire con sorprendente agilità. Di tanto in tanto più che correre saltava. Lui proprio non si voltava indietro a guardare, e io non potevo fare altro che continuare a seguirlo. Salimmo e salimmo.

Finalmente! Stavamo sul terrazzo, ma essendomi venute le vertigini le mie condizioni erano tali che non mi avvicinai subito al parapetto. I miei occhi erano doloranti per il vento e lo splendore del sole, che lassù sembrava di un chiarore accecante. Mi sforzavo di respirare lentamente, inghiottivo saliva in continuazione e fissavo lo sguardo sulle venature delle assi del pavimento del terrazzo. Avevo il sospetto, infatti, che Maggiolino mi ritenesse ormai una compagna viziata e cattiva, e non volevo che si stancasse di farmi da guida.

Ma non potevo neppure fare a meno di sperare che Maggiolino mi cingesse le spalle con una delle sue antenne strette e lunghe. Lui faceva finta di non accorgersi del mio stato confuso osservando attentamente il panorama che si apriva di fronte a noi e anche – così mi sembrò – con occhi che sprizzavano fierezza. Cominciò a canticchiare una canzone senza parole mai sentita prima, e così le note monotone del motivo e le quiete forme ondeggianti delle venature del legno mi fecero tornare l'equilibrio.

Mi feci coraggio e guardai in basso. In effetti la salita era durata assai a lungo, ma nonostante ciò il fatto di stare a un'altezza smisurata non poté non suscitare la mia meraviglia. Feci schermo ai miei occhi, e mi vennero le vertigini quando vidi in basso la pianura di Tainaron, punteggiata dalle ombre delle nuvole che scorrevano in fretta. Mi accorsi, inoltre, che la torre doveva essere un poco pendente, poiché l'orizzonte era chiaramente inclinato. Direttamente sotto di noi c'era un luna-park, ora deserto, con i suoi padiglioni variopinti. Anche i vagoncini della ruota panoramica che si trovavano più in alto restavano a grande distanza sotto di noi. In lontananza brillavano il vetro e l'acciaio, luccicavano il bronzo e l'oro, quando un raggio tremolante colpì la serie di finestre dei grattacieli e le cupole delle chiese. Questa era Tainaron, la sua città, la loro, mai la mia.

Ma era una città straordinaria! La fierezza di Maggiolino era comprensibile. Non mi ero mai resa conto che Tainaron fosse così vasta. Scorsi anche quelle zone residenziali a forma di termitaio dove ero stata una volta soltanto per bagnarmi con le lacrime della regina, vidi il giardino del palazzo del principe con i suoi vialetti e le sue pagode, e ad est l'interminabile matassa arruffata dei quartieri poveri.

Eravamo talmente in alto, che ormai si poteva udire solo qualche stridio proveniente dal basso, e anche grida sporadiche, ma più acute delle altre, e misteriosi tintinnii, che avevo udito anche di notte, e di cui non ero mai riuscita a chiarire la provenienza. Sembrava proprio come se qualcuno avesse fatto tintinnare un bicchiere con un cucchiaino d'argento per tenere un discorso ufficiale. Ancora un po' di metri più su, e non si sarebbe udito più il minimo rumore.

«Qui c'è tutto quello che ho», disse Maggiolino. «Anche tu».

La cintura luccicante di Oceano con le sue strie di onde schiumose si estendeva fino a circondarci da ogni lato. Una leggera foschia velò l'orizzonte a sud, ma verso nord si scorgeva un'alta formazione di nuvole dai riflessi argentati, la quale era così immobile, proprio l'esatto contrario delle nuvole che scorrevano sopra Tainaron, da ricordarmi una scultura metallica. Il suo aspetto era come quello di un torso umano.

«Sta per scoppiare un temporale?», chiesi.

«Non è un temporale», rispose. «È qualcosa di peggio. È l'inverno. Comunque, ci vuole ancora molto tempo prima che ci raggiunga. Ma una volta che è qui, ah, poveretti quelli che non dormono ancora!».

Io sentivo freddo già allora, sotto quel sole splendente. Osservammo in silenzio la figura maestosa di neve e di ghiaccio. Secondo me quella massa non dava ancora l'impressione di cambiare forma o di avvicinarsi a Tainaron.

«Forse questa volta non si dirige verso di noi», dissi a Maggiolino, non troppo sul serio e speranzosa. «Forse resta laggiù a nord».

«Ma guarda che bambina è quella», disse Maggiolino rivolto verso l'altro lato, come se sul terrazzo ci fosse una terza persona con noi. Poi continuò girandosi di nuovo verso di me: «Non ti ho portato qui solo per osservare l'approssimarsi dell'inverno. Vedi?».

Maggiolino mi additò l'estremità settentrionale della città, sotto l'inverno, dove si ergeva un gruppo di abitazioni di varia altezza e forma. Dipendeva certamente dai miei occhi doloranti che i contorni di quelle case sembrassero tanto sfumati. Mentre stavamo a guardare ebbi la strana sensazione che alcune di quelle abitazioni avessero cominciato a muoversi.

«Cosa succede là?», chiesi.

«Trasformazioni», disse lui.

In effetti sembrava proprio così. Una nuvola di polvere si stava spargendo sulla pianura, e in un batter d'occhio, laddove un momento prima serpeggiavano i grattacieli dai molti bracci e gli isolati, restavano in piedi solo le macerie. Peraltro, non avevo sentito nessun rumore di esplosione.

«Quel quartiere non c'è più», disse lui placidamente.

«Non si sarà trattato solo di un terremoto?», chiesi io atterrita. Fino a quel momento, però, non avevo avvertito nessuna scossa.

«Ma no, è solo che là si sta demolendo la Tainaron che c'era prima», disse.

Maggiolino alzò il dito e lo puntò a occidente, e anche là notai il processo di distruzione, il disfacimento e il crollo degli edifici, ma quasi contemporaneamente al posto delle costruzioni che non c'erano più cominciavano a farsi avanti nuove forme, complessi di capannoni a volta, scalinate incompiute che per il momento terminavano in aria, torri spiraliformi isolate e portici che procedevano serpeggiando sulla riva deserta.

«Ma...», cominciai a dire.

«Ssst», disse Maggiolino, «guarda ancora in quella direzione».

Guardai. Dove fino a poco tempo fa passava un viale diritto, ora si snodavano stradine strette che si incrociavano fra di loro. Il loro intrico si ramificava su un'area sempre più vasta fin sotto i miei occhi.

«E così avviene tutte le volte, incessantemente», disse. «Tainaron non è un luogo, come forse tu pensavi. È un avvenimento che nessuno può definire. A che serve mettersi a farne la pianta? Sarebbe uno spreco di tempo e di energie. Capisci, ora?».

Non ho potuto non capire che Tainaron viveva così come i suoi abitanti, anche Tainaron era un essere che cambiava in continuazione. Allora mi resi conto che non avrei potuto mai più assaggiare quelle cialde da cui emanava un gradevole odore di fumo e di cui avevo avuto tanta voglia la mattina. E comunque, ancora capivo molto poco.

«Ho sete», dissi a Maggiolino, perché avevo di nuovo tanta voglia di schiuma di dayma.

Le campane a morto

Che rimbombo! Si diffonde su tutta Tainaron, echeggia da quartiere a quartiere, fa tintinnare i vetri delle finestre e risuona addirittura nel mio petto. Quando premo il dito sul tavolo, avverto il suono delle campane persino sulla punta delle dita. E anche le dita dei piedi, la pianta e il tallone avvertono il suono, perché il pavimento, tutto il suolo di Tainaron, vibra e oscilla trascinato dal flusso melodico delle campane.

Il principe è morto, e ora in tutte le chiese, le cattedrali e i templi della città si suonano le campane a morto. Queste rintronano da mattina a sera come per risarcire il defunto di quell'attenzione che nessuno gli aveva prodigato quando era in vita.

«Che è successo al principe?», domandai a Cervo Volante. «Lo domando perché quando è stata data la notizia della morte non si è accennato affatto alle cause del decesso».

«Lui? Morto, tutto qui», rispose Cervo Volante volgendo verso di me il suo sguardo flemmatico. «Era ora. Era vecchio».

«Che strano, proprio non c'era occasione migliore per morire», obiettai.

Nella torre principale del palazzo avevo visto quello che avevo visto: l'esile figura del principe in attesa, che se ne stava accoccolato su una semplice sedia posta al centro del pavimento, senza la compagnia di aiutanti e neppure di una sentinella di infimo grado.

Lo spettro della fine che si avvicinava a gran velocità avvolgeva il suo mantello quasi come un altro mantello. E non era stata una morte naturale.

«Non è successo all'improvviso?»

«Non diversamente dagli altri casi», grugnì Cervo Volante più indifferente del solito.

Ma guarda questo flemmatico diavoletto affusolato! Come ha fatto Maggiolino a immaginare che Cervo Volante potesse sostituirlo come mia guida a Tainaron?

«Vorrei sapere che cosa succede qui», dissi.

«Ora cambia il potere», rispose Cervo Volante.

«Di sicuro», dissi io seccata per la risposta. Questo lo sapevo già, ma avrei desiderato che qualcuno mi spiegasse che cosa avrebbe significato il cambio del potere per il popolo, e quale regime sarebbe stato concesso a Tainaron.

Ma quando volsi lo sguardo a Cervo Volante, mi resi conto che non valeva la pena continuare a trattare quel tema. Capii già, infatti, che per lui non esisteva argomento meno interessante.

Proprio in quel momento si voltò a guardarmi di sbieco, e nei suoi occhi neri privi di pupille balugino qualcosa che sembrava ilarità. Ma Cervo Volante era capace di divertirsi? Per un istante ebbi la sensazione di essermi sbagliata nei suoi confronti, come se la sua apatia stendesse completamente un velo su altre proprietà, che lui celava chissà per quale motivo. Cercai di vedere di nuovo il bagliore di un attimo prima, ma il suo sguardo si era ormai spento per tornare allo stato precedente. Chissà, forse quell'impressione fugace era dipesa solo dalla variazione della luminosità oppure dal mio stato d'animo.

«Vai in qualche tempio per la cerimonia commemorativa? Di quale comunità religiosa fai parte?», mi venne da chiedere, perché volevo passare a un argomento più fruttuoso.

«Di tutte a turno», fu la risposta. «È ovvio».

«Di tutte a turno? Ma come è possibile?», dissi io stupita. E per di più: «È ovvio», allora stava proprio esagerando.

«Perché no?», disse masticando qualcosa con le mandibole protese. «Bisogna essere imparziali. In questo momento faccio parte del Tempio della scienza superiore. Il prossimo mese passo a... beh, ora non mi viene in mente il nome di quella comunità».

«Ma se là dove stai ora c'è la scienza superiore, perché passare ad un'altra comunità?», chiesi.

Lui non rispose, ma si concentrò nel masticare e inghiottire una sostanza gommosa e appiccicosa, che alla fine si attaccò alle mandibole bloccandole.

Sentivo ancora il suono delle campane a morto, sia da lontano e dall'alto, sia in basso e da vicino.

«Riconosci le campane del tempio della tua comunità?», chiesi.

«Sono certamente quelle che rintoccano con maggiore frequenza», disse. «O se no, quelle in cui tra un colpo basso e il successivo si ode un tintinnìo doppio. Eh, no, senti, sono davvero quelle più lente, che si odono da est, quelle il cui rintocco è sempre tre e uno, tre e uno».

Era inutile stare ad ascoltare. Non riuscivo a distinguere il suono delle varie campane, sentivo solo uno strepito in cui tutte finivano per confondersi. Questi tainaroniani! Non imparerò mai a conoscerli. Comincio a stancarmi del mio lungo soggiorno, sì, mi sto proprio stancando.

Cervo Volante è andato via, ma ancora rintoccano le campane a morto per il principe. E perché non dovrei ammettere che oggi mi tormenta la nostalgia della patria? Qualcuno mi ascolta? Soffro di nostalgia. Ma Oceano comincia a gelare per l'inverno, e fino alla primavera dal porto non leverà l'ancora neppure una nave.

Gli alti alberi del cortile di casa si piegano mentre imperversa la bufera. I raggi obliqui dell'autunno irrompono nella mia stanza. Vedo i libri e le fotografie e gli oggetti scelti con cura, ricordo la serenità e la gioia recondita della camera. Proprio in questa stagione, prima dell'inverno, molto tempo fa, tu sei venuto nella mia stanza.

Sei venuto nella mia stanza quando albeggiava, e non sapevo se stavo dormendo o ero sveglia. Io non ho fatto il minimo movimento, ma tu, tu, silenziosamente hai premuto sul mio collo le tue rigide labbra screpolate dal sale proprio nel punto in cui si avverte il battito, e poi le labbra, facendo pressione sulla mia tempia, sono scivolate calde sulle mie palpebre, finché alla fine hai tastato la mia bocca e l'hai aperta con le tue labbra.

Allora io ho provato il tuo gusto, il gusto della tua sete, e ho risposto, e risposto, e ho pianto sommessamente.

FRANCIA

Bernard Chambaz

Romeo quest'inverno

Titolo originale:
Roméo cet hiver
Traduzione di Fabio Gambaro

Bernard Chambaz

Romeo quest'inverno

Non permetterò mai che si dica che avere vent'anni non è la più bella età della vita.

All'epoca della Santa Alleanza e del Congresso di Vienna, mi sarei certo chiamato Dupont. All'epoca di Azincourt e del Re Pescatore, quando sui fiumi o vicino ai campi di barbabietole c'erano meno ponti, mio padre mi avrebbe forse trasmesso il nome di Dubois. O forse Dubreuil, se solo fossimo vissuti in una regione di boschi fitti, intricati come appaiono in Malebranche o sulle tele dei pittori senesi con una zona di luce offuscata nonostante un grosso sole imbattibile. Nel 1996, mi chiamo Martin e dunque non permetterò mai che si dica che avere vent'anni non è la più bella età della vita.

Compirò – si dice anche farò – vent'anni a gennaio. L'avvenire, si dice, è senza prospettive, più nero che rosa. Ma a me sembra piuttosto azzurro, un azzurro scuro, è vero, ma azzurro. Non c'è motivo. Sto bene e a quanto sembra sono bello. Un metro e ottanta, capelli ricci, occhi azzurri, leggermente scuri, quasi grigi, l'aria dolce, lo dice in ogni caso la mia fidanzata con il suo leggero accento inglese che mi sconvolge tanto. Lei è bella – anch'io glielo dico – e imprevedibile e simpatica. Abitiamo di volta in volta dai miei genitori (la camera con le vecchie tende rosa, i garofani e una foto della tholos di Delfi) o nel monolocale che divide con un'amica (un letto, pareti bianche). Lei colleziona vecchie cartoline e studia le lingue iberiche per via di un antenato che si è rovinato nel commercio del brandy e dei limoni canditi. Avrà vent'anni il giorno di san Remigio che dava da mangiare agli uccelli.

Ci siamo conosciuti alla festa del cinema, prima un vecchio Wenders, poi *Caro diario*, pretesto abile e piacevole per portarla a casa con la mia vespa. Mi ha chiesto Cosa fai nella vita? Ho risposto Nella vita studierò meteorologia. E senza chiederle nulla le ho preso la mano e l'ho baciata. Lei ha riso. Cos'è esattamente meteorologia? Non ero ancora abituato all'accento inglese che dà al francese una sonorità e un ritmo inabituali, una specie di lunga onda con una sfumatura di nebbia scesa direttamente dalle terre elisabettiane; e da allora – quando non la bacio – mi piace ascoltarla nella sua lingua, sebbene non capisca nulla, o quasi, appunto il ritmo, la successione delle parole per cui mi sembra che stia recitando una poesia anche quando legge una pagina del «Times»; ed è ancora più bello alla pagina del tempo, perché indovino le parole e riconosco i nomi delle città dove in gennaio ci sono 30° all'ombra dell'albero corallo o delle palme, sotto il cielo grigio delle due o delle tre del pomeriggio, e alle pagine finanziarie nelle quali vorrebbe vedere risalire le quotazioni della sterlina e del brandy. Purtroppo – dice lei – il solo indice che non smette di crescere è quello del tasso di disoccupazione. E quel giorno, il giorno del cinema, le ho detto In ogni caso con te la vita è bella. E ho fatto come nei film, l'ho baciata. Per davvero, non solo la mano o il collo, no, un bacio vero. Quando ha riaperto gli occhi, ho visto che erano verdi. Abbiamo parlato di Dublino dove è nata e del Glamorgan dove è cresciuta. Abbiamo bevuto della limonata e ho colto per lei un rametto d'ippocastano, allo square Denfert, sempre di fronte al cinema. L'ho invitata ai giardini del Lussemburgo, per via di una montagna di ricordi. Sulla vespa, si è abbandonata contro di me, come se fosse stata mia moglie da vent'anni, e ha canticchiato l'aria del *Concerto di Colonia*. Le ho fatto vedere i tre olmi piantati nel 1613 per ordine di Maria de' Medici, poi l'ho portata nel settore sud-ovest disegnato all'inglese. Abbiamo parlato di Robin Hood, perché la sua bocca mi ricorda quella di Marianna, e della morte di D'Artagnan, chissà poi perché. Tra due sorrisi, si è fatta di nuovo seria. Te ne sei scordato! E la meteorologia?

Come spiegare in modo semplice che studierò le variazioni dei fenomeni atmosferici e i flussi delle masse d'aria, il vecchio campo di battaglia celeste che è l'Europa, la Siberia e le Azzorre (in azzurro chiaro) contro le cortine di pioggia (acquerugiola, acquazzoni, rovesci, in grigio perla), i cieli variabili, i sistemi di equazioni con le x e le y irriducibili, le nubi leggere e le coltri spesse, metà del manto basterebbe ampiamente a proteggere dal freddo tutti i miserabili di quaggiù, ecco, un solo colpo di spada; ma non sogniamo, la miseria non è solo alle nostre porte, è anche in città dove uomini e donne dormono ancora sotto le stelle; in passato accadeva nei campi d'estate ai vagabondi o a chi aveva bevuto più di quanto avrebbe dovuto per ritrovare il proprio letto e finiva così la notte, tre o quattro ore, riverso sul bordo di un fosso subito ricoperto di rugiada, la testa ingombra di stelle per quanto addormentato con la faccia a terra, il volto tumefatto per la caduta, un livido blu, come si dice livido blu in inglese?

Black and blue, a quanto sembra. Ha ripetuto Livido blu si dice nero e blu! E mi ha convinto. Ho avuto l'impressione che fosse sensato e che rapidamente sarei diventato bravo in inglese. Ho avuto voglia di chiederle come si dicesse a Lisbona, dove l'orizzonte diventa scuro rapidamente sopra i tetti di tegole e di lilla, e in spagnolo. Certamente non azul, nonostante le apparenze. Ma non ho osato per via dei limoni canditi. Ho trovato una scappatoia con la prima poesia dello Spleen che ci corrispondeva, una specie di entroterra con nuvole meravigliose e una luce dolce che si perdeva tra le foglie. Insomma, tu la vita la passeresti in cielo! Aveva capito perfettamente. Ho pensato immediatamente che in sua compagnia non sarei sceso tanto spesso. Dal cielo. E l'idea mi piaceva molto.

Abbiamo fatto un ultimo giro in moto. E poi un ultimo ultimo giro. Il giorno non la smetteva di finire come capita a volte quando si è molto felici. Lei mi parlava ancora del Glamorgan o dei suoi infiniti tramonti viola. Ed io di Roma, per via di un'intuizione e di Moretti. È stato quel giorno, il primo, un po' più tardi, lasciandoci, che l'ho chiamata, Giulietta, appena prima lei mi aveva sussurrato all'orecchio Sai, meteo mi fa pensare a Romeo.

Negli ultimi sei mesi ci siamo visti ogni giorno. Tranne il 15 agosto e una domenica d'ottobre. Persino durante gli scioperi di dicembre ci siamo incontrati ogni mattino o ogni sera, a volte il mattino e la sera. Non immaginavo che potesse essere essenziale né possibile, salvo nei libri. Questa scoperta ha reso più forte il mio amore per Giulietta e per i romanzi, poiché Giulietta era Giulietta e poiché la vita quotidiana valeva un romanzo. Le ho fatto cento piccoli regali, il compact del *Concerto di Colonia* (esattamente un anno prima della nostra nascita, l'anno della morte di Pier Paolo), una moto in miniatura di piombo, alcuni mazzi di garofani rosa, una cartolina virata seppia dello stadio di Landsdowne Road a Dublino con i gabbiani in un cielo che si indovina ornato di nuvole rapide come tre-quarti esterni, un'altra cartolina (un panorama della via Omero a Barcellona), un taccuino a spirale con la copertina rigida color blu Savoia, uno scudo di tartaruga. Lei mi ha insegnato l'inglese, non più the hat e the cat, ma I want e I would e I miss you che mi stupisce. Mi ha istruito sulle parole che hanno attraversato la Manica come pinguino e flanella, rhum humour sentimentale panorama, o anche tandem tunnell shampoo veranda, maryland che lei fumava solo di domenica e pigiama di cui non voleva sentire parlare. Tra queste, alcune come panorama hanno continuato il viaggio al di là delle Alpi, altre come flirtare proseguono in un va e vieni continuo tra le lingue, Is'nt it mio piccolo Romeo.

Mi ha detto Romeo Martin suona bene! Mi ha baciato in fretta e ha aggiunto Stanno proprio bene insieme! Ho pensato in effetti stanno meglio di Romeo Dubois. E che mio padre avrebbe dovuto chiamarsi Dei Boschi per piacere a Giulietta. Per curiosità, ho guardato Romeo e Giulietta in un dizionario enciclopedico alla voce Shakespeare. Tra Shahjahanpur (città dell'India, Utar Pradesh, 144.000 ab., ma li hanno contati i morti di fame di ogni santo giorno?) e Shanghai (vedi Chang-Hai). Ho letto che l'opera era del 1596 e che il suo unico figlio era morto quello stesso anno (l'11 agosto). Ho letto il testo, e «l'innominabile caos» e il «tutto creato da un nulla» e che «tu non potrai insegnarmi a dimenticare». L'ho riletto in un'altra versione, sperando che lì la storia terminasse bene. Non si sa mai. In ogni caso, insisto, non permetterò mai che si dica che avere vent'anni non è la più bella età della vita.

Mi ha baciato non lentamente ma lungamente. Ha detto Anche Martin da solo sta bene! Abbiamo voluto vedere la pièce al teatro del l'Odeon che lei chiama teatro d'Europa, ma non era in cartellone. Allora, siamo tornati a vedere gli olmi di Maria de' Medici e la vasca. Ridendo e associando sillabe che immaginavo runiche, mi sono rifiutato di pagare le sedie al vecchio rimbambito scortese che ci chiedeva lo scontrino. Ho comprato due liquirizie e Giulietta ha voluto – assolutamente – affittare e lanciare una barchetta a vela. Ha scelto il numero 17, con la chiglia rossa. Ci siamo tutti inzaccherati e la sua pelle bagnata mi ha dato una sensazione piacevole. Poi, ha voluto vedere *Il disprezzo*. Per via della musichetta d'Omero e dell'Alfa.

Abbiamo finito l'estate nel suo letto. L'autunno è arrivato di colpo, senza preavviso. Per altro, assomigliava all'estate. Grazie agli atomi di polvere nella luce sempre dorata come a metà luglio e i rumori (i cavalli-vapore il mercato la falegnameria) attraverso la finestra spalancata. Di notte, a Giulietta piaceva recitarmi il suo vocabolario comparato spagnolo e portoghese. Si sedeva sui talloni e l'autunno brillava come gli azulejos di tutta la penisola. Io viaggiavo attraverso paesaggi di parole più o meno sconosciute eppure riconoscibili. Grazie alle ultime vendite di brandy, mi ha fatto due regali: il 30 settembre, una magnifica maglia verde O'Neill con il trifoglio portafortuna; il 9 ottobre, un libro stranissimo da cui non sono ancora uscito né mi sono rimesso, *Finnegans Wake*. Vedrai, Romeo, è proprio bello!

A causa di questo libro, forse, o di una versione sul mercato dell'oro nel XVII secolo, o della confusione tra Monet (una sola n) e Monnet (due n), dopo aver visto la mostra "Monet in Norvegia", una sera abbiamo parlato dell'Europa. La discussione si è ridotta a una lista di nomi propri e a qualche parola contraddittoria che per noi la riassumeva. Socrate Teodosio Erasmo Primo Levi umanesimo sgomento. Si potrebbe chiosare all'infinito sul gioco delle metamorfosi inaugurate da Zeus che diedero luogo alla costellazione del Toro e al labirinto e a Dedalo e al volo di Icaro e al libro primo del *Capitale* e al mio amico Ràfols-Casamada. O anche a Giulietta quasi ventenne.

Abbiamo continuato a fare passeggiate. La via degli Irlandesi evidentemente (non distante dal nostro baracchino di crêpes preferito) e attorno alla stazione Saint-Lazare (una sola z) – la piazza Europa, le vie Roma Vienna Leningrado Madrid Edimburgo Napoli Liegi Budapest Bucarest Amsterdam Milano Mosca Torino Parma Bruxelles Stoccolma Lisbona Dublino Londra e quelle che non abbiamo percorso e l'assenza meschina di nomi tedeschi, salvo Iena e Ulma, e la sorpresa di imbatterci – in questo quartiere di banche e assicurazioni – in una piazza Gabriel Péri.

Non ci siamo limitati a questo solo quartiere. Un sabato, Giulietta ha studiato la guida della sua amica e mi ha detto In marcia verso l'Europa mio bel Romeo! Così, abbiamo visitato le vie Odessa (XIV arrondissement), Cadice e Danzica (XV), Ankara Barcellona Varsavia (XVI), Salonicco (XVII), Sofia (XVIII), Lovanio (XIX), Genova (XX), e per cerchi concentrici verso il centro le vie Anversa Treviso Messina Berna Belgrado, per finire, quel giorno, nella via Venezia che dà sulla via Saint-Martin. Abbiamo visto case molto borghesi ed altre povere come nei *Miserabili*, sprazzi di cielo azzurro poi rosa con gli stessi frammenti di cirro, caffè quasi illuminati nella sera che scende, platani che perdono le foglie dato che Zeus diserta il nostro angolo di pianeta da tempo, giovani della nostra età che si baciavano e anche più vecchi e una cartolina dell'Europa di Grapus in un negozio della via Venezia che dà sulla via Saint-Martin:

```
              EST
        ──────────────▶
       senso della storia
             OVEST
        ◀──────────────
       senso della visita
```

Poiché la passeggiata le era piaciuta, Giulietta ha voluto ricominciare il sabato successivo. E dato che la lista delle città europee era esaurita, lei ha deciso – con fare regale – di allargare il raggio delle nostre peregrinazioni. Abbiamo verificato così che il sole non tramonta mai sull'Impero, Algeri Biserta Brazzaville Constatina Orano Saigon Sfax Tangeri Tlemcen Timbuctù Tunisi o addirittura Algeria Cambogia Congo Dahomey Gabon Guadalupa Laos Madagascar Marocco Martinica Niger Senegal Sudan Tunisia & persino Indocina & persino una via del Polo Nord (nel XVIII) o una via Martin Bernard tra la via Bobillot e la via Tolbiac. È stato necessario rifare due volte benzina e ripararsi un attimo dalla pioggia. Sai una cosa Romeo? Con te non mi annoio mai!

È stato il sabato successivo che Giulietta ha incominciato a parlare di un viaggio. Ha rinunciato rapidamente al giro del mondo (too expensive) e anche a New York. Ha avuto l'idea – furtiva – di fermarsi strada facendo a Saint-Pierre-et-Miquelon da un cugino che si chiama Nicole. Una sera, ha evocato la campagna bielorussa a causa dello zio Vania e della neve che alla radio scendeva sui contrafforti delle Alpi. Un'altra sera, verso Ognissanti, ha provato una doppia nostalgia; quella delle sue isole britanniche e di un prato in leggera discesa sopra la baia di Dun e di un albero e di una semplice pietra piatta alla base dell'albero e di un nome e dei numeri e del mare che scintilla in basso qualunque tempo faccia; e quella del nostro estremo sud che per altro lei conosceva solo attraverso qualche foto in cui si poteva ammirare il porto della Canea, la strada di Omalos, il monte Ida a strapiombo su un massiccio di magnolie, le rovine di Cosmos, l'allineamento di un muretto di pietre e in fondo la baia di Elunda. Per una settimana o due, è stata oppressa da un passaggio di tristezza. Ha appreso con dolore che Cervantes fu monco e sconfitto, si è incupita per il finale della *Spiegazione degli uccelli*. Invece dei Cranberries, ha ascoltato molti fado e qualche flamenco. Se per caso una sera la lasciavo sola mi diceva O Romeo aspettare domani saranno vent'anni. Ho visto passare nei suoi occhi nuvole inabituali. Più volte ha manifestato lo strano desiderio di invecchiare. Come se ignorasse la parte d'inquietudine propria di ogni età. A dieci o sedici a trenta e trentatré o quarantasette o ottanta. L'ho fatta ridere e lei nonostante tutto rideva volentieri. Qualunque scusa era buona, una storia, una situazione, il suo berretto all'inizio di dicembre quando è arrivato il freddo, una pagina del bellissimo *Naufragio del Titanic*, il giorno in cui all'arena di Lutèce mi sono arrampicato su un albero e sono saltato gridando come Tarzan e l'ho chiamata Jane invece di Giulietta ma lasciandomi cadere ai suoi piedi le ho comunque recitato Bevo al mio amore (egli beve) Muoio su un bacio (egli muore).

 Lei non la smetteva di parlare ogni giorno del viaggio e mi ha domandato Cosa vuol dire chi va piano va sano e va lontano? Sebbene il diametro della nostra spedizione non eccedesse più la circonferenza del vecchio continente, lei cambiava di continuo destinazione e cedeva al richiamo di nuove passioni, i drakar, i tulipani, i pizzi, le arance, le corone e gli ecu, la lista impressionante di tutti i musei. Grazie allo sciopero della metropolitana e degli autobus, aveva le labbra freschissime e le guance rosa-Vinci come la Vergine degli Uffizi. E io la baciavo di nuovo. Ha comprato un'immensa carta stradale e – sui lungosenna – qualche libro usato. Gli acquisti hanno finito la giornata tra gli onori: la carta sul muro di fronte alla tholos di Delfi uguale a se stessa e i libri in piramide tronca sul tappeto. Vi si mescolavano i racconti di avventura, le opere storico-geografiche e le guide aperte a caso. Io vi ho aggiunto la mia copia dell'*Uso del mondo*.

 Era il mio libro preferito – per delle ragioni che sarebbe troppo lungo spiegare ma che non c'entrano con Giulietta che non avevo ancora incontrato. Conoscevo quasi a memoria le due pagine della prefazione. E il fatto che quel viaggio in Persia cominciasse per una strada lenta e non so perché immaginata polverosa e così vicina al punto della partenza mi aveva incredibilmente commosso come se m'indicasse la possibilità stessa – per me – di partire. Solamente, il desiderio non era ancora diventato sufficientemente forte perché io fossi capace di "mollare gli ormeggi". Qualcosa di difficilmente definibile mi tratteneva e mi legava a questa estremità occidentale dell'insieme euroasiatico. Non riuscivo a decidermi per Aden Arabia né per Ulan-Bator Mongolia. E adesso, con Giulietta, avevo tutte le ragioni del mondo di restare. Ormeggiato.

Alla fine, martedì 12 dicembre, lei ha fatto la sua scelta. Ho atteso di rientrare dal corteo che l'aveva tanto incantata con i colori, i rumori di tamburi e fischietti, i fumogeni, gli slogan, What is it exactly "tassare i redditi finanziari" it's a good idea. Stava quasi per tirare a sorte. Testa nord! Croce sud! E poi ha guardato la piramide di libri usati, ha notato i tre volumi rossi del Baedeker che aveva già più volte sfogliato, mi ha chiamato come amava fare Romeo sai cosa mi piacerebbe? Andare in Italia!

Ci restavano esattamente tre settimane per preparare il viaggio. Cioè per sognarne. Giacché mai più noi saremmo tornati laggiù per la prima volta. Senza memoria dei luoghi, di un tempo, delle meteore aeree e del pavimento chiaro sotto i nostri piedi scalzi nella camera di un vecchio hotel modesto e magico dove saremmo arrivati per caso, senza il ricordo degli esseri incontrati lungo le strade, senza tracce di una storia comune. Storia che risale alla Repubblica romana o all'epoca in cui il limes cadeva sotto la pressione dei barbari, al Rinascimento o al Risorgimento alle Fosse Ardeatine a Cinecittà al dialogo Berlinguer Moro alla Vespa di square Denfert ai capelli di Giulietta sfuggenti dal casco verde smeraldo che le sta così bene.

Lei ha voluto un venerdì di festa per i nostri primi sei mesi. E allora pizza in rue des Ecoles. E io un mazzo di fiori lei un libro di poesie che aveva rubato Dio sa dove. Dopo, siamo entrati in una cabina per le fototessera, quattro pose, una risata a scatto. Sulla quarta, si vede che ci baciamo, Giulietta di schiena, la curva fine della nuca perché nel movimento ha sollevato i capelli che nascondono il mio viso. Mi ha detto Vieni voglio che ci chiudano dentro il Lussemburgo! Dato che non avevo l'aria entusiasta, lei mi ha tenuto il broncio. Almeno cinque minuti. Ed è uscita bruscamente dai suoi sogni Romeo, tu dovresti saperlo come si dice nightingale in italiano?

La notte di Natale ci siamo fatti la lettura a due voci dei tre tomi del Baedeker. Abbiamo proceduto con ordine. Dapprima l'introduzione all'Italia settentrionale, quattordicesima edizione, riveduta e corretta, 1895. Alla voce SPESE DI VIAGGIO, abbiamo letto: Gli uomini se la cavano a buon mercato soprattutto se più persone viaggiano insieme, mentre tutto costa di più se si è in compagnia di signore. Alla voce DENARO: Si dovranno rifiutare le vecchie monete del papa, con l'effigie di Pio IX, non più in uso, come pure le monete italiane anteriori al 1863, quelle svizzere con l'Elvezia seduta, quelle dell'America del Sud, il denaro rumeno, le monete troppo consumate e i soldi greci. Alla voce LINGUA: Parlando alle persone per bene, si usa la parola "lei" ma si dice "voi" ai domestici, ai camerieri e ai cocchieri. Alla voce TRENO: Il conduttore annuncia l'avvio con la parola partenza, avverte che tutto è pronto con pronti, e che si passa da un treno all'altro con si cambia treno; la concordanza d'orario di due treni si chiama coincidenza. Alla voce TABACCO: I sigari normali sono i minghetti, a 18 c.; gli scelti romani a 12 c.; i virginia, lunghi e forti, con un pizzico di paglia, 18, 12 e 8 c.; i toscani, i napoletani e i cavour, 10 c.; gli stessi, più piccoli, 7 1/2, ecc. Alla voce MENDICITÀ: Sbarazzarsi degli importuni con un cenno o con la parola "niente". Se si dà qualcosa, che sia una monetina, 2 o 5 c. al massimo, e dare solamente agli infermi e agli invalidi. Alla voce CLIMA, gli ultimi due paragrafi di questa introduzione: Se si prende un appartamento in una città d'inverno, sceglierlo bene e consultare un medico prima di decidere. Innanzitutto occorre che sia secco, esposto a sud e dotato di buoni tappeti. Le finestre devono chiudere bene. Sarà piacevole farvi la pennichella. La diarrea, a cui gli stranieri sono soggetti, per esempio dopo aver fatto molto movimento con un tempo caldo, è dovuta a un riscaldamento e non, come nei nostri paesi, a un raffreddamento: i migliori rimedi sono il gelato, il riso e, soprattutto, il riposo.

Giulietta era stupefatta. Io pure, per la verità. Stavamo viaggiando contemporaneamente nello spazio e nel tempo. E non era finita. Cosa non fu la lista delle abbreviazioni: can. candela, v.n.c. vino non compreso, m. metro, mattino, morto nel. Oppure la presentazione delle città: territori meravigliosi che risvegliavano in noi echi più o meno remoti, diventando vicini; come a pagina 284 l'itinerario Da Bologna a Firenze via Pistoia, l'abbondanza di nomi propri, Bologna dunque, 1 km è qui che Ottavio Antonio e Lepido formarono il secondo triumvirato, 10 km la valle del Reno che stiamo rimontando qui si restringe, 19 km e via di seguito con vette scoscese e viadotti fino a 91 km Pistoia. Ma niente a Verona né a Mantova su Romeo e Giulietta, né balcone né frutteto, né usignolo. My God! Direzione Roma!

Duecentocinquanta pagine fitte fitte sulla capitale, più cento per i dintorni e gli indici, più le cartine, arricchite da mille considerazioni punteggiate da sonorità italiche che invitano al sogno, come sulla via Flaminia, a des. 10 min. vicolo dell'Arco oscuro, e alcuni indirizzi di biciclette (con lezioni facoltative al Velodromo Roma) di fianco al caffè-confetteria e ai Bronzi antichi, senza dimenticare questo proverbio romano: Solo i cani e gli stranieri (inglesi) camminano al sole, i cristiani camminano all'ombra.

Giulietta, chiuso il volume su una vista del ghetto, ha detto: Si direbbe *Caro diario*! Ha improvvisato tre o quattro misure di un'aria di mambo, ha agitato un astuccio come fossero maracas e mi ha domandato all'improvviso: Sai dov'è exactly la FAO? Insisteva nei suoi pensieri erratici. Romeo a Roma suona bene! e Roma, hai visto, invertendo le lettere fa Amor! Rideva perché era contenta della sua scoperta e mi ha baciato sulla punta del naso. Ha aggiunto e: E se andassimo sulle isole?

Mi sono capitate tra le mani le pagine dell'ascesa all'Etna, gli aranci, i pini, le ginestre come in Leopardi, la saponaria depressa, poi "un deserto tutto nero, che brilla al sole come velluto e produce un impressione unica". L'ideale è raggiungere il bordo del cratere all'alba. La vista è grandiosa e – sembra – è quasi possibile vedere l'Africa. Dall'isola grande, Giulietta è filata verso le piccole, le Lipari dove la sabbia è bianca e l'uva di Corinto matura sulle spalliere di giunco, e lì – era già tardi – ci siamo addormentati.

L'indomani, 25 dicembre, è evidentemente X-mas sopra la baia di Dun e Natale nel frutteto di Verona, un lunedì, ci siamo svegliati di ottimo umore sotto la splendida tela di Mauro Cozzi *L'isola rossa*. Giulietta ha appoggiato le mani sul mio collo e mi ha detto Che bello, Romeo, tra una settimana saremo nell'anno dei nostri vent'anni! Ho ripetuto Che bello! e l'ho accarezzata incominciando dalla guancia. Più tardi, si è alzata, ha scavalcato i Baedeker per prendere il libro di poesie. L'ha aperto e mi ha mostrato:

> C'EST ICI QUE L'ON PREND LE BATEAU

Le ho chiesto Chi è? Mi ha risposto Ungaretti! ed è bello come le previsioni del tempo e Shakespeare! Aveva ragione. Così, ho passato l'ultima settimana dell'anno in loro compagnia. Giulietta e Ungaretti, e

Schiava d'amore girato da Mikhalkov per la nostra nascita e le manifestazioni per la giustizia sociale e un assolo di Sclavis e una partita di rugby al campo Lilas e l'immagine di un sacco di neve su un abete a Stoccolma e un giro in moto fino alla mostra di cartoline "luci iberiche" e la notte che lei dice verrà a rompere il mio corpo in mille piccole stelle e questa specie di costellazione dorata che è l'emblema dell'Europa.

Ho dunque letto. Tutto quello che ho trovato, l'*Allegria di naufragi* regalato da Giulietta, i saggi in cui ho visto l'influenza del deserto e al contempo dei pittori olandesi, le traduzioni, le poesie dei suoi vent'anni, la prima, «*Riposa / nel camposanto d'Ivry / sobborgo che pare / sempre / in una giornata / di una / decomposta fiera*» fino all'ultima, quasi a ottanta, «*Ancora mi rimane qualche infanzia. / Di abbandonarmi ad essa è il modo mio / Quel fuori di me correre / Stretto alla gola*». All'improvviso ho provato un sentimento di evidenza e di benevola oscurità. Ho anche visto che, nato in Egitto, aveva poi abitato in Brasile con la moglie e il figlio e che la sua famiglia era originaria di Lucca dove c'è il Labirinto ai piedi di un pilastro del duomo di San Martino. Ho avuto la sensazione di capire il senso del viaggio, di ogni viaggio, il suo nel mondo intero, il nostro, la settimana prossima, in questo frammento meridionale dell'orticello europeo, quello di Ulisse o di nessuno. Sarà stato stupido ma mi sono detto: Quando un giorno – verso il 2000 – avrò un figlio, lo chiamerò Giuseppe o Joseph o Joe d'Arimatea che portò al di là della Manica il Santo Graal o Ossip o Yussef o José o Gigi. L'idea mi è girata in testa per qualche ora, così l'ho detto a Giulietta. Sai – ho detto – se un giorno avremo un figlio...! È diventata bianca o rosa, non so più, si è seduta sulla sedia di fianco ai garofani e ha solo mormorato O Romeo!

È mezzanotte. Sono già le quattro a Ceylon Madras Kachgar Omsk, il primo gennaio. Ci siamo. La mia bella, che è sempre più bella, non la smette per questo di ballare. Con un nastro argentato si è appesa al collo una grossa palla dell'albero di Natale, uno grande comprato al mercato dei fiori che abbiamo ricoperto di decorazioni invernali, la neve spray, le stelle in carta d'alluminio e le ghirlande dorate, le lampadine elettriche che lampeggiano solo quando ne hanno voglia, alcuni oggetti di feltro liso, un tamburo, un orsacchiotto, una slitta, un pizzico di magia come una volta, eppure non così tanto tempo fa con lo zoccolo di legno bianco dipinto di verde subito nascosto dalla montagna di regali, e poi, disposte da Giulietta, alcune decorazioni sui generis, biglietti del metrò piegati a fisarmonica, una pagoda a sette tetti, orologi che indicano l'ora a Betlemme Dublino Valdivia Vancouver, un uccello di cartoncino in miniatura, e – in cima – una cartolina del Soccorso Popolare che le piaceva. La palla è rossa e, quando balliamo insieme, mi scorgo nella palla, deformato, il viso ingrassato e le gambe allungate, come un cartone animato, come se stessi per scomparire.

Passiamo la prima notte del 1996 in compagnia di numerosi amici. Ce n'è di simpatici e di meno simpatici, di belli, di meno belli ma molto simpatici, di un po' tristi a causa della vita che non è facile tutti i giorni, tanto che si scopre la precarietà di ogni cosa e persino di un pezzo di cielo azzurro sopra un muro bianco. Ce n'è che partirebbero per andare lontano e altri no. Abbiamo tutti vent'anni. L'orizzonte è quello che è. Per ora non sono il solo a pensare che non permetterò mai che si dica che avere vent'anni non è la più bell'età della vita.

In seguito, chi vivrà vedrà.

Alle quattro, gli amici se ne sono andati. Tra due settimane è San Remigio. La mia bella si è tolta la palla rossa e mi bacia. Domani, prendiamo il treno per Roma: destinazione Termini.

GERMANIA

Luise Rinser

Europea di passaggio

Titolo originale:
Durchgangs-Europäerin
Traduzione di Alessio Trevisani

Luise Rinser

Europea di passaggio

Sono nata e cresciuta in un paese, che è parte integrante del continente europeo e che, per la sua posizione geografica, è stato definito come il «cuore dell'Europa», (per quale ulteriore motivo, mi chiedo, altrimenti, dopo il 1933 e il '45). Da bambina, a scuola, mi hanno insegnato un tipo di associazione diversa: la Germania, mia terra natìa, era da considerarsi il "cuore" della cultura europea. Da una simile prospettiva è derivato il diritto, per quella Germania patriottico-nazionalista, di sentirsi e considerarsi, anche politicamente, come il centro dell'Europa. La Germania di ispirazione nazional-socialista si è spinta, poi, ben oltre: si è data come compito, "nobile e sacro", quello di germanizzare l'intera Europa. Ed ecco ancora la Germania, cinquanta anni dopo la sconfitta della seconda guerra mondiale, riproporsi in un ruolo guida, stavolta, nella costruzione della "Casa Europea". Ho come il sospetto che la vecchia ideologia del "Sacro Romano Impero di nazione tedesca" stia di nuovo furtivamente insinuandosi, attraverso oscure vie. Ho, inoltre, anche il sospetto che quell'Europa, che sta ingrandendosi sempre più ad est e a sud-est, sogni già il predominio del mondo. Ma questo è il sogno anche di altre nazioni: gli Stati Uniti d'America e la Cina. I popoli africani che consumano le loro forze nelle lotte intestine non sono ancora un nemico pericoloso, a meno di non venir sollecitati politicamente dall'islam a intraprendere una qualche espansione. Ciò che spinge i popoli europei (che tra loro non si amano), a una unione sempre più stretta, è proprio la paura della Cina e dell'islam.

L'Europa, quindi, è incline a desiderare un super-Stato, a serrarsi politicamente e a sorvegliare i propri (di fatto immaginari) confini in modo aggressivo, al pari di quegli animali che difendono il loro territorio.

Nella scuola tedesca, da bambina, ho dovuto cantare l'inno nazionale: *Deutschland über alles, über alles in der Welt...* (La Germania sopra ogni cosa, sopra ogni cosa al mondo...). Poi seguiva la lode della donna tedesca, della fedeltà tedesca, del vino tedesco. Quale assurda presunzione.

Oggi, invece, potremmo cantare: Europa über alles... e potremmo aggiungere ancora chissà quanto, riguardo alle lodi di questa Europa e della sua cultura.

Ma da dove deriva, per noi europei, la nostra cultura?

Zeus, secondo la mitologia greca, rapì sotto forma di Toro (nell'era astrologica del Toro!) la giovane vergine Europa. Questo mito è lo specchio della storia: la nostra cultura, specificamente europea, proviene dall'Oriente. Noi Europei siamo un inestricabile gomitolo di razze, di popoli, di culture raccoltesi insieme nelle ere glaciali, durante la fuga dall'avanzata dei ghiacciai e in seguito al susseguirsi di cambiamenti di clima e di condizioni di vita. In fondo, siamo stati, fino ad oggi, come un continuo flusso di nomadi. La nostra migrazione ha avuto inizio cinquemila anni or sono e, ancora adesso, stiamo migrando. Come europei, se confrontati con altri popoli, quali i Sumeri, gli Aztechi, i Babilonesi, i Semiti e anche i Cinesi, siamo ancora piuttosto giovani. Abbiamo visto la nostra origine, durante la tarda età della pietra e, più tardi, da cacciatori, siamo divenuti coltivatori e successivamente, a partire dal Mediterraneo, abbiamo iniziato a sviluppare una nostra propria cultura. Ciò che oggi consideriamo la nostra cultura delle origini è, nei fatti, una miscela di diverse fonti culturali. Il nostro alfabeto ci deriva dai Fenici, il nostro modo di fare di conto dagli Arabi, la nostra filosofia dai Greci, la nostra giurisprudenza dai Romani; la nostra arte ha avuto inizio in Africa e anche la nostra religione, apparentemente così squisitamente europea, deriva dal vicino Oriente ed è di matrice giudaico-greca. Questi sono soltanto alcuni esempi a proposito delle radici della nostra cultura, definita "indo-germanica". La linguistica è in grado di comprovare l'affinità delle nostre lingue.

Quando avevo quattordici anni, avevamo un formidabile insegnante di storia che ha saputo insegnarci ad essere europei e cittadini del mondo, proprio nel mezzo di una Germania nazional-socialista. Un giorno scrisse alla lavagna una lista di parole. Me ne ricordo ancora oggi; era scritto:

papà pater vater father
mamma mater mutter mother.

Di più non ricordo, naturalmente; ma quel poco ha significato, per me, la porta sul mondo. C'erano allora affinità tra le lingue. E così anche altre affinità, dal momento che le parole stanno per le cose. L'umanità era divenuta un insieme, un tutto. La mia conoscenza odierna sull'unità del genere umano ha avuto origine, proprio, in quel primo riferimento, riguardo alle radici delle parole. Più tardi, conosciuto l'esperanto, ne rimasi come affascinata. C'era allora una lingua che tutti gli uomini avrebbero potuto comprendere. Si sarebbe potuto parlare con popoli sconosciuti, stranieri; l'estraneità, come condizione umana, era vinta. Presto mi resi conto, però, di come una lingua artificiale non fosse adatta alla poesia e così lasciai andare. Era meglio imparare l'inglese, con esso, difatti, ci si può spostare agevolmente per il mondo. L'inglese come lingua mondiale. Ma essa garantisce la comprensione reciproca dei popoli? Il latino, come lingua degli istruiti, degli umanisti, è stato, per secoli, un mezzo di comprensione e comunicazione reale. Ma oggi, ormai, chi conosce più il latino come lingua viva? Tuttavia, utilizziamo tantissime parole latine e greche nel linguaggio scientifico, così come nel linguaggio quotidiano. Se quell'"inglese delle Figi", parlato dei nostri giovani, in viaggio per il mondo, serva a una cultura di avvicinamento tra i popoli rimane un quesito pieno di speranza; per uno scrittore, comunque, è, sinceramente, un orrore.

Ciò che unisce realmente i giovani è la musica. Esiste una musica prettamente europea? Sì, ce n'è una. Pensiamo naturalmente in primo luogo a Bach e ai suoi allievi, alla musica ecclesiastica protestante, quindi; e pensiamo alla musica rinascimentale in Italia, ai cantori di corte francesi, forse pensiamo a Palestrina, a Vivaldi a Orlando di Lassa, a Monteverdi a Heinrich Schütz... Una cascata di grandi nomi ci travolge e noi vi riconosciamo che cosa significa musica europea. Essa è veramente la nostra creazione, inconfondibile, sebbene abbiamo derivato la pentatonica dall'Oriente il cui aspetto è noto, a noi europei, tramite la letteratura e le immagini dipinte sui vasi antichi. Nelle nostre composizioni, quel nuovo, di origine però remota, si è affermato soltanto agli inizi del XX secolo. È difficile determinare e classificare l'origine della attuale musica moderna. Ma ciò che, durante l'Esposizione Universale di Parigi del 1900, risultava ancora incomprensibile, come per esempio, in primo luogo la musica giapponese, è divenuto del tutto familiare nella nostra odierna musica atonale. Il "nostro" Mozart, intanto, seppur avvertito ancora come qualcosa di estraneo, viene eseguito, oggigiorno, anche in estremo Oriente. Il fatto, inoltre, che l'opera orfica abbia fatto il suo ingresso nell'educazione musicale di molti popoli, produce necessariamente una familiarità con la musica africana.

È singolare che proprio ciò che per lungo tempo ha teso a separare noi europei dalle altre culture, per esempio la religione, sia diventato, oggi, un elemento di contatto, un ponte, curiosamente attraversabile, proprio in ambedue le direzioni di provenienza. Come nel passato, la cultura religiosa europeo-cristiana penetrava in Giappone e in Cina, tramite missionari occidentali; oggi, il Buddismo, nelle sue diverse impronte, si diffonde in Occidente. E lo stesso islam, così lungamente considerato come il nemico più perfido, inizia, ora, ad apparirci più comprensibile. Che anche le religioni africane abbiano iniziato a penetrare nella nostra coscienza è spiegabile grazie a quella nostra capacità, sempre più crescente, di comprendere il mito e la mistica dei popoli stranieri. Per noi, il concetto di mistica racchiude il nucleo unitario di tutte le religioni.

Con questo intendo dire che i confini spirituali e culturali dell'Europa si sono ampliati al punto tale che, oramai, la nostra coscienza culturale eurocentrica ci risulta inadeguata. Dov'è oggi posto per l'orgoglio nazionale e dove quello per la presunzione di autodefinirsi popolo di cultura?

Ci sono voci che piene di paura annunciano esiti culturali e spirituali nefasti a causa della migrazione dei popoli e che profetizzano il livellamento mondiale della cultura, quindi la fine dell'Europa. Io non condivido questa paura. I miei numerosi viaggi, in tre continenti, mi hanno reso le culture straniere più familiari, più vicine ed hanno rafforzato il mio sentimento del mondo.

Chi ritiene, oggi, che la nostra cultura europea abbia raggiunto il grado più alto dello sviluppo e che debba, per tale motivo, essere preservata da ogni tipo di contaminazione esterna, si pone sullo stesso piano di quei dogmatici di matrice cristiano-teologica, che giudicano eretica la dinamica dell'esperienza religiosa, invece di intendere quella dinamica come un segno di vitalità del vivere e di accoglierla benevolmente.

Nulla resta così com'è, tutto ciò che è è coinvolto in un processo inarrestabile di cambiamento.

La mia conclusione è la seguente: la creazione di una Europa unita politicamente è un fatto storicamente giusto e necessario, solo che non la si ottiene a parole e il suo raggiungimento comporta i suoi rischi: un gigantesco nazionalismo quale l'eurocentrismo. Per me l'Unione europea è un passaggio verso forme più grandi di convivenza dell'umanità.

Il prossimo passo concreto, da intraprendere a tale proposito, è la promulgazione di nuove leggi sul diritto di asilo e sull'emigrazione. Fino a quando avremo paura del "forestiero", lo disdegneremo, lo odieremo, non avremo mai la pace dalla quale possa nascere, sulle ceneri delle vecchie culture, una cultura nuova, una cultura mondiale. La "Casa Europa" deve divenire la casa dell'umanità.

GRAN BRETAGNA

Tim Parks

Strasburgo 1993

Titolo originale:
Strasbourg 1993
Traduzione di Rita Baldassarre

Tim Parks

Strasburgo 1993

Nella primavera del 1993 partecipai ad una trasferta in pullman Verona-Strasburgo per presentare una petizione al Parlamento europeo. I miei colleghi, stranieri, insegnanti di lingue all'università, si sentivano maltrattati, oggetto di discriminazione. Sembrava che il Parlamento europeo fosse un'istituzione capace di porre rimedio a questo torto.

Ci facevano compagnia una ventina di studenti, forse per sostenere la nostra causa, forse per usufruire di un paio di giorni di vacanza a basso prezzo, forse perché davvero interessati a visitare un'importante istituzione internazionale. I miei colleghi, per la maggior parte uomini, rappresentavano quasi tutte le nazioni dell'Europa occidentale. Gli studenti, prevalentemente ragazze, erano italiani. Controcorrente al genere di retorica che necessariamente ispira un'iniziativa come questa, qualcuno non ci pensò due volte a battezzare il pullman "Il sessobus".

Durante il viaggio leggevo la *Repubblica* di Platone. Il sistema audio era sintonizzato su una stazione radio italiana che trasmetteva canzoni con ritornelli tipo: «Sei un mito», oppure «Preghiamo per la pace», o ancora: «Non c'è, non c'è il profumo di te». Le ragazze sapevano tutte le parole. Cantavano. Per ingannare la noia, gli schermi video davano *L'attimo fuggente*, dove l'americano Robin Williams, efficacemente doppiato in un italiano troppo perfetto, ci invitava a rileggere quel vecchio europeo, Orazio, a buttar via i libri scolastici e *carpe diem*. «Difficile dirglielo più schiettamente alle care fanciulle», commentò un collega.

Verso le dieci, un altro miracolo delle comunicazioni moderne, il traforo del San Gottardo, ci consentì di attraversare il confine. Ma il traffico marciava a rilento. Si trattava di quel periodo molto particolare della storia moderna quando pittoreschi rottami, provenienti da quei paesi che mai avevano imparato a costruire le macchine come sappiamo fare noi invadevano le corsie di tutte le autostrade dell'Europa occidentale. Da dietro i tergicristalli rotti, cechi e polacchi ci salutavano allegri, il mondo doveva sembrargli nuovo e meraviglioso, e quando ci fermammo per un caffè, l'autogrill sfruttava astutamente le idee correnti a proposito della solidarietà internazionale sventolando le bandiere di tutte le nazioni dalle quali sperava di incassare. Da un cartello esposto accanto alla porta risultava che accettavano pagamento in sei valute. Comprammo *café au lait* e *croissants*, ma venne fuori che proprio durante il viaggio di quella mattina la lira era crollata. La Bundesbank si era rifiutata di fare qualcosa che altri consideravano dovuta. C'era un gran parlare del fatto assai straordinario che fosse la Germania a fare la guastafeste, e non la solita Gran Bretagna, e seduti a tavoli di plastica che imitava il granito gli studenti si sentivano defraudati.

Poi, risaliti sul pullman, attraversando la Confederazione elvetica, mi venne in mente, tra una pagina e l'altra della *Repubblica*, che Platone non credeva affatto al regno delle forme pure di cui tanto parlava. Il tempo era incerto con raffiche di vento e violenti scrosci di pioggia. Insieme alla radio, le ragazze cantavano canzoni che immancabilmente celebravano amori infelici o idee politiche ineccepibili. Una salutava le Trabant. Un'altra si preoccupava che a ventidue anni non aveva ancora conquistato un equilibrio interiore. E studiando la copertina della mia edizione economica, dove la faccia del filosofo era scolpita nella pietra, riflettei che nessuno aveva visto meglio di Platone che il mondo è luogo di metamorfosi e tradimenti, nessuno aveva descritto meglio di lui le sue trappole e sabbie mobili, i suoi cicli di decadenza e rivoluzione. E forse se insisteva nel negare una realtà ultima a questo mondo, pensai, se preferiva dilungarsi invece su un aldilà insieme più ideale e più reale, era semplicemente il suo modo per esprimere un senso di scandalo, uno spazio mentale, un'aspirazione che c'è in tutti noi. Che le cose stiano ferme. Che tutto venga stabilito, ben definito, risolto. Il lavoro, l'amore, la vita. Due anni dopo, mi salta in mente che quello spazio mentale viene più frequentemente espresso, per noi oggi, con la parola Europa.

Intorno a Lucerna, la ragazza che sentiva la mancanza di un equilibrio interiore spiegò che sperava di risolvere il suo problema prima di compiere i venticinque anni. Come avrebbe fatto a vivere dopo i venticinque anni senza un equilibrio interiore? Disse che stava attivamente «cercando qualcosa». Allora si avviò una discussione sui sedili posteriori a proposito dell'espressione "cercare qualcosa". Cosa potevano voler dire quelle parole in questo contesto, qualcuno chiese? Che cosa esattamente veniva cercato? E dove e come? Era un dibattito che non poteva avere conclusione. O piuttosto, un mio collega concluse che siamo soliti usare tutta una gamma di espressioni che si riferiscono a percorsi mentali o di azione che, a far bene attenzione, risultano puramente ipotetici. Una forma di alchimia verbale, disse, e forse voleva impressionare la ragazza, senz'altro più interessante per il suo fisico che non per le sue ansie. Ma mentre quelli discutevano, o flirtavano, a me venne in mente che tutta la *Repubblica* non faceva altro che sviluppare un progetto che rimane puramente ipotetico. Il libro intero, pensavo, si dedica all'elaborazione di una lunga serie di meccanismi politici e sociali per realizzare una situazione di ideale stabilità che Platone stesso sapeva, e addirittura ammetteva, essere irrealizzabile. A che pro, mi chiesi? Perché il progetto e allo stesso tempo la consapevolezza della futilità del progetto? Il pullman avanzava attraverso un paesaggio piatto, umido, reso surreale da schizzi di neon colorato. La radio cantava: «Sei un mito». Arrivati a un albergo in periferia, trovammo che la lira aveva perso il cinque per cento nei confronti del franco. Bisognava rivedere le spese. Lunghe discussioni per decidere chi avrebbe diviso la camera con chi...

Occorre presentare la vostra causa con grande delicatezza, annunciò l'avvocato che ci aveva accompagnati per offrire la sua assistenza. Si alzò in piedi per parlare ad un enorme *Stubetisch* in uno di quei ristoranti tedeschi che incoraggiano gli estranei a sedersi gomito a gomito, quasi la prossimità fosse la cosa più simpatica del mondo. Perché Strasburgo risultava tanto tedesca quanto francese, una di quelle città di confine dove due culture si studiano da vicino, sforzandosi di non rimanerne troppo contaminate. Con un occhio al nuovo tasso di cambio, mangiavamo canederli e maiale bollito, e il difficile era, disse l'avvocato, che mentre, come stranieri, eravamo sicuramente oggetto di discriminazione per quanto riguardava la legge italiana, il che era illegale secondo la legge europea, ciononostante, se si consideravano le leggi di tutti gli altri stati membri della Comunità, quello che l'università ci voleva imporre, e cioè contratti a tempo determinato anziché indeterminato, sarebbe stato perfettamente legale, dato che le leggi negli altri paesi non erano così favorevoli ai dipendenti.

Un bel rebus.

Quello che bisognava fare allora, disse, sebbene alcuni studenti, e anche qualche collega, stentassero a prestare attenzione, era adottare un approccio doppio. Con gli eurodeputati non specializzati dovevamo insistere sul lato morale ed emotivo: la nostra era una lotta per la dignità umana e la parità dei diritti. Ai membri della Commissione per le petizioni, invece, dovevamo fare una presentazione estremamente tecnica e dettagliata, dal momento che, oberata com'era di lavoro, quella gente sarebbe stata felicissima di trovare qualche intoppo legale per liberarsi da qualsiasi obbligo nei nostri riguardi.

Seguì un dibattito acceso, almeno tra quei quattro o cinque che prendevano la faccenda sul serio, a proposito di questa accorta riflessione dell'avvocato. Come meglio articolare le due linee di approccio? Qualcuno sostenne che non sarebbe stato male ricordare agli eurodeputati i tre principi di *liberté, égalité, fraternité* sui quali ogni democrazia occidentale, per non parlare della Comunità, è fondata. Qualcuno rovesciò una caraffa quasi piena di un pessimo vino. Ma ancora una volta io rimasi colpito dal fatto che era esattamente la stessa divisione che dominava nella *Repubblica*: tra l'ideale da una parte e la tecnica dall'altra, tra la visione iniziale di uno Stato nel quale essere giusti significherebbe anche essere felici, e poi gli sterminati meccanismi, uno più complesso dell'altro, necessari per creare tale stato. E quando l'avvocato ci ammonì di non ammettere mai pubblicamente, in nessuna occasione, che in altri paesi europei la legge era tale che non avremmo avuto nessun cavillo legale a cui aggrapparci, mi ricordai di quel momento quando Socrate dice che «nessuno deve sapere quello che succede, se vogliamo evitare dissensi». Quasi che, nel suo sforzo d'imporre un ideale, la tecnica debba sempre ricorrere a qualche sotterfugio, una circostanza di cui tutti sono al corrente.

Più tardi, mentre aspettavamo il pullman nella piazza principale, le studentesse cantavano e ballavano. Era questa la piazza dove, narra lo storico Michelet, Saint-Just fece incatenare alla ghigliottina un tale Elogius Schneider, un ex monaco diventato rivoluzionario, per aver costretto una ragazza a sposarlo minacciando di morte la sua famiglia. Così mi informava una collega francese, una donna sulla quarantina, da poco divorziata. Voleva abbandonare l'università, mi diceva. Ne aveva avuto abbastanza. E mentre osservava le ragazze che danzavano e alcuni colleghi che si univano a loro, mi disse che stava partecipando a un concorso per redigere una possibile costituzione per l'Europa unita. Il premio era una borsa di studio di un anno a Bruxelles. Ammirammo la facciata illuminata della cattedrale, quel grandioso sagrato dove un tempo era stata eretta la ghigliottina, e la donna disse che un requisito del concorso era che la costituzione doveva ribadire il senso di sovranità collegiale all'interno della comune identità europea. Le augurai buona fortuna, mentre mi chiedevo se l'espressione "sovranità collegiale" non fosse un po' paradossale.

Poi, quando il pullman ci riportò al nostro albergo di periferia, un gruppetto di tiratardi decise di andare a scovare un bar per bere seriamente. L'albergatore, un tipo acido, fornì indicazioni che nessuno riuscì a capire. Sotto gli ombrelli, qualcuno si mise a intonare un canto tradizionale irlandese contro gli inglesi traditori. Le ragazze italiane si sforzavano di impararne le parole. Ridendo, ci smarrimmo. Ci furono quelli che maledirono l'albergatore francese e i francesi in genere. Una collega olandese e un collega greco si separarono dal gruppo, tenendosi teneramente a braccetto. Ma tale era la determinazione di rendere quella notte memorabile in qualche modo, che al ritorno in albergo riuscimmo a convincere l'albergatore a riaprire il bar e a venderci una generosa selezione di euroalcolici: Pernod, grappa, whisky. Le ragazze proposero un brindisi all'Europa. A voce bassa chiesi a uno degli organizzatori se davvero credeva nell'ideale dell'Europa, o se per lui le istituzioni europee non erano che un sistema come un altro per risolvere i nostri problemi all'università, una macchina per sbrogliare simili matasse. Con slancio inatteso, mi rispose che ovviamente non credeva all'Europa. Non gliene importava un fico secco, disse, di un'Europa unita governata dalla Bundesbank che alzava e abbassava i tassi d'interesse a seconda del suo tornaconto, Dio solo sapeva quanto poteva valere la lira l'indomani. E vuotando il bicchiere d'un sorso, disse, alzando la voce, che se la Commissione o la Corte europea si fossero dichiarate contro di noi, lui personalmente non avrebbe mai più pronunciato la parola Europa. A questa sfida si levarono grida d'incitamento. Ma una ragazza italiana si mise a protestare. Sostenne che l'Europa era la nostra unica speranza, la nostra ultima occasione per non precipitare in un altro conflitto mondiale e per tenere a bada i blocchi di potere americano e asiatico. Seguì un acceso dibattito tra bottiglie e bicchieri e risatine e posaceneri rovesciati. Mi tornava in mente come Platone avesse elogiato Socrate per essere in grado di discutere con la massima finezza pur dopo abbondanti libagioni. Anche per questo il filosofo era diventato famoso. La nostra serata, però, si rivelò un evento assai incoerente, con gli anglosassoni che si lamentavano della grappa e tutti gli altri, eccetto i Galli, alquanto dubbiosi sul Pernod. Il whisky e l'inglese erano la lingua franca ed io rimasi fedele a entrambi. Finché l'albergatore francese, come le nazioni che vendono armi ma non amano sentire le detonazioni, scese da basso per lamentarsi del nostro baccano.

La mattina successiva vidi il Parlamento europeo attraverso i fumi della sbornia. L'edificio sorge un po' distante dalla cittadina, su una collinetta artificiale nel suo spazio astratto. Fuori si apre una spianata lastricata dove spuntano tante bandiere senza un ordine preciso, forse per evitare di recare offesa con il suggerimento di una gerarchia. Tanti nostri valori, andavo riflettendo, senza riuscire a scrollarmi di dosso i postumi degli eccessi della sera prima, dipendono dalla volontà di non offendere chicchessia con riferimenti chiari a quello che tutti sanno. Come se il Belgio e la Germania, la Gran Bretagna e il Portogallo potessero esercitare la medesima influenza! Gli studenti si aggiravano a scattarsi fotografie accanto alle bandiere, mentre i contingenti greco e olandese continuavano ad amoreggiare. Tanti nostri valori dipendono non solo dal non voler affermare la nostra potenza, pensavo, ma dal voler negare l'affermazione della potenza in genere. Sono valori negativi, pensavo, osservando la sfilata di bandiere. Persino l'idea di essere europeo dipende più dal rifiuto del nazionalismo che da una qualsiasi affermazione positiva d'identità. «Noi tedeschi ci sentiremo al riparo da noi stessi, in un'Europa unita», aveva annunciato il giorno prima un collega, mentre mangiava i suoi canederli con il gusto di chi ha riscoperto la cucina casalinga. Chi avrebbe potuto dargli torto? Eppure sapevo, da un libro che avevo letto tempo addietro, che la prima volta che la parola Europa venne usata per descrivere un'entità geografica, in Teocrito – se non erro –, essa si riferiva esclusivamente al Peloponneso, e solo per dimostrare che quella piccola penisola non era stata inghiottita dalla massa amorfa di un'Asia vorace. Era un grido di vittoria, un'affermazione d'identità locale e distinta. Non una fuga da essa. Così era all'inizio.

Era giunta però l'ora di andare a presentare la nostra petizione.

Mentre ci raccoglievamo e aspettavamo che qualcuno venisse a distribuire le tessere di riconoscimento per accedere all'edificio, tra colleghi e studenti serpeggiava un certo timore reverenziale, come tra pellegrini o supplici appena arrivati al santuario. L'enorme massa del Parlamento torreggiava su di noi. Eppure, malgrado le proporzioni imponenti e la monumentalità che le conferiva l'immensa spianata e la lunga rampa di gradini bassi, era difficile non cogliere le somiglianze con la stazione di rifornimento svizzera che ci aveva dato un tasso di cambio così sfavorevole: un *eurodesign* onnipresente, al contempo raffinato e ottimistico. Si nota uno sfoggio di *know-how* tecnologico in questi edifici, un *savoir faire* meccanico. Un ventaglio di archi esterni, disposti a raggiera, sorregge l'insieme. Immense vetrate rivelano curve e piani all'interno, rampe e scalinate, e quell'abbinamento di legnami pregiati, marmi e murali che esprimono in un tutt'uno autorità, lusso e ideali. E proprio come le bandiere all'esterno non sono disposte in un ordine preciso, così pure il palazzo deve essere circolare, in modo che nessuna nazione si senta respinta in un angolino e l'aula del Parlamento possa sottrarsi alla cruda geometria del rettangolo, con il suo scontro simbolico di opposti, i suoi suggerimenti, come direbbero gli italiani, di muro contro muro. Superando con passo ovattato i soffici tappeti e i lucidi parquet dell'interno, la segretaria che venne ad accoglierci a nome del suo europarlamentare ci spiegò che dovevamo recarci nell'emisfero sinistro. In quell'edificio si parlava di emisfero destro e sinistro. Poi, ridendo davanti ai nostri sguardi che contemplavano sbalorditi tutto quello sfarzo, le spese, le stravaganze, la donna ci disse, con un accento che mi sembrava dello Yorkshire, che c'è chi lo chiama, il Parlamento europeo, il più raffinato bordello del mondo.

Ciò che seguì fu piuttosto deludente. Il centro del potere si rivelò un luogo sfuggevole. In un'immensa sala conferenze, dove gli interpreti ci fissavano dalle cabine di vetro sovrastanti, pronti a trasformare tutto quello che si diceva in qualunque altra lingua, i nostri organizzatori presentarono il nostro caso a una piccola folla, composta soprattutto dagli studenti che ci eravamo portati dietro. Ma una decina di europarlamentari si fecero vivi e così pure due membri della Commissione. L'acustica e gli altoparlanti funzionavano a meraviglia. Il mio mal di testa non accennava ad attenuarsi. Un europarlamentare italiano che rappresentava il partito all'opposizione ci assicurò che quando i suoi sarebbero andati al potere, le ingiustizie come quella da noi patita sarebbero diventate una cosa del passato. Perché era un vergogna per il suo Paese, disse, trovarsi sempre sul banco degli imputati. Ed io pensavo quanto fosse strano che l'orgoglio nazionale dipendesse dal poter dimostrare fino a che punto si sono sacrificati gli interessi nazionali. Perché essere europeo in qualche modo significa sacrificarsi. E proprio oggi che scrivo queste parole, un quotidiano italiano annuncia: «Major pronto a sacrificare la sterlina». Quasi che il continente sia ancora sinonimo di cristianesimo, anche se non abbiamo più metafisica da predicare.

Poi è stato necessario rincorrere la stampa fin nella sala stampa. La stampa è talmente importante che non si sposta più. Ogni addetto dispone di un computer collegato al telefono, e tutti si dichiararono felicissimi di darci una mano. Il problema era come rendere interessante la nostra storia. Io parlavo con un corrispondente del «Times», che mi appariva evidentemente deluso, mentre fumava la sua sigaretta, che noi non apparissimo più evidentemente delusi, sul lastrico forse, indigenti, qualunque cosa. E quanti di noi erano cittadini britannici? Qualcuno era già stato licenziato? Tutto dipendeva dal suo direttore, se riteneva la notizia degna d'attenzione. La linea da seguire, decise, era l'ironia che proprio le nazioni più entusiaste sulla futura integrazione erano le meno inclini a rispettare le regole della Comunità. Ma capivo che le sue parole erano dettate dalla sola cortesia. Verso mezzogiorno, con nostro grande sollievo, la lira accennò a una timida risalita.

Ci fermammo a pranzare in una mensa immacolata, mentre la segretaria dell'europarlamentare – veniva dal Northumberland, anziché dallo Yorkshire – ci deliziava con mille aneddoti. Ci spiegò che il Parlamento europeo risiede tre settimane a Bruxelles e una a Strasburgo. Si mise a ridere quando ci raccontò dei dodici Tir (tutti conformi ai requisiti comunitari) che ogni mese partono da Bruxelles per venire a Strasburgo, trasportando montagne di carte e di archivi, solo per essere nuovamente caricati e rispediti indietro una settimana dopo. Ci parlò del problema del migliaio e più di stanze d'albergo di un certo livello che occorre tenere sempre a disposizione in entrambe le città per gli europarlamentari e i loro collaboratori. E pensare che il suo fidanzato era a Lisbona! Poi ci descrisse, con una strizzatina d'occhio maliziosa, le scappatelle degli europarlamentari. C'era chi diceva che il Parlamento fa la spola avanti e indietro ogni mese per consentire agli uomini di allontanarsi dalle amanti fisse per una settimana. Tutti scoppiarono a ridere, ma non senza un pizzico d'invidia, mentre ricordavo come nella *Repubblica* Socrate aveva suggerito che coloro che si distinguevano nella vita pubblica dovevano essere ricompensati con la possibilità di andare a letto con un maggior numero di donne. Così facendo, si assicurava agli uomini migliori una prole più numerosa. Al che Glauco rispose: «Giustissimo!».

Nel pomeriggio gli studenti sparirono per assistere a una seduta del Parlamento che avrebbe discusso un progetto per standardizzare l'insegnamento della religione nella Comunità, e soprattutto la travagliata questione del trattamento da riservare alle minoranze religiose, specie laddove queste coincidevano con marcate distinzioni etniche. Ma pare che ben pochi europarlamentari fossero presenti al dibattito, presi com'erano dagli sviluppi del mercato valutario, dove le banche centrali d'Italia e d'Inghilterra stavano bruciando immense riserve per conservare qualche pretesa di quel mondo stabile al quale, dalla culla alla tomba, noi tutti aspiriamo.

Nel frattempo, i nostri organizzatori facevano pressioni affinché noi, gli insegnanti, andassimo a presentare personalmente il nostro caso agli europarlamentari. Dovevamo sfruttare al massimo quel viaggio sotto il profilo politico. Per quelli più pigri o timidi, era chiedere troppo. Come il gatto e il pony nella *Fattoria degli animali*, costoro risultavano assenti quando venivano assegnati i vari compiti. Assieme al grosso, mi diressi fiducioso lungo i corridoi curvi e tappezzati degli emisferi destro e sinistro, a bussare alle porte, a spiegare la nostra storia, cercando di decidere, a ogni faccia nuova che incontravo, se adottare la tattica emotiva con l'appello ai princìpi morali, presentando noi stessi come vittime di discriminazione, oppure la tattica meticolosamente tecnica, illustrando gli articoli rilevanti delle leggi italiane ed europee. E devo confessare che la cosa mi divertì moltissimo. Mi piaceva farmi un'idea delle persone che incontravo, modificando il mio approccio a seconda della nazionalità e del partito politico di appartenenza, mescolando l'umiltà all'astuzia, ascoltando con gratitudine gli stessi consigli, come se li sentissi per la prima volta, dichiarandomi d'accordo con opinioni politiche opposte alle mie, strappando a un tipo danese il burbero consenso ad essere inserito nei nostri elenchi per ricevere gli aggiornamenti sulla situazione. Al quarto o quinto ufficio di europarlamentare, mi accorsi che me la cavavo abbastanza bene. Anche per un elemento esilarante di seduzione. E scoprendo di cavarmela discretamente, cominciai a sentirmi ben disposto verso il Parlamento europeo, ben disposto verso l'idea e l'ideale dell'Europa in genere. E persino – mentre un deputato francese mi rassicurava del consenso crescente intorno alla necessità di costringere "certi Paesi" ad adeguarsi alle disposizioni da essi stessi sottoscritte – cominciai a sentire che forse c'era un futuro anche per me nel Parlamento europeo. Una carriera di *lobbyist*, forse? Tornati alla mensa per la cena, ne feci parola con la segretaria e lei disse: perché no? Anzi, si dimostrò entusiasta. C'erano tante opportunità qui al Parlamento, mi disse. Solo che avrei fatto meglio a scordarmi il genere di diritti e condizioni che pretendevamo di assicurarci in Italia. Scoppiò a ridere. Qui la maggior parte del personale era impiegata con contratti a tempo o addirittura senza contratto, e lo stipendio era una sciocchezza.

La sera passò di nuovo a bere e a congratularci a vicenda del successo della nostra impresa. I nostri posti di lavoro erano più sicuri, certamente, rispetto a ventiquattr'ore prima. Un collega irlandese tirò fuori una cornamusa e le studentesse si miscro a ballare. Persino l'albergatore francese sembrava rinfrancato. I mercati avevano concesso un po' di respiro alla lira. Poi, la mattina seguente, in pullman, nel riattraversare la Svizzera – questa nazione che, a dispetto del suo esempio ammirevole di coesistenza federale tra diversi gruppi etnici, non è ancora entrata a far parte della Comunità, pur risiedendone nel cuore geografico – aprii di nuovo la *Repubblica* e lessi quei capitoli finali sul ruolo dell'arte nella società. Il poeta sarebbe stato bandito dalla repubblica ideale perché, nel suo desiderio di intrattenere, avrebbe sempre rappresentato le emozioni più basse, le scene più scandalose, e non era certo quello il modo di invogliare il popolo a concentrarsi sulle virtù da seguire nella vita pubblica, una conquista, questa, che sfortunatamente risultava noiosa in poesia. Così Socrate. Così Platone. E avevano ragione, pensavo. Pur non essendomi mai cimentato nella poesia, il vecchio greco sembrava aver capito alla perfezione il mio stile stancamente disilluso e antiutopico. No, pensavo, ai romanzieri non si può chiedere di costruire storie che esaltino l'ideale europeo. Cercheranno sempre di divertire scavando negli intrecci meschini che minano la retorica, nei vecchi rancori, preferendo l'alcol al nettare, la libidine del capo alla sua lungimiranza. Via anche i romanzieri, allora. La nostra nuova repubblica non sa che farsene di loro. Eppure... eppure è mai possibile che questa Comunità non assomigli a nessuna di quelle che l'hanno preceduta?

Due anni dopo quella tediosa trasferta a Strasburgo, mi giunge un fax per chiedermi di scrivere un pezzo per un'antologia sull'Europa. Gli organizzatori esprimono la loro preoccupazione: la gente è confusa riguardo la sua europeità. Ci sono addirittura alcuni che «non riescono a sentirsi europei». E immediatamente si avverte, pure in una lettera così garbata e succinta, quel miscuglio di anelito e ansia che è tipicamente europeo, quel cocktail di nobili sentimenti e d'incertezza che unisce tanta gente in questo continente: il desiderio di votarsi a un progetto, lodevole sì, ma che non ispira nessuno.

Io sono nato nel Regno Unito. A Manchester. Ho trascorso in Italia la maggior parte della mia vita adulta. In parte mi sento ancora inglese. In particolare, faccio il tifo per le squadre di calcio inglesi e preferisco la birra Whitbread alla Peroni. E in parte mi sento italiano. L'Italia per me è casa, lavoro, moglie e figli. Europeo però non mi sento mai. E di questo di tanto in tanto mi preoccupo. Mi chiedo se non sarebbe meglio sentirsi europeo, nel modo in cui da bambino ci si augurava di credere in Dio, per non parlare di centinaia di altre illusioni. Infatti, adesso che ci penso, ricordo che all'epoca della visita al Parlamento europeo di Strasburgo mi saltò in mente di chiedere alla segretaria (forse perché mio padre era pastore anglicano) se c'era una cappella in quell'edificio. Ero curioso di vedere come avrebbero riconciliato la fede protestante con quella cattolica. No, non c'era una cappella. C'era però una "Sala di meditazione". Andai a visitarla. È una stanza piccola, piccolissima, con un tappeto blu e sedili imbottiti lungo due pareti. Non ci sono finestre. Una parete è occupata da una vetrata multicolore dal disegno astratto che potrebbe rappresentare un mostruoso ingrandimento di qualche batterio sotto il microscopio. Sollevato su una bassa pedana, da un lato, c'è uno strano parallelepipedo di laminato bianco e plastica rilucente, qualcosa che in qualche modo dev'esserci per forza, per far gravitare su di sé lo spazio circostante, ma che fa del suo meglio per non ricordare un altare, o un leggio, o un pulpito. Seduto immobile per cinque minuti, pensavo che l'unica cosa da meditare in un posto come quello era quanto fosse diverso da una cappella, quanto schivo e contrito, quanto amorfo. L'unica cosa su cui meditare lì era la perdita della vecchia religione e l'incapacità, la riluttanza ad abbracciarne una nuova. L'Europa, nel suo essere informe, nel suo pragmatismo radicato e malcelato, ha ben poco da temere da quelli come me.

Forse tanto più siamo europei quanto più desideriamo sentirci europei e non ci riusciamo. Non riusciamo a provare entusiasmo. Sappiamo che la comunità è stata fondata come ultimo espediente dalle ceneri di quello che fu molto di più di una guerra, dal nostro troppo sapere. Non è animata da nessun afflato dionisiaco, nessun fondamentalismo. Dopo il carnevale dell'egemonia nel Diciannovesimo secolo, l'incubo del genocidio nel Ventesimo, l'Europa cosiddetta unita avanza come un granchio, scettica e titubante, da un compromesso all'altro. La sua retorica è quasi volutamente vuota. E qui sta la sua forza. Nessuno se la sente di farne una crociata, anche se tutti temono di averne bisogno. Si espande non con l'aggressione, bensì con la resa, la resa di quel delirio di destino individuale che ha caratterizzato il passato delle nostre nazioni. E sotto la spinta di un certo sfiduciato opportunismo economico. Uno alla volta, i paesi confinanti gettano la spugna. Progetto concepito dopo la più tremenda sbornia della storia, l'Europa affronta ogni sorgere del sole con la saggezza del giorno dopo, decisa a non toccare mai più nulla d'inebriante. Fintanto che sapremo resistere alle utopie retoriche di quei pochi anacronismi viventi che non hanno capito il suo genio negativo, potremo sentirci abbastanza sicuri che non ci chiederà mai di morire sotto il suo vessillo, anche se siamo costretti ad ammettere che mai riuscirà ad accendere il nostro animo.

Forse nessun gruppo ha incarnato la quintessenza europea come quel manipolo multinazionale di insegnanti e studenti che fece ritorno da Strasburgo, ancora stordito dai fumi dell'alcol, due anni fa. Il mal di testa alla fine mi forzò a chiudere la *Repubblica*. Osservai le ragazze italiane che cercavano una posizione comoda per fare un pisolino, mentre i miei colleghi chiacchieravano del più e del meno. Ci volevamo bene, mi parve, inglesi, italiani, francesi, tedeschi, entro certi limiti. "Il sessobus", però, si era rivelato un'altra utopia assai deludente.

GRECIA

Vasilis Vasilikòs

Europa e Taso

Titolo originale:
Η Ευρώπη και ο Θάσος
Traduzione di Vera Cerenzia

Vasilis Vasilikòs

Europa e Taso

Si era fatto in quattro a cercarla senza riuscire a trovarla in nessun posto, Taso, suo fratello, un bel giovanottone sui ventidue anni, che non riusciva ad avere fortuna, perché era la sua sorellina, Europa dalla pelle di seta, la cocca di casa, e il suo amore segreto, inconfessato, e pure, come si dimostrò dopo la sua scomparsa, quello di suo padre, il rude guerriero Agenore.

Il quale, da quella sera che non l'aveva trovata nel suo letto di vergine, aveva smosso cielo e terra cercandola agli estremi confini dell'ecumene, che a quell'epoca non era più grande dello stesso mar Egeo.

Il padre, inconsolabile, aveva chinato il capo e aveva chiamato in aiuto il suo primogenito:
«Taso», gli aveva detto, «ti avevo destinato alla spedizione contro Milo, ma la vita ci ha giocato uno dei suoi scherzi».
«Che succede, mio re e padre?», aveva chiesto Taso.
«Tua sorella, da questo pomeriggio, non ha più dato segni di vita. Non è andata in giardino a raccogliere pesche, né è passata dalle sue amiche a giocare. È semplicemente scomparsa. E sono molto preoccupato».
Taso si era rabbuiato in volto. Sua sorella non era una superficiale, amava i genitori, non faceva mai ragazzate. In caso di suicidio o di incidente, i servi se ne sarebbero accorti. Dunque...
«Un mistero», aveva detto il padre. «Telefassa, certo, ha una sua spiegazione: verso le cinque del pomeriggio, dice, è apparsa in cielo una

nube, qualcosa di simile al turbine di un ciclone, e poi è scomparsa, con forza impetuosa, spostandosi verso nord. Può darsi che qualche divinità, trasformatasi in cavallo o in delfino, abbia voluto privarci di Eur...».

Ma Agenore non era riuscito a continuare. I singhiozzi lo avevano soffocato.

Nel consiglio di famiglia che si era tenuto quella sera, era stato deciso che la madre, la regina Telefassa, e Taso, con i suoi amici Fenice e Cilice, sarebbero usciti, di prima mattina, alla ricerca di Europa. E non sarebbero ritornati indietro – questo giuramento lo fecero solo i maschi – se prima non l'avessero ritrovata. Telefassa sarebbe andata da certe fattucchiere di Lemno, per farsi svelare che cosa era accaduto. E avrebbe avvertito il figlio non appena avesse appreso qualcosa di preciso.

***

Come è noto il lascivo Zeus, trasformatosi in toro, aveva afferrato la "ragazzetta", portandola poi così lontano che quel luogo sconosciuto in cui l'aveva sverginata aveva preso il suo nome: Europa. Una regione a quel tempo oltre i confini del mondo, con montagne altissime, e campi sconfinati, pullulanti di rane e di anguille. Zeus, si dice, vedendo le Alpi, aveva anche pensato di abbandonare l'Olimpo e di trasferirsi lì. Ma non c'erano uomini civili con cui poter giocare. Non c'erano teatri, dinastie, palazzi, e così, è vero che quelle montagne erano più adatte per l'isolamento, ma le arti e le lettere su cui aveva fondato la sua gloria, e anche il suo potere, erano del tutto assenti.

Nella sua patria c'era già la Caverna dei testi di Platone, e qui, nella pianura piena di rane, vivevano ancora uomini delle caverne.

***

Taso cercava disperatamente sua sorella. Passò da Chimolo, da

Chitno, da Alorgò, da Folègandro, da Micono, da Tino, da Delo, dove si fermò pure per un breve periodo, senza trovare alcuna traccia del suo passaggio. Poi si diresse verso il nord: Scopelo, Schiato, Aloneso, Lesbo, Lemno, Psatura, Samotracia, fino a quando si trovò in un'isola tutta verde, che aveva un nome cario, il dialetto che parlavano in tutto l'Egeo, e vi pianse tanto per il suo insuccesso, che – dicono – le sue lacrime irrorarono gli alberi dei boschi, divennero sorgenti e corsi d'acqua noti oggi come la fonte di Melissià, la fonte di Santa Vasilikì a Teologo, la cisterna di Santa Fotinì (denominazioni successive, cristiane del calendario giuliano, che a quell'epoca non esistevano). E per le molte acque che sgorgarono nell'isola dalle sue lacrime, alla fine gli abitanti ebbero compassione di lui e dettero all'isola il suo nome. Taso, effettivamente, così si chiama anche oggi, è un'isola che secondo il mito deve il suo nome a Taso, il fratello di Europa. Perché dobbiamo dire che lui, come non trovò mai le tracce della sorella, così non fece mai più ritorno alla reggia paterna, con grande disperazione di Telefassa, che disse al re Agenore parole piene di rancore: «Non basta, consorte mio, che abbiamo perduto Europa, ma a causa di questa ninfetta, ho perduto anche il mio unico, adorato figlio maschio, Taso». (Perché come il padre era segretamente innamorato di sua figlia, così la madre era segretamente innamorata del suo bel figlio).

> «[...] persa la speranza di tornare in patria (non essendo riusciti a trovarla in nessun posto), finirono per stabilirsi chi in un luogo chi in un altro: Fenice in Fenicia, Cilice nella terra confinante con la Fenicia [...]; Taso, ugualmente, dopo aver fondato in Tracia la città di Taso si stabilì in quel luogo».
> (Apollodoro di Tiana, *Biblioteca*, III,1)

***

La città fondata da Taso si chiama anche oggi Taso, capoluogo dell'isola, ma è più nota con il nome di Limenas. Limenaria, poi, un paese cugino primo di Limenas, dall'altra parte dell'isola, possiede, tra gli altri resti dell'epoca delle miniere, anche uno splendido edificio, chiamato Palataki, in rovina ormai da trenta anni, perché non può essere inserito nei programmi della CEE, dato che nessun eurodeputato è originario dell'isola.

Il sindaco del comune di Limenaria, dunque, con la collaborazione di chi scrive, ha inviato a Bruxelles la seguente lettera:

> *Mia cara sorella Europa,*
> da quando sei entrata nel giro delle persone importanti, ti sei completamente dimenticata di noi. Sono tuo fratello Taso, ti ho cercata dappertutto, e poi sono finito in quest'isola, che ha preso il mio nome perché da allora abito qui. Cosa di cui forse non sei al corrente, perché leggo e mi informo di quello che cerchi di fare per la nostra amata patria, la Grecia, ma sai, sorella, la Grecia non è solo Atene, Creta, Rodi, Cefalonia, e Corfù, dove due anni fa ti hanno accolto i capi degli Stati membri della CEE. Anch'io, il tuo fratello dimenticato, appartengo alla Grecia dal 1913, anno in cui mi sono scrollato di dosso il giogo turco. E sono arrivato qui per causa tua. Non potevo tornare indietro a mani vuote dal padre, ferito dalla tua scomparsa. Possono essere passati tremila anni da allora ma, mia amata sorella, il sangue non è acqua. Tu ti sei impelagata con aristocratici, dinastie, democrazie, governi popolari, hai avuto anche tu le tue tribolazioni, e ci hai dato i tuoi lumi duecento anni fa, e da allora guidi il nostro progresso con questi ideali, che hai attinto al passato del tuo Paese. E tuttavia tuo fratello, da molti anni ormai, vive di olio, di miele, prima ancora di tabacco, poi di emigrazione (i miei discendenti sono arrivati compatti nelle tue fabbriche e nelle tue miniere di carbone per guadagnarsi il pane) e adesso, da una ventina d'anni, il nostro unico guadagno viene dal turismo. Per questo, tutto quello che puoi fare a riguardo, fallo, come un favore personale a me. Le cose andavano bene, e non sarei stato costretto a scriverti, senonché quattro anni fa è scoppiata la guerra civile in Iugoslavia e, dato che io e la mia isola ci troviamo al nord, sono state bloccate le arterie stradali che ci

rifornivano di tedeschi, austriaci, italiani, iugoslavi e altri. Mi dirai: gli altri si scannano e tu ti lamenti? Le ho passate anch'io le guerre civili, sorella, e ne so qualcosa. Manolitsos, il partigiano, Petkidis e altri giovani valorosi se ne andarono amareggiati e delusi per sfuggire alla reazione nera. Perché in fondo, sorella mia, sono un'isola progressista. Gli abitanti di Taso non hanno da perdere nulla di più delle loro olive. Ma che cosa se ne fanno del loro olio dal momento che tu non lo sovvenzioni?

Basta, non voglio stancarti con queste questioni pratiche. Passiamo ai fatti culturali. C'è un palazzetto a Limenaria, dai tempi in cui qui c'erano le miniere dei Krupp. Un gioiello di architettura, abitato da cornacchie e gabbiani. Datti da fare, ti prego, facci avere una piccola sovvenzione nei vari pacchetti che ci mandi, in modo che possa essere restaurato, e diventare di nuovo come era una volta. Non ti chiedo molto. Non ti parlo del servizio archeologico di Kavalla che devasta l'isola con alienazioni di ogni genere. Vedi, abito qui da 3000 anni e dappertutto sottoterra è pieno di anfore, statue, tombe. Ti parlo di una cosa molto semplice. Tu ripara il Palataki, e torna a vivere di nuovo con me, noi due insieme, come quando giocavamo a dama nella reggia del re Agenore nostro padre, con la nostra cara mare Telefassa, e con i miei amici del cuore che ti facevano gli occhi dolci, Fenice e Cilice – "regionalizzati" anche loro due, ormai, – prima... prima che tu ci abbandonassi, prima che Zeus predatore di bestiame ti rapisse in quel fatale pomeriggio, in cui non andasti a raccogliere pesche, né passasti dalle tue amiche a giocare. Torna qui, mia piccola Europa, tuo fratello ti ama sempre.

Taso Lascaridis, sindaco di Limenaria

***

E qui, miei cari ragazzi, finisce la favola di Europa e di Taso, che vissero insieme i loro primi anni, e da allora vivono lontani uno dall'altra. Tanto lontani che Europa ha dimenticato di avere avuto una volta un fratello, di cinque anni più grande, che aveva sacrificato la sua vita per lei. Speriamo, miei cari ragazzi, che un giorno gli paghi il suo debito. Lui, comunque, è disposto per altri mille anni (tanto vive un'isola circondata da giacimenti di petrolio) ad aspettarla.

IRLANDA

Aidan Mathews

Vegliando un ebreo

Titolo originale:
Waking a Jew
Traduzione di Silvia Bertoni

Aidan Mathews

Vegliando un ebreo

Improvvisamente si rese conto che non stava sognando e che qualcuno stava effettivamente battendo violentemente alla porta di casa sua. L'altro rumore, più attutito, era quello del battito del suo cuore rintanato, del suo sobbalzare spaventato. Dove era stato tutto questo tempo? Era infranto, ma funzionava ancora. Vi posò sopra la mano destra, cercandolo sotto al piumino, come se fosse un bambino il cui allattamento tradirebbe chiunque.

«È ora di svegliarsi!», una voce strillava dalla strada a senso unico. Era una voce di donna. Ma perché si servivano di una donna? Non si erano mai serviti di una donna prima. «Si svegli», gridava. «Si svegli». Giacque immobile e cominciò a respirare con la bocca perché il rumore da moscone dei suoi seni nasali gli impediva di ascoltare, di ascoltare con concentrazione, di ascoltare attentamente. E se viveva, se riusciva a sopravvivere, se continuava ad esistere, se li sarebbe fatti strappare via immediatamente, quei polipi nel suo naso, con anestesia locale, nel day-hospital sulla costa, dove non c'era una camera mortuaria con una finta placca con su scritto «Amministrazione dell'Ospedale». Non era giusto sentirsi sempre soffocato, sempre asfissiato. Non aveva mai fumato. Era stato l'unico ragazzo nel palazzo a non setacciare la spazzatura in cerca di mozziconi di sigaretta. Gli sembrava ieri che aveva barattato del tabacco per dell'aspirina, della brillantina per dei biscotti; se li era messi nelle mutande ed era andato a casa da sua madre che lo aveva baciato sulla fronte come si bacia il cadavere di una personalità importante e gli aveva detto, a lui, il suo Davide, il suo dolce

Re Davide, che era una persona responsabile.

«È ora!», sbraitava la donna. «È ancora nel mondo dei vivi?».

Lo sono? pensò. Sono una persona responsabile? Signore, salva la mia anima dalla loro distruzione e la mia amata dai leoni. Cristo, avrò pure il diritto di respirare facilmente a settant'anni suonati. Sono stanco di questa vita di merda.

«Mettere fuori la spazzatura! Mettere fuori la spazzatura».

Questa non era lei, la donna. Lei era giù alla porta presso l'aiuola dove lui aveva nascosto gli ultimi dollari avvolti in tela cerata. Quest'urlo baritonale veniva da dietro l'angolo, dalla casa con il pergolato. Ma la casa con il pergolato era cristiana, aveva una croce nel bagno.

«Dica se è lì dentro», adesso lo implorava. «Mi basta che dica anche solo no».

Ormai dovevano aver bloccato entrambe le estremità della strada: la viuzza che porta ai campi erbosi del circolo del tennis e il vicoletto in cui un eucalipto stava pazientemente sradicando un idrante. Sentiva i camion schiarirsi la gola e mandare su di giri i motori fino a coprire il rumore dei passi e delle grida, sentiva il rumore dei sacchi della spazzatura sbattuti come bambini nell'acciaio inossidabile di quella specie di grugno di maiale. Eppure nessuno sollevava lo sguardo; nessuno ci badava. Erano invece intenti a fissare la bollitura delle uova della prima colazione mentre si aggiustavano il nodo della cravatta e le loro mogli infilavano loro i gemelli ai polsini. Anche le campane della messa avrebbero dovuto suonare a distesa, o per meglio dire le cassette di un carillon il cui nastro scorre accanto agli altoparlanti nel campanile. Sarebbe stato meraviglioso.

Solomon si drizzò a sedere. Si sedette con la schiena ben dritta. Era un uomo che sapeva che giorno della settimana fosse. Era venerdì, e il venerdì era il giorno in cui venivano a ritirare la spazzatura. A ogni cosa ne segue un'altra, se ci si pensa. Aveva messo fuori i bidoni? Aveva dei bidoni da mettere fuori? A pensarci bene, aveva dei bidoni? Aveva un sacco nero di plastica. Forse aveva due sacchi neri. Non si poteva mai dire in che cosa ci si poteva imbattere nel proprio giardino sul retro. Ecco che cosa significava essere vedovo, essere un uomo senza una donna: scoprire per la prima volta in quarantadue anni quand'è che viene prelevata la spazzatura. «Signor Blatt». Era la sua vicina, quella che doveva essere instancabile. «Ieri sera mi ha chiesto di svegliarla presto questa mattina. Mi svegli presto domani, mi ha detto. Bene, è presto ed è domani».

Il rumore tuonante del battente, quello fulminante della campana; e poi quel frastuono da trapano del dentista, i pugni sul vetro smerigliato, prima dei guanti, poi dei guantoni. Tutto deve seguire una certa successione, anche l'urgenza. Ma era giorno o notte? La tendina che aveva tirato era del colore del mattino. Da nera si stava facendo grigia. Era un motivo in più per alzarsi. Era davvero un motivo in più.

«Rosen, sono io. Sono Tess. Tess della Dodder Valley. Sono in vestaglia».

Aspetta, pensò, aspetta un minuto, maledetta donna. Aspetta che il mio cuore cessi di battere; aspetta che trovi i miei occhi. Cominciò a cercare dietro di sé, nella montagna di libri sul lato del letto che era stato di Melanie, quello dalla parte della finestra, quello ora vuoto che dava a est; frugò infine anche tra le cartine delle pasticche antiacido che riceveva sulla lingua come un cattolico tra un omicidio e l'altro.

«Non mi butti giù la porta», disse. «È una cosa alla quale sono ormai abituato e che non mi impressiona più».

I suoi occhiali erano nascosti nel libro di Jane Austen, alla pagina dove si era fermato quando il ciclo di mezzanotte dei film con Judy Garland era cominciato a mezzanotte meno dieci, con la protagonista truccata da negra per cantare *Everybody Sing* di Harry Rapf; e quando se li mise, la stanza gli si mostrò nitidamente, ordinata e con ogni cosa al suo posto, uguale a come era apparsa quando la loro nipote vi aveva fatto le pulizie di primavera a tariffe da baby-sitter perché stava mettendo da parte i soldi per i pantaloni e un motorino. Adesso lui sapeva dov'era e chi era. Poteva lasciare i perché al rabbino e i percome ai medici; ma avrebbe fatto in modo di essere seppellito con la sua montatura di tartaruga. Aveva fatto bene a seppellire Melanie con le lenti a contatto. Dopo tutto, non le avevano tolto nemmeno l'anca in alluminio, né le avevano strappato la protesi a ponte con delle pinze da meccanico.

«Signora Cassidy», disse quando arrivò nell'ingresso scendendo le scale un gradino alla volta. «Signora Cassidy, lo sa che lei riuscirebbe a svegliare un morto?»

«Faccio già abbastanza fatica a svegliare i vivi», rispose lei infilando la sua mano nella buca delle lettere e agitandola verso di lui. Dove erano finiti i suoi anelli?

«Ero sotto la doccia», disse lui, e si sedette accanto al ginerio, sull'ultimo gradino, dal quale aveva tolto il fermaguida della moquette per tenerlo sotto il letto e usarlo contro eventuali ladri. Non avrebbe certo aperto la porta in mutande e con la cicatrice dell'ulcera duodenale ben in vista.

«Era sotto la doccia?», disse lei, e attraverso il vetro lui vide la sua ombra soffiarsi il naso. «Stia attento quando fa la doccia, signor Blatt. Potrebbe farsi male. Cosa farei allora?».

Le mammelle di lui erano flaccide e ampie. Poteva scriverci sopra, come su una pergamena, con una penna, sorridendo all'affondare del pennino nell'elasticità della pelle; e lei le aveva esaminate, da sotto in su naturalmente, con il doppio mento per lo sforzo, dicendo: Solomon, Solomon, Solomon Rosenblatt, il mio uomo solenne, il mio uomo felice, le mie rose e il mio blaterare. Cosa stai facendo alle mie mammelle? Cosa stai facendo al mio cuore?

Era stata la prima e l'ultima volta che aveva scritto il nome del Signore in ebraico.

«Non posso farla entrare, signora Cassidy», disse. «Sono più o meno come Dio mi ha fatto. Non sono in uno stato presentabile».

Quattro telefoni squillarono contemporaneamente: nell'ingresso, in cucina, nella camera da letto e nel bagno. Il campanello nel bagno era per gli ictus, per le cadute dalle quali non ci si rialzava insomma. Il bagno è un terreno fertile per emboli, trombosi, insufficienze cardiovascolari; per trombi, vomito, costipazione, preghiera, incontinenza, abbracci, soffocamento, pipì. In un luogo dove ci sono rubinetti e piastrelle non può esserci il passaggio del Mar Rosso o l'attraversamento del Giordano. Dai rubinetti uscirebbe sabbia.

«Ma non la fanno diventare pazzo?», chiese la vicina.

Lui allungò il braccio per rispondere. Sollevò la cornetta con la delicatezza con la quale si toglie la fasciatura di una ferita.

«Non intendevo dire pazzo», disse la signora Cassidy. «Volevo dire infastidito, o qualcosa del genere».

«Come ha avuto il mio numero di telefono?», chiese lui. «Non sono sull'elenco».

«Servizio sveglia, buongiorno», disse il telefono. «Grazie per aver usato il servizio».

«Grazie tante», disse lui. Aveva tirato un pennacchio del ginerio e se lo strusciava contro il torace abbronzato. La tipa instancabile doveva avere all'incirca settant'anni, ma le sue cornee dicevano che veniva da una lunga discendenza di franchi tiratori.

«Spero che lei non abbia pensato che abbia usato il termine pazzia», disse l'ombra della signora Cassidy. «Pensa che io abbia usato il termine pazzia?».

«Servizio sveglia, buongiorno», disse il telefono. «Grazie per aver usato il servizio».

«Comunque, buon anniversario», gridò l'ombra.

«Grazie mille», disse lui. «La sento, sa? L'ho sentita anche la prima volta».

«Da quanti anni sareste stati sposati?», disse l'ombra alla porta.

«Non si tratta di quel genere di anniversario», disse lui. «Si tratta di qualcosa di più antico, che fa ormai parte della storia».

«Tutto fa ormai parte della storia», disse l'ombra. «Guardi me».

«Servizio sveglia, buongiorno», disse il telefono. «Grazie per aver usato il servizio».

Sbatté la cornetta sulla forcella come se fosse una mazza. Poi, dopo un momento, la rialzò per rimettersi in ascolto. Aveva rotto quel maledetto aggeggio? Ma il suono distante da sirena antiaerea del segnale di linea libera era sempre lì, un suono basso e distinto.

«Ehi», disse la signora Cassidy. «Ehi».

Gli fece venire in mente che a suo tempo aveva pensato che era ben strano che un soldato sovietico usasse questa espressione, come se fosse un soldato americano, come se fosse Johnny Weissmuller che incontra i primi europei, ma l'uomo aveva continuato a ripeterla dalla soglia, ehi, ehi, ehi; e lui da parte sua aveva detto l'unica parola russa che si ricordava. Aveva detto da, da, da, come un bimbo piccolo che gattona dietro ai pantaloni di velluto di suo padre.

«Sta messo bene a pane e latte?»

«Sto messo bene a pane e latte», disse lui. «E lei sta messa bene a pane e vino?»

«Lei è un uomo impossibile».

Aveva ragione. Veniva da una stirpe maleodorante. Doveva cambiarsi. Non aveva alternativa. Le sue mutande non erano fresche di bucato. Sentiva l'odore del suo pene. Se fosse stato colpito da un infarto sulla superstrada e all'obitorio avessero visto lo stato delle sue mutande, sarebbe morto altre mille volte. Decise allora che si sarebbe spogliato, che sarebbe entrato nella doccia e si sarebbe insaponato. Magari poteva anche cantare lo Shema. Perché no? Ogni uomo è un tenore nell'intimità del proprio bagno. Dopo tutto che male c'era se diceva Adoshem invece di Adonai? Melanie non aveva forse cantato il Kiddush mentre stirava, come una novella Sophie Kurtzer? E sua nipote aveva danzato con la Torah ad un minyat femminista in una palestra di Tel Aviv, eppure dimorava tuttora in Israele; non era stata punita con un ascesso ad un ginocchio o ad una gamba. D'accordo, avevano imbrattato la sua decappottabile con una bomboletta di vernice acrilica, ma si sa, i vecchi oggi fanno queste cose. Nelle zone dormitorio di Sion i giusti non dormivano. Restavano vigili. Erano vigilantes.

«Io vado a messa», gridò la signora Cassidy.

«Io invece vado a lavarmi», le disse lui. «Tra dieci minuti sarò un uomo nuovo».

«Sembra che parli del battesimo», disse lei.

«No», disse lui. «Non parlo del battesimo. Ogni battesimo è un battesimo del fuoco. Parlo dello spruzzo della doccia».

«Shalom, Rosen», disse lei. L'ombra scomparve. Il blu del cielo risplendette al suo posto davanti alla porta.

«E con il tuo spirito, Tess», disse Solomon Rosenblatt.

Quando erano tornati a casa dall'ospedale, Melanie era salita in camera e si era sdraiata sul letto. Lui le aveva fatto una tazza di tè con una bustina, ma poi aveva visto che non c'era il sacchetto nel secchio della spazzatura ed era rimasto così, in mezzo alla cucina, non sapendo cosa fare, mentre la bustina gli ustionava le dita.

Nelle cliniche ostetriche ti davano le radiografie. Ti consegnavano addirittura i feti morti. Non archiviavano la lastra con l'onda del tuo torso in una cartella marroncina, come un calendario insulso. Non incenerirebbero i resti di un seno che ha nutrito le bocche dei suoi figli, le mani del loro padre, un seno cresciuto insieme al suo tranquillo compagno all'inizio degli anni Trenta quando ancora il sole danzava in cielo. E mentre Jean Harlow sgambettava sullo schermo nel suo costume da bagno all'uncinetto dietro ai sottotitoli in yiddish, suo cugino si era stretto a lei in quei turriti banchi da chiesa che erano le poltrone nel cinema di quartiere e le aveva chiesto se serbasse il suo latte per il suo amore.

«Serbo il mio latte per mio figlio», gli rispose lei, «e il mio amore per il mio sposo».

Lui bussò ed entrò.

«Servizio in camera», disse.

«Perché hai bussato?», gli chiese lei. Si era tolta le scarpe e gli orecchini. Giaceva sul letto con i piedi nudi e uniti come se fosse dal podologo.

«Non so», rispose lui. «Non so dove sono».

«La porta», disse Melanie. «La porta della camera».

Lei aveva aperto anche la finestra. La lunga tenda di pizzo svolazzava come lo strascico di una sposa.

«Non vedrai nulla che non abbia già visto», disse lei. «Non ci sono più misteri. Entra pure».

La radio era accesa, a volume basso, e una voce bisbigliava qualcosa a proposito dell'orgasmo. L'orgasmo è una responsabilità condivisa. Che razza di stronzata è quella di trasmettere programmi del genere quando i bambini sono a casa da scuola, mentre ripetono alla mamma le parole che hanno imparato quella mattina: amico, amici, amica, amiche, e ritagliano delle illustrazioni dal «National Geographic» per una ricerca su Tutankhamen?

«Avrei dovuto portarti anche un biscotto», disse lui. «Non ci ho pensato».

«Il tè va benissimo».

«A te piacciono quei biscotti con il sombrero sull'involucro».

«Non li mangio più», disse lei. «Facevano troppo rumore quando li scartavo».

Si era seduto sullo sgabello del tavolino da toilette di lei e aveva osservato la propria immagine triplicata nelle ante dello specchio. Quelli, quei tremolanti gemelli identici, non erano gli uomini di Mamre, e lui, lui non era Abramo. Nessuno di loro tre era Abramo. Signore, pensò, se i tuoi occhi mi guardano con benevolenza, non svanire, io ti prego, io che sono il tuo servo. Non lasciare che la sventrino come un merluzzo.

Il suo seno è una cucina. Intere dinastie vi si sono nutrite.

«Sai una cosa?»

«Non so più nulla», disse lui. «Non so assolutamente nulla».

Perché non aveva il cancro della prostata? Si supponeva che ogni soggetto maschio di una certa età dovesse averlo, e la sua età era l'unica cosa della quale era assolutamente certo. Era nato nel Ventesimo secolo, nell'anticamera del millennio, e aveva bevuto cacao finché il capostazione non li aveva fatti mettere in fila sul binario immerso nel profumo del treno: aveva quindi almeno mille anni, se non era già postumo. Eppure la sua prostata, qualunque cosa essa fosse, continuava a fare il suo dovere. Forse sarebbe persino sopravvissuto ai criminali del Cremlino e ai pezzi grossi impomatati del Vaticano, benché forse per quell'epoca i bambini del vicolo cieco se la sarebbero data a gambe al solo scorgerlo, lui, un gangster rimbambito. Sua madre aveva ceduto e si era adagiata come un neonato nella culla, mentre suo figlio era un perfetto caso da manuale. Il dottore lo aveva messo per iscritto. Ora poteva rivestirsi.

Si era messo la canottiera a rovescio e aveva pagato con una Visa. In macchina, nel traffico dell'ora di punta, le palle infuocate dei semafori rossi scintillavano nel buio e nel diluvio e il collo della canottiera si strofinava contro il suo pomo d'Adamo come se il dito di una mano guantata seguisse la linea della sua gola.

«Uno. Quattro, uno, cinque. Due, uno, due», disse lei.

Aveva fissato l'immagine di lei riflessa nello specchio della toilette. Si erano tolti l'orologio e gli occhiali ed erano andati a letto insieme, schiena contro schiena, notte dopo notte, un anno dopo l'altro, sin dal tempo in cui mandarono scimmie e cani nello spazio per vedere se vi fossero delle speranze di fuga; ma i babuini e i barboncini non erano tornati all'arca portando un ramo d'ulivo e, un anno dopo l'altro, notte dopo notte, schiena contro schiena, loro erano andati a letto insieme, avevano spento la luce e si erano esercitati a morire, mentre le lancette dei loro orologi giravano lentamente come insetti sulla moquette e gli occhiali ripiegavano le loro ali.

L'eternità era uno spreco di tempo. E lui aveva sprecato tanto di quel tempo da poter essere eterno.

«Ecco il prefisso», disse lei. «Perché non telefoni a Joseph?»

«Non sono in vena di confessarmi con un barba», disse lui.

«Non è un barba; è una spalla».

«Una spalla fredda», disse Solomon. «Una spalla vecchia e fredda».

«Ma è la spalla di un fratello, prima di tutto. Non smette di essere tuo fratello solo perché fa lo psichiatra».

«No», disse Solomon. «Resta sempre e comunque un barba».

«Diciamocelo francamente: come barba non vale molto», disse lei.

Alla radio qualcuno rideva a proposito di una celebrità che aveva firmato le sue mutandine e le aveva messe in vendita per sostenere la causa del Ruanda. Il cappellano di un qualche politecnico scadente si sarebbe fatto radere mezza testa in cambio di cinque bigliettoni. Il Terzo Mondo dipendeva da noi. Fallo adesso. Fallo in quest'istante.

«Che ore sono lì?»

«Non lo so», disse lei. «Non sono mai sicura di che ora sia in America. Credo che si stiano svegliando».

I suoi piedi non erano mai stati più nudi. Residui di smalto smozzicato le macchiavano alcune dita dei piedi. Se lo era messo quando aveva indossato le espadrillas; ma quando era stato? Voleva girarsi, tornare da lei, tenerli stretti nel suo grembo, quei piedi pesanti e duri come candele, le uniche parti di lei alle quali non avesse dato un nomignolo affettuoso. Ma se ne sarebbe vergognato. Non aveva tenuto stretta la sua mano dall'ultima fotografia; e quando era stato? Come poteva ora stringere i suoi piedi? Eppure aveva seguìto le sue orme attraverso i deserti e nelle tempeste di sabbia. Dove c'era sabbia nella sua vita, c'era lei: due a due, fianco a fianco, il Beduino senza macchia.

«Ascolta», disse lei.

Erano i colpi della signora Cassidy, la Quinta di Beethoven suonata contro la porta di casa loro. Nelle vene di quella donna doveva scorrere sangue militare.

«Non aprire», disse lei. «Facciamo finta di essere morti».

«Gesù era ebreo», disse Solomon.

«Lo ha detto anche a te?»

«Lo ha detto anche a me».

«Tu cosa le hai risposto?»

«Le ho detto che secondo me era cattolico».

Erano rimasti in attesa di sentire il rumore del brecciolino e del cancello e poi di nuovo quello del cancello e del brecciolino. Poi era rimasto solo il rumore del vento.

«Lo sai che conserva una ciocca di un santo?», disse Melanie. Aveva tirato su il piumino, ma i suoi piedi erano rimasti scoperti. Pendevano come scarpe da tennis che avesse tinto di bianco e poi lasciato ad asciugare. Gli uomini della nettezza urbana le avrebbero viste e tenute per sé scuotendone fuori i gusci d'uovo.

«Si mette sotto il cuscino e ci si dorme sopra», disse lei.

Gli alunni della quarta elementare avrebbero donato del latte in polvere. Le ragazze stavano danzando in squadre e lo avrebbero fatto fino alle calende greche; si diceva poi che un omosessuale travestito di nome Gloria Mundi, che si esibiva in uno spettacolo di cabaret all'Enigma, avrebbe contribuito con la sua camicetta.

«Se accade un miracolo, tu metti un annuncio sulla rivista dedicata al santo. Non deve essere un annuncio molto lungo, ne basta uno breve: "Grazie per il fantastico lavoro sul mio melanoma. Sei un santo. Salutami tutti i defunti"; e poi le tue iniziali».

Alla fine si era alzato ed era andato da lei, si era inginocchiato e aveva raccolto i suoi piedi tra le braccia come si fa con la legna della stufa. L'aveva visto fare nelle vecchie pellicole e nelle moderne videocassette. Adesso stava succedendo davvero: a lui, a lei, ma non a entrambi.

La pioggia sull'alta recinzione elettrificata produceva un suono simile a quello di un accendino. Della bava marroncina colava sul suo ombelico dalla cuccetta sovrastante. Sarebbe corso fuori dove i bassotti lo aspettavano e si sarebbe gettato sulla struttura sulla quale si arrampicavano i bambini.

La radio stava annunciando che le chiamate degli ascoltatori sarebbero state accettate entro la mezzanotte, poi sarebbe stato troppo tardi.

«I miei genitori avrebbero dovuto chiamarmi Sarah», disse lei dal letto, dietro di lui. «Sto morendo del mio stesso nome».

Le lacrime gli erano scorse lungo il naso sulle ventisei ossa del piede di lei.

«Poi mi disse, questo soldato americano negro, di scegliere un paio di occhiali dal mucchio. Dapprima ebbi paura di farlo. Temevo di provocare una slavina intorno a me, e di rimanere sepolto per sempre sotto l'ammasso di un milione di lenti, una grande e lucente calotta polare di occhiali. Occhiali da lettura e da passeggio, occhiali per guardare i film western, occhiali per cucinare, occhiali per ragazzi da togliersi per baciare la propria ragazza e occhiali per ragazze da mettersi prima di stuzzicare il proprio ragazzo: credevo che fossi venuto per guardare Jeannette MacDonald!

«"Cristo", disse il soldato, "sei peggio di una donna che deve scegliere un cappello".

«Poi allungai la mano alla mia altezza ed estrassi un paio di occhi da quel ghiacciaio. La montatura era di tartaruga, che ora non si potrebbe comprare neanche per tutto l'oro del mondo perché è troppo disumano nei confronti delle tartarughe, e le stanghette erano di metallo sottile e flessibili. Il proprietario precedente aveva imbottito la stanghetta sinistra arrotolandoci intorno una striscia sottile di garza. Pensai che doveva aver avuto un'infezione a quell'orecchio; ma perché non a entrambi? Perché non a entrambi contemporaneamente?

«"Ci vedi con questi?", chiese il soldato.

«Come alitai sulle lenti comparirono le sue impronte digitali.

«"Allora?", disse il soldato.

«Erano come i segni sulla fotografia aerea di un sito archeologico scomparso.

«"Vedo tutto chiaramente", dissi.

«"Ma se non te li sei messi", disse il soldato. Era americano.

«In quel preciso istante, improvvisamente, capii perché la persona aveva imbottito la stanghetta. Egli poggiava la testa sulla mano sinistra mentre scriveva con la destra. Era stanco, vedete. Sta studiando per l'ultimo esame. Suo padre nasconde lo sherry in uno scaffale della libreria. Sua madre nota le macchie di nicotina sulle sue dita. La sua fidanzata aprirà la bocca, ben aperta, spalancata, con la lingua impastata di gelato alla fragola, per fargli vedere la nuova otturazione, un comune pallino d'argento dove la gengiva è fissata con dei punti. Poggia la testa sulla mano sinistra e le scrive una lettera con la destra.

«Riesco a vederlo cinquant'anni fa attraverso i suoi stessi occhiali. E attraverso i suoi stessi occhiali l'ho visto oggi, venerdì, il ventisette gennaio nell'anno del Signore Cinquemila Settecento Cinquantacinque».

Solomon fissò gli studenti che a loro volta lo scrutarono. Alcuni di loro lo guardarono di sottecchi attraverso le fessure tra le dita delle mani. I bambini avevano raschiato via con un compasso un po' dell'imbiancatura all'interno dei finestrini del tram, e talvolta lui aveva visto le loro pupille guardare attraverso quelle fessure mentre il veicolo attraversava esitante la zona interdetta. Dopo di che le autorità avevano fatto ricoprire l'esterno dei finestrini con una mano di vernice nera.

«Cinquanta minuti», disse l'insegnante, il cui profumo aveva l'odore di un dopobarba. «La durata del suo intervento è stata ben calcolata, dottor Rosenblatt. Abbiamo anche il tempo per un paio di domande».

I ragazzi erano molto alti. Potevano essere tutti giocatori di pallacanestro. I banchi erano stati concepiti per esseri umani ormai sorpassati. Dove erano cresciuti questi femori? Era merito della dieta o degli ormoni? Le ragazze sbocciavano e stillavano sangue in camere ancora piene di bambole, e i ragazzi si svegliavano la notte in un lago di girini. Loro nel fiore dell'età e lui sotto il peso degli anni, cosa avevano da dirsi? La spensieratezza della loro vita non animava la sua. Lui era un vedovo che puzzava di vecchio e che aveva solo alcuni aneddoti stravaganti. Loro erano Isacco e Rebecca, che sollevavano lo sguardo in un campo in una terra lontana.

Solomon scrutò gli studenti che lo fissarono a loro volta.

«Comunque», disse lui, «basta parlare del Campo profughi Bindermichl di Linz. Tutti noi da allora siamo vissuti per sempre felici e contenti, c'era una volta».

Gli riservarono un caloroso applauso; alcuni di loro si alzarono in piedi, i banchi come coperchi dei secchi della spazzatura, poi se ne alzarono altri, i piedi sul pavimento, finché la cosa non assunse i toni della burla e l'insegnante sbatté il cancellino sulla cattedra; la polvere di gesso gli fece venire lo stimolo di starnutire, ma lui lo soffocò. I suoi polipi gliel'avrebbero fatta pagare più tardi, i suoi seni nasali avrebbero messo in moto il loro rumore di tafani in un paralume.

«Grazie», disse l'insegnante. «Grazie mille. Non dimenticherò il suo intervento».

«Non c'è di che», disse lui; ma lei aveva parlato rivolta agli studenti, così lui ne approfittò per infilare l'altra mano in tasca per sistemare l'elastico troppo stretto del suo costume. Gli stava letteralmente addentando lo scroto da quando era arrivato alla scuola, ma che alternativa aveva avuto? Non c'era un paio di mutande pulite in tutta la casa, nemmeno nel cesto della roba da stirare. Aveva dovuto arrangiarsi con un costume da bagno.

«A nome di tutti, vorrei ringraziare il dottor Rosenblatt per aver condiviso la storia della sua vita con la Terza B oggi. Siamo davvero privilegiati. Siamo anche consci che questo non è un giorno qualsiasi, bensì il cinquantesimo anniversario della liberazione di Auschwitz da parte degli Alleati».

«Da parte dei russi». disse Solomon. «Poi, vede, io non sono un dottore».

«Sono davvero desolata», disse lei. Il suo povero polsino era striato di gesso rosa. Aveva peggiorato la situazione picchiettandolo nel tentativo di pulirlo. Il fatto era che aveva scritto alla lavagna mentre lui parlava. I nomi dei suoi familiari e dei suoi amici erano scritti in colonna dietro di lui, sotto al crocefisso, e solo due di loro erano scritti correttamente: David e Joseph. L'insegnante non aveva avuto altrettanta fortuna con Mordechai e Moishele, con Yossele e Zavel, che spiccavano nelle loro approssimazioni rosso pallido.

«Lei stava pensando a mio fratello. Lui aveva precisamente questo effetto sulle donne. È ancora un medico, ma non è un Dottor Kildare».

«Dottor chi?», chiese lei.

«Esattamente», disse Solomon. «È l'immagine vivente del Dottor Chi».

I loro occhi si erano incontrati per un attimo. Poi il tranvai aveva sprigionato scintille, voltato bruscamente e proseguito. Attraversando le rotaie con quattro biscotti in una tasca e tre pasticche col nome inciso nell'altra, fiutava nel vento la scia di eau de toilette lasciata dai passeggeri.

«Jordan deve fare una domanda», disse l'insegnante. «Non è vero, Jordan?».

Il ragazzo se l'era scritta su un foglio, che lisciava contro la buccia di una banana.

«Nel suo cuore potrà mai esserci perdono?»

«Ci potrebbe essere», disse Solomon, «se solo riuscissi a trovare il mio cuore, ma non riesco proprio a ricordarmi dove l'ho lasciato l'ultima volta. Per rimpiazzarlo mi hanno dato un muscolo cardiaco dotato di un meccanismo a pompa. Funziona benissimo».

Non avrebbe dovuto parlare così a lungo della sua famiglia. Era stato invitato a ragionare su Hitler e sull'Olocausto. Cosa avevano a che fare Hitler e l'Olocausto con la piccola Esther, morta nella culla durante l'offensiva di primavera? Cosa aveva a che fare il libro autografo di Zindel con le garanzie statutarie dei diritti delle minoranze nei regimi politici multiculturali? Per questi ragazzi di Terza, i nomi di Jack Haley, Ray Bolger e Bert Lahr non significavano nulla di più dei nomi dei patriarchi. Eppure Hitler e l'Olocausto rappresentavano la somma di tutte queste sottrazioni.

«Deborah», disse l'insegnante, «vuoi fare una domanda?».

La ragazza aveva delle belle braccia nude, come le braccia mancanti della Venere di Milo. Anche il suo viso era bello. Era nata con il taglio cesareo, ne era sicuro. I bambini nati con il cesareo sono putti.

«Le piacerebbe essere israelita?», gli chiese.

«Che bella domanda», disse Solomon. «Grazie per avermela fatta. Sì, vorrei essere stato israelita. Avrei voluto essere con Giosuè a Gerico. Vedi, questo era prima dei tempi del re Salomone, e così non avrei dovuto sopportare il confronto con lui tutta la vita. Il mio nome è stato per me fonte di molti episodi sgradevoli».

«Sono sicura che Deborah intende dire israeliano. È vero Deborah?»

«Sì», disse la Venere di Milo. Sporse il labbro inferiore e soffiò per togliersi la frangia dalla fronte. «Era questo che volevo dire. Mi dispiace. Vorrebbe andarci, in Israele? È la terra dei suoi padri?».

Ci pensò su un attimo mentre cercava a tastoni il suo inguine. Si deve essere ristretto in mare. Avrebbe comprato almeno una dozzina di mutande tornando a casa; sarebbero bastate per un mese. Qualsiasi cosa era meglio che chiedere alla signora Cassidy di avviare la lavatrice e cercare di asciugarle nel forno a microonde non aveva funzionato.

«La terra dei miei padri è la madre terra», disse al putto, « e la mia terra madre è il Padre Tempo».

«È una citazione da Kahlil Gibran?», chiese la ragazza.

«No», rispose lui. «Pensavo che andasse un po' oltre Kahlil Gibran. È qualcosa che mio padre diceva quando la gente parlava di politica a tavola».

Chi era il ragazzo in fondo alla classe, con la testa poggiata sulla mano, intento a giocherellare con una penna? E chi era la donna, una vecchia come tante, la cui fronte aggrottata esprimeva disapprovazione per lo stato delle punte delle dita del ragazzo? Aveva la luce negli occhi. Li strizzò per cercare di vedere, ma la figura della donna scompariva dentro a una veste da casa troppo grande. Non riusciva a ricordarsi con assoluta sicurezza se il suo seno fosse stato squartato e acceso come un budino natalizio con un alone blu di brandy attorno.

Ora anche la classe si stava voltando a guardare in quella direzione e il ragazzo in fondo fece una boccaccia ai suoi compagni seduti davanti; egli sedeva invece con la schiena ben dritta, roteando la penna come la bacchetta di un direttore d'orchestra e sprizzando interesse da tutti i pori. Egli era un'altra delle tante incognite di Dio.

«John Paul ha una domanda per lei, ma John Paul è troppo timido per rendercene partecipi», disse l'insegnante. «La farò io per lui. La faccio io per te, John Paul?».

Il ragazzo chinò il capo in cenno di assenso.

«Non mi faccia una domanda troppo complicata», disse Solomon Rosenblatt. «Non sono mica Einstein. Anzi, non sono neanche il suo dito mignolo. Qualche volta nella mia vita sono stato capace di dire Amen. Qualche volta sono stato capace di dire Amen alla vita. L'Alleluia è un'altra faccenda; l'Alleluia è addirittura un'impresa temeraria. Dum spiro, spero».

«Io so cosa vuol dire», disse il putto.

«Lo so che lo sai», disse lui. «È una chiamata alle armi».

«La domanda di John Paul è la seguente», disse l'insegnante. Puzzava proprio come un buttafuori. «Qual è l'ultimissima cosa...».

Ma improvvisamente si udì il suono di cessato pericolo della campanella, un suono ululante che aveva un che di orientale, e i ragazzi si stavano già alzando dai loro posti, picchiandosi il petto come scimmie, facendosi largo a spintoni, felici; e la voce dell'insegnante si levò sopra a quello schiamazzo: «Uno, due, tre, marsc! In silenzio, in silenzio, per favore». Un aspirante giocatore di pallacanestro rimase indietro per stringergli la mano; la Venere di Milo gli sorrise maliziosamente. Dovette apporre il suo autografo su un'ingessatura con un pennarello cigolante. «Shalom», gli dissero, «shalom», come se lui fosse un capo carismatico cristiano a un incontro di preghiera. «Shalom».

«Arrivederci», disse lui. «Arrivederci».

Stivali sul termosifone. Golf sugli schienali delle sedie. Contenitori di plastica sul pavimento in mezzo alla segatura. Iniziali incise sui banchi con un cavatappi. Il maestro cantore di Cracovia si era slacciato la gamba di legno e così era uscito zompettante dallo spogliatoio. Qualcuno aveva lasciato sul davanzale della finestra un paio di occhiali con la montatura di tartaruga. Pendevano come un osservatorio nel deserto.

«Un bel caffè», disse l'insegnante. «Un bel caffè e una cicca. Sempre che la polizia segreta non irrompa per portarmi via, ah-ah».

Si era tirata su le maniche della camicetta color avorio e stava lentamente cancellando i nomi scritti sulla lavagna. Mordechai non c'era più, Leib e Lorelei, Tadeusz lo snob che si faceva chiamare Taddeo e Zavel, che sposò una donna di un'altra religione, lasciò la sinagoga per darsi al sassofono tenore e indossava una stella gialla tagliata da una pezza di seta marezzata. Si coprì il naso e la bocca con un pezzo di Scottex per trattenere il catarro e per non respirare la polvere di gesso dei loro nomi.

«È soddisfatto?», chiese lei. Si pulì le mani con cura meticolosa. La lavagna era di nuovo nera come la pece, mentre un piccolo turbine di gas si formò nell'atmosfera sovrastante. Dei megafoni nel corridoio chiamarono a raccolta. Della cenere si posò sulle sue spalle, come polline dai pini che offuscasse il quadrante del suo orologio.

«Contento come una pasqua», disse lui.

«Accipicchia», disse lei, «come parla bene!».

«Non vivo forse qui da anni?», le disse. «Vivo qui da quando mandarono una scimmia nello spazio».

«Ma va là», disse lei, e lo guidò attraverso un labirinto di armadietti e di luci, a sinistra, a destra, di nuovo a sinistra, verso il regno della caffeina, il mare di moca dove i supplenti potevano inzuppare i loro biscotti e spezzare la loro pasticca di codeina come l'ostia della Comunione.

«Catapultata nel firmamento», disse Solomon. «Non sto mica scherzando. Quando tornò indietro era una bestia migliore, un mammifero molto più umano, con la colonna vertebrale dotata di spina dorsale. Solo che la sua colonna vertebrale era più leggera. Il suo scheletro era più leggero. Le ossa dei suoi piedi erano più leggere. Naturalmente ci si aspetterebbe il contrario, ma questo sarebbe un grave errore. Aspettarsi il contrario di qualcosa è l'errore più grave che si possa commettere».

«Temo che tutto questo sia successo prima del mio tempo», gli disse lei.

«Fa bene a temere», disse lui. «Tutto quello che è successo prima del suo tempo è prima di lei. Prima o poi lei sarà vecchia prima del suo tempo».

«Da questa parte», disse l'insegnante. «Da questa parte si arriva prima. Le scale durante l'intervallo sono un ammasso di corpi; non riuscirà mai ad aprirsi un varco».

Si fermò un attimo per sorridergli; così anche lui si fermò e le restituì il sorriso. Qualcuno doveva parlarle del dopobarba. Era tanto una brava persona.

«Detto tra noi», disse lei, «mi sento così sollevata. Ero terrorizzata che cominciassero a farle domande sui palestinesi. Uno degli insegnanti di religione li stava montando. Tutta la settimana scorsa non ha parlato d'altro. Io però ho puntato i piedi, mi creda. Ma sono in un'età in cui amano metterti in imbarazzo. Per di più c'è questo ragazzo di colore, molto del tipo "nero è bello", "nero è il fine unico ed esclusivo"; è l'unico ragazzo di colore in tutta la scuola, così noi siamo ovviamente felici di averlo con noi, ma... Pensavo che avrebbe cominciato con la sua mania dei dodici milioni di schiavi, eccetera eccetera. Poi sua sorella ha telefonato questa mattina per dirci che il ragazzo ha l'epatite, grazie a Dio».

«Capisco cosa vuol dire».

«Abbiamo cominciato con Anna Frank. Gli è piaciuto moltissimo. Alle ragazze, almeno. La metà delle ragazze tiene un diario. Gesù mio, le cose che si scoprono sulle loro famiglie! Comunque. Poi abbiamo visto il film. Ha capito quale. Giuro che non riesco a ricordarmene il titolo. Non so se si tratti di amnesia o cosa. Forse è il morbo di Alzheimer».

«Capisco», disse Solomon. Stava cominciando a parlare come un barba.

«Sembra che non riesca a ricordarmi più niente», disse lei. «Assolutamente niente. Non è terribile?».

Aveva visto troppi film in cui robusti e tarchiati attori non ebrei recitavano il ruolo di fetidi internati che si facevano sempre più magri davanti ai suoi occhi; troppi film in cui i titoli di coda assicuravano al pubblico che nessun pastore tedesco era stato maltrattato durante la realizzazione del film. Dei suoi vent'anni si poteva solo avere un'idea in quanto non esistevano sue fotografie di allora.

«Non so cosa dirle», le disse. «Non so cosa sia peggio: dimenticare i nostri ricordi o ricordare la nostra smemoratezza. Non so proprio cosa sia meglio. Dovrebbe parlarne con mio fratello. Una volta sembrava Gesù Cristo. Adesso è Dio Padre. Il suo obiettivo finale è quello di diventare americano».

«Idem per questi delinquenti», disse lei. «Ma io non voglio che siano americani; voglio che siano europei. Lei capisce cosa voglio dire».

«Capire cosa?», disse lui. «Cosa dovrei capire?»

«Cerco di essere positiva», disse lei. «Capisce, cerco di darmi tanto da fare. Tuttavia...».

«Da quel che vedo», disse Solomon, «l'unico scopo dell'educazione è quello di insegnare alla gente a leggere in silenzio».

«On y va», disse lei. «Apriti, Sesamo. Benvenuto nel nostro rifugio». Tenne la porta aperta per farlo passare ed entrarono nella sala professori, dove si ridacchiava e si socializzava. «O almeno era il nostro rifugio finché la polizia segreta non ha deciso di calpestare i diritti civili dei fumatori».

«Per me va bene», disse lui. «Io non fumo».

«Non va bene per niente», disse l'insegnante. «Io invece sì. Oggigiorno non puoi pronunciare una sola parola contro gli omosessuali, ma se solo ti azzardi ad accendere una sigaretta sei un criminale nazista».

«A dire il vero», disse lui, «la maggior parte di loro non fumava».

Lo fece sedere a un tavolo sommerso di compiti nei quali una scrittura frettolosa e obliqua riempiva i larghi margini. Ai suoi piedi c'erano rotoli di carta millimetrata pieni di liste. Settimane e mesi di tazze di caffè avevano lasciato zeri a profusione ovunque poggiasse i polsi, un'equazione che sfuggiva a qualsiasi controllo, cellule in agitazione. Mise le mani sulle ginocchia e cominciò a tamburellarvi sopra.

«Il caffè arriva tra un momento», disse lei. «Ora, con il suo gentile permesso, mi assento per due minuti e venti secondi. Non vado a incipriarmi il naso, eccetera; vado a fare degli elementari esercizi respiratori nel bagno dei disabili, che a dire il vero è una specie di camera di tortura, ma l'unica alternativa è quella di andare a fumare nel parcheggio».

Scomparve prima che lui avesse il tempo di chiederle zucchero e latte. A causa del suo accento gli avrebbe portato un caffè nero e amaro. A causa della sua religione avrebbe avuto paura ad offrirgli del cibo, latte o carne, in caso se ne fosse andato impettito come un Ezechiele risentito. Non c'era da meravigliarsi se aveva perso tanto peso da quando aveva cominciato questo giro di conferenze.

«È una schifezza», disse l'uomo seduto accanto a lui, attorcigliandosi delle cannucce intorno alle dita. «Quando li incontri sai immediatamente chi sono. Voglio dire, non devono necessariamente indossare l'abito. Li puoi quasi riconoscere dall'odore. Il modo in cui parlano, il modo in cui si muovono, il modo in cui ti stringono la mano. Delle volte il modo in cui ti stringono la mano ti fa venir voglia di vomitare».

«Il punto è», disse la ragazza accanto a lui, «che non lasceresti un cane con un bambino piccolo, no? Neanche se fosse il cane più buono del mondo. Avresti più buon senso. Lo stesso vale per i bambini più grandi. Non lascerei un bambino di sette anni, maschio o femmina, non importa, da solo con uno di loro neanche per cinque minuti. A momenti non ci lascerei nemmeno Justin, che di anni ne ha diciassette».

La mano di lei non aveva smesso di fare segni sui fogli pasticciati davanti a lei, frego dopo frego, con un fulgido inchiostro rosso sangue, come la tintura con la quale sua madre aveva contrassegnato i mutandoni e le federe perché non andassero persi nel luogo in cui il treno li stava portando.

«Non lo so», disse un terzo uomo. «Non sono sicuro». Staccò un'altra uvetta dalla sua focaccina e incominciò a imburrarne i pezzetti. Ma la pasta era morbida, la margarina dura, e cinque uvette fresche erano una merce di scambio. Per cinque uvette fresche c'erano donne che si facevano palpare con tutti i vestiti, e una di loro era incinta e con una voglia matta di menta.

«Ascolta», disse l'uomo accanto a lui. «Non molto lontano da dove noi siamo seduti in questo momento c'è qualcuno che conosciamo tutti benissimo».

«Chi?», disse l'uomo delle uvette.

«Sai benissimo chi», disse la donna. «Qualcuno il cui nome comincia per S. Qualcuno che si crede l'unto del Signore».

L'insegnante emerse improvvisamente da una nuvola di fumo, tenendo in mano una tazza e un piattino intonati. Mise giù con mano malferma il caffè, nero e amaro, e un grappoletto d'uva senza semi.

«Questo non è un Addio», disse lei. «È piuttosto un Auf Wiedersehen. Torno fra un attimo».

Si addolcì la bocca con l'uva per prepararsi ad affrontare l'altro.

«Che mi dici dell'unto del Signore?», chiese l'uomo con la bocca piena di focaccina.

«Si porta sempre delle ragazze nell'aula degli audiovisivi, ecco cosa ti dico», disse la donna. Aveva impilato i fogli da una parte e stava tracciando delle righe sui nomi di una lista.

«Cura pastorale», disse la focaccina.

«Cura pastorale», disse l'uomo della cannuccia.

«Beh», disse la donna, «mi auguro che usi un preservativo pastorale».

Solomon si protese verso il gruppetto. Il caffè gli aveva fatto venire le lacrime agli occhi.

«Scusatemi», disse, «ma di che cosa state parlando?».

Aveva calcato un po' il suo accento. Faceva impressione sulla gente. Spesso anzi era decisivo. I ristoranti ti predisponevano tavoli. I teatri ti riservavano posti. Degli estranei ti conferivano lauree *ad honorem*. Inoltre, essere preso per un tedesco provava, se mai ci fosse bisogno di una prova, che Dio non è mediorientale ma orientale, un maestro zen, un sorriso e non un cipiglio. Questo, ad ogni modo, era quanto suo fratello andava dicendo da quarant'anni in cinque avanzi di magazzino.

«Di che cosa stiamo parlando?», disse la cannuccia. «Stiamo parlando di pervertiti. Di preti cattolici. Di uomini che si vestono da donna e vanno a caccia di ragazzini».

«Capisco», disse Solomon Rosenblatt. «Avrei giurato che steste parlando di ebrei».

«Sei tu, Melanie?»

«In persona. E tu sei chi penso che sia?»

«E chi altri?»

«Come stai?»

«Non lo so. Sono qui».

«Parla più forte», disse lei. «Ti sento molto lontano».

Sembrava una lezione di lingua straniera. Stava imparando di nuovo l'inglese dal fumetto *Beano* e dalla Bibbia. Il suo insegnante era un inglese che era stato distaccato perché aveva il fuoco di sant'Antonio.

«Che ore sono lì?»

«Israele è due ore avanti. Se però il tuo orologio segue l'ora legale, allora siamo tre ore avanti».

«Che ore sono, insomma?»

«È tardi. È buio. Ma non importa».

Ascoltò il respiro di lei in una stanza di una casa di Tel Aviv. Le macchine suonavano il clacson nel sottofondo, sotto il balcone del suo appartamento; però non poteva essere un matrimonio. Doveva essere scattato il semaforo.

«Non sei alla funzione del Sabato?»

«Lo sono», disse lei. «Questa è una segreteria telefonica interagente con messaggio preregistrato e con servizio di cassetta postale».

«Che mi dici del tuo gruppo di preghiera femminista?»

«Al momento sto attraversando una fase eterosessuale che si chiama Benjamin».

Come poteva sopportare quei clacson? Erano peggio delle ambulanze. Era la zona in cui abitava, naturalmente, tra quella gentaglia dello Yemen.

«Mi piace il nome Benjamin. Benjamin e Melanie vanno bene insieme».

«Sì», disse lei. «Lui si addentra niente male in certe zone».

Respirava come una buddhista. I suoi polmoni erano così leggeri. Lui era solito infilare le dita nella culla per assicurarsi, per accertarsi, per sentire il suo respiro rapido e silenzioso su di esse, come un grillo vibrante nella lanterna delle sue mani.

«Melanie», disse lui.

«Sono qui».

«È all'ospedale».

«Bene. Ottimo. È lì che deve stare».

«È da sola. Non deve dividere la camera con nessuno. È una camera singola».

«Lo so. Lo so. Capisco».

«Guarda la televisione».

«Tutto come al solito».

«Le piacciono i programmi per bambini».

«Me lo ricordo».

«Stanno riproponendo programmi di trent'anni fa. Li riconosceresti».

«Certo che li riconoscerei».

«Nemmeno tirando a indovinare riuscirei a dirti i nomi dei programmi, ma le hanno somministrato così tanta morfina che è diventata morfinodipendente».

«Lo so, lo so. Sono qui, ti sto stringendo forte, qui nel mio soggiorno di Tel Aviv, ti sto abbracciando. Riesci a sentire il mio abbraccio? Ci riesci?».

Il silenzio fluì dai satelliti come i serafini. Le loro grida salivano in Cielo e ne ridiscendevano a tariffe internazionali.

«Ha camminato avanti a me lungo tutto il Ventesimo secolo», disse Solomon. «Come un pellicano nella landa, un gufo nel deserto. Adesso guarda cartoni animati e aspetta che le diano la sua dose di morfina. Il medico di turno gliela inietta mentre un ippopotamo canta l'alfabeto. Adesso dicono Zee, non Zed. X, Y, Zee».

Gli ci era voluta una vita per padroneggiare il congiuntivo. L'inglese con il fuoco di sant'Antonio glielo aveva mostrato con il movimento delle labbra mentre lui e i suoi compagni sedevano a semicerchio sul pavimento intorno alla cassa da tè dell'insegnante.

«It shouldn't be», diceva. «It shouldn't be».

«Shhh», diceva l'inglese. «Shhh». E aveva fatto una smorfia alla Caruso mentre la classe si schiacciava i pidocchi sotto le ascelle. «Shhhould».

«È la cosa migliore», gli disse lei. «I malati devono stare all'ospedale. Si sentono meglio lì».

«Ma non migliorano. In mezzo alle conifere c'è un edificio che chiamano "Amministrazione dell'Ospedale". In realtà non ha niente a che fare con nessuno dei due. È una finzione; è un'obitorio».

«Tu sei sano. Le persone sane odiano gli ospedali».

Il suo respiro non riusciva a coprire il concerto del traffico intasato. Era proprio l'inferno in terra. Benjamin doveva essere un Cary Grant per farla felice in quel frastuono formicolante.

«Melanie odia gli ospedali», disse lui, «e sta morendo».

Era la prima volta che lo diceva. Ad ogni modo, era la prima volta che lo diceva in inglese. Si sedette per un momento, pensando ai suoi stessi pensieri; e le stradine lillipuziane del centro di Tel Aviv si riversarono giù dalla cornetta sul suo piumino.

«Sei lì? Mi senti?»

«Ti sento. Sento persino il Circo Massimo. È come se stessero girando Ben Hur».

«Senti, nonnino», disse lei, «hai bevuto?»

«No. Sono i miei seni nasali».

«Devi essere forte», disse lei. «So che non è mai stata una delle tue debolezze».

«Sono forte. Sopravviverò».

«Sopravvivere non significa essere forti. Sopravvivere significa durare a lungo. Il durare a lungo non è un metro di giudizio».

«Melanie», disse lui, «ti sta per caso crescendo la barba?»

«Sto diventando impaziente, ecco cosa. Tua moglie si preoccupa più del tuo bucato che delle sue linfoghiandole, mentre tu te ne stai seduto sulle chiappe a fare dell'autobiografia».

«Questo l'hai preso da mia zia», disse lui. «Zucchero e fiele nella stessa frase».

«Devo essere dura. Se non sono dura, mi metterò a piangere. E se mi metto a piangere, rovinerò il trucco che mi sono appena messa per uscire».

«Sei troppo giovane per truccarti. Basta che ti lavi i denti e sei già una bellezza».

«Tranne la mia fronte».

«Fronte alta, alta intelligenza. E poi la frangia la nasconde».

Al di sopra e oltre di loro, mille miglia lontano, nel nero silenzio dello spazio, il satellite aspettava che parlassero. I verdi viticci del silenzio si arrampicavano come i rami di una vite, attorcigliati e intrecciati; poi si ributtavano giù sulla terra, mentre i circuiti aspettavano rispettosi.

«Cosa pensa Benjamin circa il metter su famiglia?»

«Ti prego, non cominciare a parlarmi di stirpe. Io non voglio una stirpe. Voglio dei figli».

«Per un uomo della mia età sono la stessa cosa».

«Allora oltre che stupido sei anche imbroglione».

«Prima Hitler, poi la pillola anticoncezionale. Gli Ashkenazi finiranno come gli Amish. I turisti gli daranno la caccia con le loro Polaroid».

«Cosa c'è che non va nei Sefarditi?»

«Non sono il popolo di Einstein, Kafka e Freud, il popolo che ha ricreato il mondo in settant'anni. Tutti i visionari sono morti. Solo gli ottici sono vivi».

«Ma che cavolo ne sai tu di Einstein, Kafka e Freud? Tu sai qualcosa solo di Betty Grable».

«Arse», diceva l'inglese. «Arse». E picchiettava leggermente il sedere di Betty sulla foto a grandezza naturale, e gli studenti accucciati si scompisciavano volgarmente dalle risate, persino i due che passavano sangue nelle feci.

«Arse», dicevano. «Arrsse».

«Adesso ho capito», disse lei. «Sei tornato a tenere quelle conferenze».

«Eccezionalmente», disse lui.

«Sono tutte eccezionalmente strane. Sono tutte patologiche».

«Tit», diceva l'inglese. «Tit or boob». E con la punta della sua stecca da biliardo indicava la V della scollatura dell'attricetta.

«Tit», diceva l'uomo con i piedi congelati, quattro denti e il bacino che somigliava a delle corna ramificate. «Tit. Orboob; orboob».

«Perché lo fai?», chiese Melanie. «Perché?»

«Voglio che ricordino», disse Solomon.

«Ma se neanche tu ricordi», disse lei. «Non fai altro che ripetere quello che hai letto nei libri».

«The veil of the Temple», diceva il soldato con il fuoco di sant'Antonio. «A bit of all right». E con il suo bastone tracciava un triangolo intorno alla regione vaginale.

«È meglio che metta giù. Mi costerà una fortuna».

«Quando mi richiami?»

«Non ti dispiace che lo faccia?»

«Certo che non mi dispiace. Ti voglio bene».

«Anch'io ti voglio bene. Almeno su questo andiamo d'accordo».

«Quim», diceva la classe. «Box, snatch, hole».

«Vedi», disse lui, «non c'è nessun'altra che io possa chiamare Melanie».

«Lo dici a tutte le donne».

E poi quando la lezione era finita lui era uscito nel campo, nel grigio mare dei tendoni increspati di iuta e di telo impermeabile, delle mura di protezione, delle camicie giustiziate sui tiranti dei frangivento, dei cassoni dell'acqua che fissavano le nuvole salmastre in cielo. Le mosche volavano, gli uccelli atterravano, gli uomini stavano in piedi per urinare e le donne nei loro cappottoni stavano accovacciate per leccare le scodelle della zuppa come i genitali di un amante.

«Fa' un bambino», disse lui. «I bambini hanno il doppio delle ossa degli adulti».

«Farò cento bambini», disse lei. «Buona notte».

In tutta l'Europa, dell'Europa non c'era più traccia. La gente montava le tende nel proprio paese.

«Ciao, Melanie», disse lui.

«Buonanotte, Solomon rose e blaterare. Buonanotte».

Le acque della terra tinsero di blu la faccia del satellite.

Sulla via verso casa passò davanti all'ospedale lungo la strada che conduceva al porto. Proprio al centro di quel diametro, tra il cloro delle corsie e lo iodio dell'estuario, non potè più proseguire. La strada davanti a lui era bloccata all'altezza del passaggio a livello.

«Shittim», disse lui. «Shittae, shittae, shitta».

Scalò in seconda, il motore si spense con un sobbalzo, e la piantina che l'angelo col dopobarba gli aveva dato in omaggio a scuola cadde per terra dal sedile anteriore. Zolle di concime si appiccicarono al tappetino bagnato. Ora avrebbe dovuto fermarsi ad una stazione di servizio e dare una sterlina al ragazzo per togliere quella porcheria. Il letame era sempre letame, qualunque nome gli si desse, nitrato o polvere di stelle. Avrebbe dovuto restare a letto, dietro le sue palpebre, quando Tess Cassidy lo aveva chiamato.

«Saranno presenti anche dei dignitari cristiani», disse l'onda media alle nocche sul pomello del cambio, «tra cui il primate polacco e il nunzio apostolico».

Le macchine erano posizionate sulle traversine delle rotaie. Ecco cosa era successo, insomma. Riuscì a vedere tirando la pelle agli angoli degli occhi. La gente riunita in gruppetti alle barriere batteva le mani e gridava degli slogan. Non riusciva a sentire il suono prodotto dalle loro mani e dalle loro bocche, ma gli automobilisti intorno a lui stavano spegnendo i fari, e così fece anche lui. C'era stato un incidente? Non voleva essere testimone di un'altra fatalità. Ma non poteva fare marcia indietro. Il traffico era intasato, le macchine incollate una all'altra. Nello specchietto retrovisore davanti a lui vedeva lo specchietto retrovisore dietro di lui e una donna che si specchiava di sbieco nel passarsi velocemente il filo interdentale; e in men che non si dica dietro di lei si era formato un incongruo corteo e al di là di tutto questo, in fondo a ogni cosa, le torri dell'ospedale illuminate a giorno.

«Di nuovo qui, signore?», disse il portiere. «Come posso imbrogliarla questa volta?».

Perché la notte in cui era morta se ne era andato senza prendere l'ascensore, era sceso per le scale, giù per le fredde rampe, una Madonna, due Madonne, tre Madonne, ancora Madonne, e fuori nell'atrio, cercando di evitare il cappellano con il pappagallino rimanendo in piedi vicino ai telefoni finché non era passato, osservando l'operaio che ricopriva di finto ghiaccio le vetrine del negozio per Natale, e poi l'ultimo sforzo di spingere la porta girevole sul duro e resistente tessuto di crine per ritrovarsi circondato dai fumatori sulle scale, da montgomery e vestaglie, dalle loro fragili incensazioni, il respiro di un corpo che si alza sotto forma di fumo verso un cielo senza stelle.

«Anche lei», gli dissero. «Non siamo creature terribili?»

«Comunisti», disse l'annunciatore, «handicappati, zingari, omosessuali, ebrei, molti musulmani, pacifisti, prigionieri di guerra, quaccheri, e una larga parte della comunità dei travestiti delle cui sofferenze la nostra sclerotizzata eurocultura non ha mai preso atto». L'uomo sulle onde medie aveva una bella voce da controtenore, benché il sibilo della radio la facesse somigliare piuttosto al rumore del piatto sobbalzante di un vecchio grammofono, a un graffito sull'acetato, a grida lanciate da un passato lontano; e quando i vicini avevano portato le loro sedie pieghevoli nella stanza migliore, la stanza in cui suo padre gli aveva parlato dell'amore e dell'utero, sua sorella aveva servito dell'acqua brillante, mentre sedevano ad ascoltare un concerto per clarinetto alla radio, applaudendo come spettatori di costose e comode poltronissime nell'intervallo tra un movimento e l'altro, mentre lo stomaco di sua madre brontolava ad ogni pausa dell'orchestra.

«Non è disposta a fare la fila per farsi vedere da un medico», disse suo padre in tedesco. Allora doveva essere presente suo nonno, un vecchietto lungo e permaloso, un monumento pubblico con un tallèd di cacche di piccione e una passione per Lillian Gish; il tisico suonatore di shofar che aveva espettorato un muco violaceo per la prima volta in occasione del Rosh Hashanah; quel topo di biblioteca con il suo bollettino da arruffapopoli e la sua variopinta retorica di una nuova vita in una nuova terra, yarmulkas in Kenia, e autentici tedeschi nelle yeshiva africane.

«Shittas, shittarum», disse Solomon. «Shittis, shittis».

Se un suicida fosse stato decapitato da un treno di pendolari, gli automobilisti sarebbero usciti dai loro abitacoli per esaminare il morto. I passanti avrebbero chiacchierato tra di loro come se si fossero sempre dati del tu. Avrebbe visto dei lampi, dei bagliori di luce, e un fotografo affabile dare il suo cappello di feltro a un investigatore mentre sistemava delicatamente e con cura il drappo nero sul suo parrucchino. Poi gli astanti si sarebbero sparpagliati per correre a casa, a mettere i bambini a letto prima del solito, la favola per addormentarli, la preghiera della sera, la luce sul pianerottolo, per fare infine l'amore con un nuovo entusiasmo e una tenerezza diversa, una grazia senza volto, il paesaggio della loro carne senza nome, per stringersi e toccarsi e tramandarsi, il luogo di tutti i pascoli.

«Mi si stanno rompendo le acque», disse lei, ma era l'effetto della morfina. Lui aveva fatto un cenno del capo verso la tenda a ossigeno mentre l'infermiera gli preparava una tazza di tè con una bustina.

Nessuno aveva battuto ciglio; nessuno si era mosso. Nessuno sollevò un sopracciglio, né una mano, né un argomento; nessuno resuscitò i morti. Nelle corsie alla sua sinistra e alla sua destra, il traffico in entrata e quello in uscita, adulti cresciuti troppo in fretta diventavano vecchi in quel blocco, con le loro cinture di sicurezza a tracolla. Persino il bimbetto nella macchina davanti si era stancato di cercare di esasperare Mister Magoo con le sue smorfie di plastilina, e la ragazza nello specchietto retrovisore aveva smesso di sistemarsi.

Le aveva accarezzato i capelli dietro le orecchie come piaceva a lei e aveva lasciato la tenda a ossigeno, la tenda dell'incontro, l'arioso e pio tabernacolo; ma era tornato indietro, camminando senza scarpe perché i suoi genitori non alzassero lo sguardo dalla lampada a olio nella dispensa, per tirare la plissettatura del cono di mussola sulla culla dove suo fratello puzzava. Era stata sua l'idea dell'enorme copertura da torta nuziale, per allontanare le afidi nei mesi caldi.

«Ciao, faccia tosta», disse lui. «Ciao, amico».

«E il Parlamento europeo ha osservato un minuto di silenzio a mezzogiorno», disse la radio al freno a mano, ai peli di lei tra i due sedili, alle sue quattro dita rilassate, gli anni della tigna, gli anni degli anelli consumati, un bianco cuneo sotto la fascetta nuziale, e il cerchio a diciotto carati spezzato come il sigillo di una bottiglia di medicinale da un meccanico che aveva intriso le sue pinze nel disinfettante chirurgico.

«Le faccio male?», gli chiese. «Non sono Florence Nightingale, sa. Dovrebbe vedere un dottore».

E sua madre era stata così imbarazzata che si era scusata, si era alzata ed era uscita mentre le prime note dell'adagio innalzavano la sala come una barca a remi; e lui, lui era sgattaiolato via dietro di lei, dietro le sedie pieghevoli e le teste abbassate in ascolto, tenendo i pugni in tasca per tacitare il tintinnio dei nichelini, le figurine di Marlene Dietrich, le caramelle di glicerina a forma di cometa, e una puntina rovinata con la quale aveva giocato in un giardino passandosela nei solchi dell'impronta del pollice come per farla suonare.

La musica si elevò e cadde, Rosenblatt, si elevò e cadde.

Quando erano venuti a prenderlo, li aveva seguiti senza opporre resistenza. Un pappagallino volava davanti a lui lungo il corridoio. La tenda in fondo alla stanza era stata rimossa. Lei giaceva con un'espressione di stupore sul viso. Lui respirava con la bocca per non disturbarla.

«Desidera dire una preghiera?», gli chiese l'infermiera.

I piedi di lei erano staccati e in fuori come quelli di una ballerina. Tra l'alluce e il secondo dito del piede vedeva il segno lasciato dalle sue infradito a testimonianza dell'odissea di un quartiere.

«Mi scusi?», disse lui.

«Solo se lo desidera», disse l'infermiera.

Ma l'unica preghiera alla quale riusciva a pensare era la preghiera degli orfani. La sua testa doveva essere partita. Stava cominciando a vagare, come suo padre prima di lui, sua madre prima di lui, e ora Melanie, anche Melanie, prima di lui in carne e ossa.

«Ho detto una preghiera», disse all'infermiera. «La mia preghiera è stata accolta. Almeno, ho avuto una risposta».

Dov'erano le sue lenti a contatto? Non riusciva a immaginare dove potessero essere le sue lenti a contatto. Se le teneva troppo a lungo, avrebbe distrutto le sue cornee. Sarebbe diventata cieca, e dove sarebbe lui se fosse cieco, in cerca del filo dell'interruttore della luce nel bagno, urinandosi sulle caviglie al buio? Infatti lei non avrebbe mai potuto avere un cane da guida. Lei aveva paura dei pastori tedeschi.

«La lascio solo», disse l'infermiera, e lui la fissava, fissava i buchi nelle sue orecchie da cui un tempo pendevano degli orecchini a goccia per il suo primo appuntamento, per il suo ragazzo, per il suo amante, per suo marito, per il suo compagno. Ma se li toglieva, gli orecchini e le scarpe, quando saliva in camera per sdraiarsi, per liberare il suo seno rigonfio e allattare un neonato. Perché il bambino si sarebbe eccitato alla vista di quella meravigliosa lucentezza sul collo della mamma, di quei barlumi intermittenti, e avrebbe allungato la manina per toccarla, sì, per tirarla, anzi, per strapparla dalla morbida piega del suo lobo.

Stavano rimontando la tenda due letti più in là.

«Cieli limpidi e stelle a profusione per gli astronomi in pantofole», disse l'onda media tremolante nell'abitacolo fermo, «ma gelo e ghiaccio sulle strade secondarie, quindi il mio consiglio è: rinchiudetevi, statevene nascosti ed evitate di mettervi in viaggio se non è assolutamente necessario».

Eppure lui aveva seguìto sua madre fuori dall'ospedale fino nel parcheggio, lui, il suo Davide, dentro la macchina, lui, il suo dolce Re Davide, e si era seduto lì (che predellino!), togliendo il nero sudiciume dal volante (che automobile!), sporcizia che poteva essere sudore o pelle morta o fuliggine dai rifiuti della città.

«Isaia, 43», disse il cappellano, e il pappagallino zampettava su e giù per la sua spalla. «Ti ho chiamato per nome; tu sei mio. Ho inciso i tuoi nomi sulle palme delle mie mani».

«Noi, ci chiamavano per numero», disse Solomon, «e tatuavano i nostri polsi. Auschwitz, '43».

Alla fine si addormentò.

Lei non era morta nella sua propria lingua, l'yiddish dell'aureola, la lingua franca di latte e bavaglini. Eppure il tascabile che lui aveva letto diceva che era possibile. Avrebbe scritto all'autore per chiedere una spiegazione. Gli avrebbe detto in faccia che lei aveva portato il libriccino a casa e lo aveva lasciato lì per lui avvolto in una carta marroncina sul lato ovest del letto accanto alle lancette fosforescenti della sua sveglia.

Perché lo aveva fatto? Perché gli aveva fatto questo?

Non c'erano risposte in fondo al libro. C'era solo la pubblicità per un altro lavoro sulla depressione postnatale dello stesso mediconzolo. Ciononostante, Solomon lo aveva letto dalla fine all'inizio, dall'appendice ai ringraziamenti, come se fosse tornato al termosifone nuovo di zecca nell'aula, scopiazzando esercizi mnemonici in un manuale ebraico; e i bambini di otto anni vogavano come ranocchi, a faccia in giù sulle zattere dei banchi, esercitandosi nel nuoto a rana in vista della loro visita in piscina.

«Tutti a bordo per Berlino», disse l'insegnante. «È dal quinto secolo che non vinciamo una medaglia».

«Ma tu sei colui che mi ha estratto dal ventre materno», scrisse il ragazzo nelle lente, rigide lettere, stecchi all'apparenza, che non era mai riuscito a padroneggiare; «tu mi hai dato la speranza quando prendevo il latte dal seno di mia madre». L'insegnante sarebbe ritornato alla copia sequestrata di *Hollywood Heights, Hollywood Lows*? E lui guardava le lettere asciugarsi, la pagina sbiadire, il legno disintegrarsi, finché non si era trovato molto lontano da un'aula in cui i radicali avevano introdotto la dattilografia e il Talmud Torah nello stesso curriculum perché morivano dalla voglia di far parte del nuovo ordinamento.

Lui sapeva di cosa stava morendo. Stava morendo di un dolore nel petto, di un posto chiamato Melanie, di una cosa che aveva visto crescere splendente dentro di lui e che aveva continuato a risplendere finché lui non aveva più potuto guardarla con i suoi occhiali di tartaruga. La si sarebbe potuta vedere in una radiografia del suo torace come la nascita di una nebulosa, gas e gravità, un meraviglioso prodigio. Ma non avrebbe mostrato la stella sulla destra. Non avrebbe mostrato un sedile su un autobus nel nord di Londra dove una donna non si alza per raccogliere i suoi sacchi della spesa e camminare verso l'uscita, benché la fermata sia vicina, sia prossima, sia qui; ed è ancora seduta, e la fermata si riduce dietro di lei, sempre più piccola come le lettere su una tabella nell'ambulatorio di un medico, ma lei ci vede a malapena. Per la prima volta in dieci anni, riesce a sentire anche la minima infiltrazione, la trasudazione di un'inondazione, il sangue che tampina le sue labbra.

«Va tutto bene?», chiese l'uomo.

Ma Solomon non riusciva ad abbassare il finestrino. Era bloccato da settimane. Aperse quindi un po' la portiera. La radio aveva ragione circa il gelo. Il freddo cercava di penetrargli nelle ossa come una massaia che si insinua nelle viscere di un pollo.

«Non è colpa mia», disse lui. «Non posso tornare indietro».

«I diritti degli animali», disse l'uomo. «Stanno bloccando il passaggio di un treno».

«I diritti degli animali?», disse Solomon. «Anch'io sono un animale. Anch'io ho dei diritti. Ho il diritto di andare a casa».

«Non guardi me», disse l'uomo. Non si vedeva la sua faccia quando parlava. Le sue parole si trasformavano istantaneamente in condensa nebbia. «Pensavo che stesse morendo. Pensavo che fosse morto».

«Non potevo essere entrambi», disse Solomon. «Stare per morire è l'opposto della morte».

Doveva aver sonnecchiato; forse si era assopito. Metà di una gamba gli si era addormentata nella scarpa, nel formicolio dell'amputazione, e i bottoni del suo gilè si contraevano ancora seguendo il ritmo del suo respiro. Forse il suo cuore avrebbe ottenuto un vantaggio sulla sua prostata. Sarebbe stato perfetto. Lo avrebbero rimorchiato con una lettiga, fine della storia.

«Stavo sognando a occhi aperti», disse.

«Gesù sia ringraziato», disse l'uomo. «Il bocca a bocca mi piace un po' più tardi il venerdì. Prima la birra, poi lo spumante».

L'aria usciva dalle sue narici sotto forma di fumo e vapore in quell'umidità animalesca, in quel respiro di bestiame. Come poteva un eschimese sopportare la vista di quella foschia ad ogni palpito della sua cassa toracica, di quel fantasma del suo circolo sanguigno che avanza davanti a lui attraverso le settanta parole per dire terra desolata? Era un'altra cosa che avrebbe dovuto chiedere a Melanie, perché lui non conosceva nessun Inuit o Aleut, benché una volta ne avesse visto uno in uno zoo fotografare la statua di cera di un cacciatore con un arpione; doveva segnarsi la domanda tra le altre voci sul foglio con i numeri romani, come la lista che buttava giù quando telefonava a suo fratello il barba nella terra promessa di Palo Alto, California. Altrimenti sarebbe rimasto senza parole, al risveglio il mattino, nel trovarla alzata prima di lui, nel trovare che era perduto e poi nel perdere quello che aveva trovato, un peletto a cavatappo nel vuoto avvallamento nel lato del letto che era di lei.

«Chi sono quelli?», chiese Solomon. «Laggiù, sulle rotaie».

«Veri e propri animali», disse l'uomo. « Ecco chi sono».

«Lo sa che lei sembra una voce che esce da una nuvola?», disse Solomon.

Ma l'uomo si stava allontanando da quel pazzoide nella macchina, scuotendo la testa all'imbrunire, a quel groviglio di gente, alle arterie indurite della città intorno a lui. Alzò le mani in segno di resa, ma nessuno sollevava lo sguardo e nessuno ci badava. Le loro labbra cantavano con soddisfazione il ritornello della stessa canzone rock trasmessa su ogni stazione radio, slogan amplificati ad un raduno in uno stadio. Alcuni di loro scorrevano i giornali della sera, leggendo velocemente i resoconti dei massacri del giorno prima inviati dalle agenzie stampa, mentre le dita dei loro figli marciavano sui poggiatesta. Fuori, nel vento, bimbetti tenuti diritti facevano la pipì contro il tronco di un albero.

«Era solo un sogno», disse Solomon al volante. «Dagli incubi non ci si risveglia».

Si tastò la faccia, la nuova crescita, la barba corta come i punti di sutura che ti mettono in ospedale. Di notte, ogni notte dal millenovecentotrenta o giù di lì, la sua pelle diventava ispida.

«Per favore», disse lei. «Non riesco a dormire con la luce accesa».

Non accarezzava il suo seno da dieci anni; ma l'avrebbe sentito, il nocciolo d'albicocca?

«Finirai per dormire su una tavola di legno», disse lei.

Colonne di sale svettavano intorno a lui. La luce sovrastante delle lampade alogene imbiancava il parcheggio, la palizzata, l'igloo in cui un ragazzo inceneriva dei polmoni. Tutte le tinte del colera ricoprivano i casotti e gli edifici, la rampa delle radiografie, la ciminiera, il tetto di assicelle della clinica istologica; e al di là del quadrato di sodio senz'ombra, il suo terribile bagliore detergente, gli faceva venire in mente il margine della foresta, i luccichii della carta stagnola avanzo di un picnic, i pini in attesa del solstizio in cui i cristiani sarebbero venuti con i loro seghetti e le loro automobili, le mani odorose di resina come un deodorante per il bagno.

"Sopravviverò a questo", pensò. "Continuerò da questo punto a essere sposato da più o meno quarantadue anni; per quarantadue anni continuerò da questo punto ad essere sempre più sposato. Ma cambierò i nomi su tutti i moduli a tutte le frontiere. La chiamerò Sarah, benché lei in reltà non fosse una Sara, e nemmeno Sarah stessa lo fosse; ma almeno non fa rima con nessuno di quei nomi orribili che si trovano nella *Nuova guida domestica a una buona salute*. E chiamerò me stesso con un nome diverso da Solomon, dato che non sono maestosamente saggio né maestosamente benestante, anche se occasionalmente mi concedo di credere che mi siano dovute almeno le briciole di entrambi, la delusione del cervello e l'illusione del denaro. Per quanto riguarda la maestosità, ci rinuncio".

Alcuni uccelli che avevano perso l'orientamento cinguettarono per alcuni secondi in quel rettangolo accecante, poi smisero. L'elettricità statica dei tralicci pigolava come un branco di pulcini.

«Amen», disse. «Alleluia».

Quando scese dalla macchina, il suo corpo proiettava tante ombre quante un calciatore. Esse lo accompagnarono come guardie del corpo attraverso l'asfalto a presa rapida del recinto supplementare fino alla rossa porta girevole dell'ospedale. Gli zerbini di crine erano ornati da cenere e mozziconi, ma i fumatori erano scomparsi.

«Mi scusi», disse lui.

«Scusi?», disse il portiere abbassando il volume del suo walkman.

«Ho bisogno di spicci per uscire dal parcheggio».

«La barriera è alzata», disse il portiere. «È gratis dopo mezzanotte. Non ha visto i cartelli?».

Il suo pollice cercava già la manopola per alzare il volume.

«Dacci una N; dacci una O».

Il vento dall'Europa centrale si spostò di un pelo, di un punto nella bussola, trasportando le loro grida a portata del suo orecchio. Sotto la cabina di manovra del cancelletto girevole, uomini e donne in stivali saltellavano sulla ghiaia per tenersi caldi. Dei bambini facevano capolino da una folta selva di pantaloni da sci, i silenziosi bambini in fila nelle loro divise dell'asilo, le loro manopole ricavate da corti calzini, i passamontagna sfavillanti tra i rimasugli e gli avanzi; e sua madre gli aveva detto: questo, questo è il color ambra di un cappellino, quello è l'indaco di un taldèc e questo, in mezzo a questi scampoli, è il bordò del guanto da cucina di tua nonna. Ora conosci altre tre cose.

«Dacci una È».

Per un momento immaginò che stessero alzando le braccia al cielo, che i bambini sguazzassero negli stivali di gomma dei loro genitori, il bimbetto paffuto con i sette maglioni e le orecchie a cavolfiore dei ragazzi tirate indietro per il ritratto del bar mitzvah; ma stavano semplicemente tirando giù dei palloncini gonfiati con elio per allontanarli dal pericolo dei fili aerei, dal simbolo con il teschio e il fulmine, per fissarli ai manifesti di cartone che lui non riusciva proprio a decifrare.

«N. O. È. Che cosa si ottiene? Noè».

Il tedesco irrompeva nell'inglese alla radio come la stalagmite di un dente sfonda una capsula di smalto da pochi soldi. Si era seduto ad ascoltare il dialetto locale, i calmi toni da contralto di una donna con una cuffia in un edificio a molti piani di Amburgo. I suoi moniti scaturivano per poi indebolirsi, affioravano per poi affondare, con lo sfondo musicale del coro degli scout sulla stazione radio nazionale. Ma era giusto che fosse giusta: le top model si erano comportate in modo davvero splendido quando avevano gettato le loro stole di coniglio, le loro pellicce di volpe, i loro gambali di ghepardo nel falò acceso in nome di una falsa carità. Avevano preso una posizione; erano state responsabili.

Dall'airone alla zebra,
l'Arca di Noè tutti accoglieva,

E la lunga serie dalla A alla Z
nemmeno lo squalo escludeva.

Avevano stampato le parole dell'inno sugli striscioni e sui cartelli degli uomini-sandwich. Dei bimbi battevano lievemente contro i finestrini del passeggero, indicando eccitati il messaggio sul loro petto, mentre la folla intorno a lui suonava il clacson e strombazzava, agitando i pugni e lampeggiando in segno di solidarietà nei confronti di quei buffi ragazzini. Eppure il soldato che se ne era stato in piedi sulla soglia della baracca, il sovietico che aveva detto ciao, ciao, ciao al silenzio, all'immobilità, al suono di legni della loro pleurite, si era coperto la bocca con uno straccio tirato fuori dalla tasca, puro lino dal regno perduto dei tovagliolini, dall'impero in rovina dei fazzoletti. Non era un santone indiano che stava attento a non respirare gli acari della polvere per paura di ingoiare le molecole di Elohim. Era un russo. Però aveva paura di respirare.

Stava sulla soglia di un posto il cui nome cominciava per A e finiva per Z, e le sue lacrime scorrevano giù per il suo naso sulle ventisei lettere dell'alfabeto.

«Qual è l'animale più stupido?», gridava una donna che gironzolava tra le macchine con opuscoli e petizioni. Aveva enormi orecchini che sembravano punti interrogativi spagnoli e delle straripanti chiappe color vaniglia. Lui azionò il tergicristallo per rendersi invisibile, spruzzando le ultime gocce del detersivo di Melanie sul parabrezza. Ora nessuno lo avrebbe notato. Ora avrebbe potuto dare uno strattone al costume che gli mordeva la piega della carne.

Ora poteva aspettare.

Prima i fotografi, poi i poliziotti. Ci si aspetterebbe il contrario, ma sarebbe un errore. Chiunque fossero, quei dimostranti, liberali o testimoni di Geova, burattini dell'utopia o gigolo dell'Eden, sapevano quale passaggio a livello fosse più vicino al centro trasmissioni. Contestatrici invasate avrebbero tenuto sermoni davanti a una telecamera per poi telefonare con il cellulare alle loro ragazze alla pari perché registrassero il telegiornale. Nessuno di loro aveva capito che le sole virtù reali sono quelle che ci rovinano. Il resto è storia.

Perché la radio stava trasmettendo il Coro degli schiavi ebrei? Era un tributo? Avrebbero dovuto trasmettere Sirota. Avrebbero dovuto mandare i cilindri di Edison con le canzoni di Sirota nel firmamento invece del migliore amico dell'uomo o di un suo cugino di primo grado. Poi il Signore sarebbe uscito dal suo nascondiglio, come un ebreo che emerge dalle travi di una soffitta, e lo si sarebbe visto in faccia per la prima volta dalla morte di Mosè. Un satellite nello spazio interplanetario gli avrebbe fatto da sgabello, le chiamate internazionali si sarebbero presentate come grida d'amore, e l'universo avrebbe dichiarato alla terra che era giunta l'ora promessa, il riposo del sabato, la festa del quattordicesimo giorno.

«Tornate nelle vostre macchine; state nelle vostre macchine».

Ma gli schiavi ebrei erano stati assoldati come esche nella pubblicità di un'assicurazione sulla vita. I taglialegna e gli acquaioli stavano canticchiando la ninnananna del Faraone. La sua mano li zittì meccanicamente, i subappaltatori e la sirena d'Egitto.

«Rimanete dove siete. Indietro, indietro».

Come erano alti e maestosi i poliziotti, maestosi e alti. Dal modo in cui camminavano si capiva che quando erano dei ragazzini a malapena svezzati portavano le mucche al mungitoio sbattendo delle racchette da tennis sui loro fianchi inzaccherati mentre gli stranieri li riprendevano dalle cappotte delle loro auto. E dai loro stivali e manganelli si capiva che non erano abituati ad abbassare la voce al finestrino di una macchina, né ad alzare il capo allo sportello dei visitatori nella centrale. Nulla però aveva preparato Solomon al fragrante odore di pompelmo sui guantoni della scorta in motocicletta, al gusto citrico sulle sue labbra, allo choc alla vista di se stesso nella visiera convessa di un elmetto, un pingue e bulboso medaglione, né immagine né somiglianza, ma una caricatura da cartellone pubblicitario; e si era fatto il segno della croce di fronte a loro, di fronte a quelle tre pistole della milizia nazionale, se lo era fatto deliberatamente, meticolosamente quasi, come il patriarca di San Pietroburgo che benedice le baionette dei suoi zii coscritti, mentre l'intera ronda ridacchiava alla maniera dei film muti.

«Ecco un giudeo che crede di essere Euclide».

Ora al passaggio a livello tiravano su i dimostranti in tenuta da jogging e spostavano le auto abbandonate, finché lui poté nuovamente vedere il monotono spazio di asfalto e di frecce nel punto in cui le rotaie del treno si assottigliavano in rotaie del tram.

«Forse crede di essere Archimede. Secondo voi, crede di essere Archimede?».

Eppure i veterani dell'ashram avevano continuato a cantare i mantra nei loro parka color zafferano con la fascia luminosa intorno al braccio, e sua madre lo aveva superato sull'altro lato della strada, senza guardare, senza voler guardare, esaminando la longitudine del marciapiede, camminando con attenzione, con prudenza, come se si fosse trovata di nuovo tra migliaia di lumache copulanti, antenne addolorate su un selciato irregolare nei loro accoppiamenti schiumosi e solitari.

«Qual è la somma dei quadrati nella Stella di Davide? Sai dirmelo?»

«Avanti, avanti, sempre avanti».

«La somma dei quadrati nella Stella di Davide è soltanto merda. Ecco che cos'è».

Cosa avrebbe fatto adesso la ragazzina con il belletto luccicante in faccia? Il suo palloncino stava scomparendo nelle profondità del cielo. Avrebbe dovuto cercare un bambino più piccolo con un palloncino più grande; ed era proprio quello che stava per fare.

«Muoversi, ho detto. È sordo?».

Questa volta la memoria di Solomon si risvegliò. Spalancò la portiera.

«Non sia aggressivo con me», disse il poliziotto. «Lei è uno di quei provocatori?»

«Mi dispiace», disse Solomon. «È il finestrino. Il finestrino è kaputt».

Perché l'aveva detto? Perché aveva usato quella parola? Era venuta fuori da chissà dove.

«Il suo nome?», disse il poliziotto.

Capo, sì. Una volta aveva detto capo, ma era diverso. Quella volta si trattava dell'Italia, di corruzione e di ricatti. L'altra non l'aveva mai usata.

«Le ho chiesto il suo nome. Conosce il suo proprio nome?».

L'attesa era finita. Aveva quasi raggiunto la pace.

«Rosenblatt», disse lui. «Solomon».

Il poliziotto piegò la sua torcia sul parabrezza, illuminando il disco di carta con il bollo, le clausole e la stella. Solomon alzò lo sguardo verso di lui, verso quel pubblico ufficiale laconico e spilungone i cui piedi avrebbero oltrepassato le sbarre delle cuccette metalliche della caserma. Con la scarpa di piombo di un sommozzatore sul piede buono, ti poteva dare un calcio che ti avrebbe ucciso in quindici secondi. Quindici secondi erano il record. Oggi, naturalmente, i sommozzatori portavano le pinne. Le guardie avrebbero dovuto cercare un pattino da ghiaccio.

«Bene, signor Solomon», disse il poliziotto, «si rende conto che non si è comportato bene?»

«Sì, me ne rendo conto», disse Solomon. «Ho vissuto abbastanza a lungo da imparare che io sono il più grande problema della mia stessa vita».

«Voglio dire», disse il poliziotto, «che non ha pagato le tasse dovute».

«È mia moglie che si occupa di tutte le scartoffie», disse lui. «È meravigliosa con le scartoffie. Dovrebbe vederla. È un piacere guardarla».

«Allora le dica di svegliarsi e di darsi una mossa», disse il poliziotto, «oppure uno di questi giorni busseremo alla sua porta».

«Le parlerò stasera quando la vedo», disse Solomon. «Quando le parlerò la vedrò».

«Si sente bene?», disse il poliziotto, ma non puntò la torcia sulla faccia di Solomon come avrebbe invece dovuto fare.

«A dir la verità», disse Solomon, «non sono in me».

I suoi seni nasali si erano liberati. Poteva respirare il monossido di carbonio, le esalazioni degli autobus e la corteccia satura delle betulle vicino alla barriera.

«Credo che dovrò accompagnarla a casa», disse il poliziotto.

«Chiedo scusa?».

Nel crepuscolo, in mezzo alle luci della strada, ora riusciva a percepirla, a configurarsela, quella cosa immensa e quieta, ultima tappa in un disegno definito.

«Ascolti», disse lui.

«No, lei ascolti me», disse il poliziotto.

Aspettare di sentire il suono bronchitico della locomotiva, il lento destarsi del suo respiro, i suoi ansimi più brevi e più rapidi, e gli appassionati di treni con i loro temperamatite.

«Sono stato al mercato dove un grasso maiale ho comperato», disse il poliziotto.

E le ansimanti carrozze sigillate avanzano pesantemente, sferragliano i dondolanti carri bestiame. Persino il pedone con il walkman si è coperto le tempie al suono del suo lamento; e sulla sua scia l'urina ha reso pericolose le traversine.

«Andiam, andiam, saltellando a casa andiam».

ITALIA

Giorgio van Straten

Nel centro dell'Europa

Giorgio van Straten

Nel centro dell'Europa

La guardò, dopo molti anni, e vide la sua vita incolore. Era sbiadita, a poco a poco, fino a essere incomprensibile. Se ne accorse in bagno, mentre si faceva la barba con gesti automatici. Non era una sensazione facile da spiegare: tutto gli apparve in una luce diversa e irrimediabile. Ciò nonostante, come fosse una mattina qualunque, si vestì, uscì di casa e andò a lavorare.

Aveva appena compiuto quarant'anni. Tutto sembrava stabilizzato, quasi immobile. I bambini crescevano, Katrin aveva le prime rughe, le possibilità si assottigliavano: quelle lasciate da parte, anche per un momento, si erano perdute. Era un'immobilità senza radici, senza riferimenti; l'infanzia, che fino ad allora era rimasta sempre dentro di lui sicura e precisa, si allontanava dalla realtà, diventava una memoria vaga, estranea. L'Italia era ormai solo un nome, ma un altro luogo che fosse interamente suo non l'aveva trovato. Era rimasto in attesa, ora si chiedeva di cosa, e il tempo l'aveva fregato.

Credeva di essersi abituato. Con Katrin, sua moglie, parlava in tedesco, la lingua del paese dove lei era nata e dove vivevano insieme da anni. Con i figli cercava di usare ancora l'italiano, perché anche loro ne ricordassero qualcosa. Sul lavoro seguiva con facilità l'inglese asettico della comunicazione fra ricercatori. E poi c'era la lingua del computer.

Sembrava tutto tranquillo, naturale. Il modo migliore di essere moderni ed europei. Fino a quella mattina, la mattina della vita scolorita, quando cominciarono a scolorire anche le parole e il loro significato. Andando al lavoro si fermò davanti a un negozio di giornali, entrò e chiese un quotidiano. Ma già qualcosa non tornava più: lo chiese in inglese, ottenendo in risposta solo lo sguardo interrogativo del negoziante; così dovette ripetere in tedesco. L'uomo, allora, gli sorrise e gli porse il giornale. Strano questo dottore, strano come tutti gli italiani, doveva aver pensato dietro quel suo sorriso.

Durante il lavoro le diverse lingue si mescolarono con i pensieri in una confusione inestricabile; le parole calavano nel computer impastando il programma che stava elaborando da tempo. Ora ne vedeva tutta l'incompletezza, la parzialità. Era disordinato e incoerente. Come quelle lingue diverse, quelle parole gommose. Doveva ripensare l'intero lavoro, costruire uno schema nuovo che superasse i limiti che fino ad allora aveva ignorato, ma che adesso avevano la luminosità di una rivelazione.

Poi capì. Gli sembrò del tutto evidente che quel disordine, o meglio quell'ordine casuale che da molti anni cercava di inserire in modo sempre più preciso dentro i programmi di un computer, postulava l'esistenza di Dio. Solo Dio poteva fermare quella moderna babele di lingue inconciliabili.

Lo capì all'improvviso e senza incertezze, pensò a Dio e lo vide pieno di colori. Decise di parlarne subito al collega che aveva l'ufficio accanto al suo. Si affacciò sulla porta e, in un inglese confuso quanto chiaro e preciso era il suo pensiero, gli spiegò la questione.

Giovanni Alpighi era allora uno dei più stimati elaboratori di programmi dell'intera organizzazione, così il suo collega, che provava evidentemente una qualche soggezione, non rispose nulla, si limitò, anche lui come il venditore di giornali, a sorridere.

Per qualche giorno tutti pensarono a uno scherzo, al sottile gioco intellettuale del più bravo fra loro, poi Giovanni fu chiamato dal direttore.

«Dunque» gli chiese, «cosa sta succedendo?»

«Niente di particolare» rispose Alpighi in italiano.

Il direttore lo guardò stupito. Alpighi ripeté in inglese. Quello sorrise.

«E allora perché questo rallentamento nel lavoro?»

«È solo apparente. Non posso più inserire i dati come ho fatto finora, alla rinfusa. Devo farli partire in centri concentrici da Dio. Ma quando avrò impostato meglio la questione tutto sarà molto più semplice e rapido di prima».

Questa volta il discorso fu coerente, ben organizzato e nella lingua giusta. Ma costò ad Alpighi un tale sforzo che la fronte gli si bagnò di sudore. Aveva le mani fredde, la bocca secca.

«Vede? Qualcosa c'era. Dio...» commentò il direttore.

«Lui esiste da molto tempo. Non credevo avesse interesse a parlarne».

Il direttore lo invitò a prendersi un periodo di riposo.

Il medico scrisse il certificato. Lui lo lesse ma non riuscì a capire cosa vi fosse scritto. Nonostante questo lo mise in una busta e lo spedì al centro di ricerca come gli era stato richiesto.

Sua moglie lo guardava perplessa, cercava di parlargli e non otteneva risposte. Giovanni aveva tutto chiaro, ma ormai era convinto che le parole gli fossero nemiche, che non avrebbero mai permesso ai suoi pensieri di trasmettersi agli altri in un disegno coerente e comprensibile.

Le ore che prima erano dedicate al lavoro adesso le passava in salotto, seduto sul divano. Rimuginava. Nella mente costruiva programmi perfetti come sogni, ma finiva per scordarli tutti prima di avere il tempo di prendere appunti. Teneva il computer di casa acceso, senza riuscire a usarlo.

Dormiva, mangiava, si vestiva, si lavava: come aveva sempre fatto.

Solo la barba aveva smesso di radersi, perché non voleva vedersi allo specchio come quella mattina in cui tutto era cominciato a scolorire.

Spesso, mentre stava sul divano, i bambini gli passavano davanti e facevano gesti a cui Giovanni rispondeva nello stesso modo. Anche con loro taceva, ma né Marco né Lisa sembravano farci caso.

Katrin invece diventava ogni giorno più nervosa. Gli lanciava frasi legnose, irte di gutturali che rimbalzavano nella sua testa senza lasciare traccia.

Continuò così per due settimane.

Poi decise di partire. Avevano una casa in campagna, non lontano da un grande fiume, circondata dal silenzio e dagli alberi. Nessuna necessità di parlare: un buon posto, dal suo punto di vista. Riempì una valigia, salì in macchina e partì. Si fermò in un supermarket, comprò una scorta di cibo in scatola, latte a lunga conservazione, surgelati, tubetti, barattoli, caricò tutto sull'auto e iniziò il viaggio.

Prima di sera era già arrivato. Scese dall'auto e ascoltò i rumori lievi che circondavano la casa: i richiami degli animali, lo stormire delle foglie, e, in sottofondo, lo scorrere lontano del fiume. Entrò. Dentro c'era odore di umido. Prese della legna e accese il camino. Portò la spesa in cucina, vuotò i sacchetti e riempì il frigorifero e il congelatore. Poi sedette sul pavimento e, attraverso la porta che era rimasta aperta, guardò la campagna. Non c'era nessuno, intorno, non c'erano parole e lingue sconosciute. Era nel centro dell'Europa, solo. Come in una tana, in una grotta dimenticata. Gli sembrò che le cose procedessero per il meglio. Chiuse la porta.

Per i primi giorni tutto parve tornare a posto. Faceva lunghe passeggiate senza incontrare nessuno a cui dover parlare, pensava ai suoi programmi di computer, aspettava un'illuminazione e non rispondeva al telefono. Scese anche al fiume due volte: guardò l'acqua che scorreva verso nord, verso i mari freddi e lontani. L'acqua appariva ordinata e decisa. Ma anche torbida delle piogge primaverili.

Poi cominciò a restare di più in casa, a osservare, senza intervenire, la meravigliosa casualità con la quale le cose si andavano accumulando nelle stanze. Anche lì, nei mucchi dei vestiti, nei sacchetti dei rifiuti, vide cerchi concentrici, figure geometriche: una possibile organizzazione del mondo. Le sue giornate si confusero. Non alzava mai gli avvolgibili, si lavava poco. Alla fine accese anche la televisione. L'accese e la lasciò così; ogni tanto, quando se lo ricordava, cambiava canale.

Dapprima non colse che una cantilena monotona e incomprensibile, una catena di parole, un flusso ininterrotto di frasi. Solo che nella televisione c'erano anche le immagini: quelle colpivano, ferivano, tormentavano. Non riusciva a scordarle. Soprattutto i telegiornali. Lì vide anche notizie dell'Italia, e cominciò a cogliere delle parole che gli penetravano nella testa come vermi: strisciando, insinuandosi, fino a occupargli la mente, fino a farsi sentire e comprendere.

Non c'era Dio nella televisione. Ecco il punto, ecco l'idea che cominciò a farsi strada dentro di lui. C'erano solo tanti messia che la gente ogni giorno sceglieva e che poi finiva per odiare o dimenticare. E se non c'era Dio nella televisione, come poteva metterlo lui nel computer? Trovò un inganno, dentro di sé, scoprì quello che gli parve un trucco: immaginare qualcosa che sistemasse il mondo e la propria coscienza. Scoppiò a ridere.

Dopo due settimane, dopo cento squilli di telefono, arrivò Katrin. Suonò alla porta più volte, poi urlò il suo nome. Lui zitto, immobile. Tanto Katrin non poteva vedere niente: la porta era chiusa, gli avvolgibili abbassati. Le frasi gutturali si persero negli angoli delle stanze. Non le sentì più.

Quando si decise a uscire, Katrin era ripartita. Ma poteva tornare. Così Giovanni prese la macchina e decise di portarla nel bosco, per far sparire l'unica prova della sua presenza. La lasciò lontana, dentro una macchia, in fondo a un viottolo quasi invisibile. La coprì anche di foglie. Poi tornò a piedi verso casa.

Smise di immaginare programmi perfetti. Non c'era una sistemazione possibile delle cose che fosse anche definitiva, assoluta, simile a Dio. Conveniva comportarsi come il fiume, come la natura intorno alla casa: limitarsi a esistere, con la necessaria lentezza. Guardò ancora la televisione, dopo aver tolto il sonoro, passando rapidamente da un canale all'altro. Le immagini si assommarono in un caos senza ordine che adesso somigliava ai suoi pensieri. Rimase lì, a guardare: con una mano agiva sul telecomando, con l'altra si infilava in bocca popcorn.

Passarono altri giorni prima che Katrin si ripresentasse. Questa volta lui era fuori: la vide mentre scendeva attraverso il bosco per tornare a casa, dopo una delle poche passeggiate degli ultimi giorni. Si fermò dietro un albero per osservarla. Accanto a lei c'era il medico, quello del certificato incomprensibile. Katrin continuava a suonare il campanello e gridare il suo nome. Il medico girò intorno alla casa, come se cercasse un punto dal quale entrare. Era tutto sbarrato, invece. Poi cessò ogni rumore. Katrin si appoggiò allo stipite della porta e cominciò a piangere. L'uomo, sostenendola la portò verso la macchina. Ripartirono.

Fu dopo questa scena che Giovanni si decise a rispondere al telefono la prima volta che squillò. Alzò il ricevitore e disse:
«Sono vivo. Sto bene», poi riagganciò. Gli sembrò di averlo detto in tutte le lingue del mondo, e anche in quella che esisteva solo per lui, in quella specie di grotta, nel centro dell'Europa, dove viveva solo da tutta

la vita. Gli venne da vomitare, ma si trattenne. Alzò tutti gli avvolgibili e aprì le finestre. Di nuovo sentì le voci silenziose della campagna. La sua difesa, la sua salvezza. Respirò profondamente.

Poi andò in bagno e si fece una doccia. Non poté vedersi il viso, perché lo specchio l'aveva gettato via il primo giorno, ma si guardò il corpo e lo vide magro e bianco come non era mai stato. Allora uscì fuori, nello spazio davanti alla casa, nudo. Rimase lì, a prendere il sole leggero di una primavera tedesca.

Poi un sabato, quando vide che Katrin era arrivata con i bambini, aprì la porta.

Era in pigiama. Aprì solo uno spiraglio per non far vedere dentro tutta la confusione che si era accumulata e che neppure lui ormai poteva capire. Fece un gesto come a dire di aspettare e andò a vestirsi.

Quando tornò propose di portare i bambini al fiume, perché voleva vedere se lo ricordavano ancora. La moglie gli chiese di accompagnarli, certo per la paura di quello che avrebbe potuto fare. Lui sapeva che avrebbe dovuto spiegarle, tranquillizzarla, ma non riusciva a parlarle. Era ancora scosso per la fatica di quell'unica frase: potrei portarli fino al fiume. Per questo si limitò a scuotere il capo. I bambini del resto lo seguirono senza problemi.

Giovanni Alpighi conosceva ancora le parole. Tutte quelle che aveva imparato nella sua vita. Ma più le parole gli riempivano la testa, si mescolavano, formavano nuovi concetti e pensieri, tanto più gli sembrava impossibile pronunciarle. Lo sforzo diventava insostenibile. Non aveva mai capito prima quanto fosse grande la differenza fra pensare le parole e dirle. Ora lo sapeva, dentro il silenzio profondo della casa e del bosco.

Si sedettero sulla sponda. Il fiume scorreva largo e pacifico. Veniva da altri confini, andava verso altri paesi: però era sempre lo stesso fiume. Cambiava il nome, magari, ma l'acqua era uguale. Marco e Lisa giocavano con dei rametti che avevano trovato nella macchia: li gettavano nella corrente e li guardavano allontanarsi verso l'ansa che il fiume compiva nella discesa verso il mare.

«Quando torni?» chiese Marco in italiano.

«Dove?»

«A casa» disse Lisa.

Avrebbe voluto spiegarle che lui non aveva una casa, una patria, un luogo che fosse suo. Che era stufo di parole, monete e convenzioni. Che solo lì, senza gente intorno, riusciva a sentirsi a casa, nel centro di un'Europa che non era un pensiero, ma una semplice emozione. Non ne ebbe la forza. E poi non sarebbe stato neppure giusto.

«Presto» le rispose, in tedesco.

Poi raggiunsero di nuovo la casa.

«Papà torna presto» dissero i bambini alla mamma. Lui annuì. Katrin lo abbracciò.

Fece dieci viaggi, avanti e indietro dal fiume. Portò i rifiuti, i vestiti sporchi, le poche provviste che erano rimaste, i lenzuoli usati. La casa tornò come l'aveva trovata: senza segni di vita. Spense la televisione. Scese al fiume. La roba era ammucchiata in un'unica, enorme pila. La coprì di foglie secche, poi la cosparse con l'alcool e dette fuoco.

Ora c'era il rumore dell'acqua e delle fiamme che crepitavano, la voce di qualche uccello: insomma un assoluto silenzio. Un mondo unico, una sola Europa. Giovanni pensò che la vita avrebbe posto domande semplici, se non ci fossero state le parole a complicare tutto.

Durò tre ore quel fuoco, e lasciò un residuo informe di materiali incombustibili. Non c'era mai modo di eliminare qualcosa fino alla radice, senza lasciarne tracce. Non c'era modo di fuggire.

Si vergognò di quella macchia nera vicina alla sponda del fiume, del puzzo di plastica che continuava a rimanere avvinghiato alle cose. Per questo gli voltò le spalle e risalì verso la casa. Camminando continuò ad ascoltare lo scorrere dell'acqua fino a dimenticarsene.

Ormai aveva finito. Non c'era altro da fare, se non rispettare la promessa fatta ai bambini. Non aveva nemmeno bagagli, non gli serviva niente. Raggiunse l'auto: le foglie con cui l'aveva ricoperta erano state portate via dal vento. Entrò in macchina, sedette al posto di guida, chiuse lo sportello. Come avrebbe reagito alle parole degli altri, cosa avrebbe capito delle frasi che gli avrebbero rivolto ora che aveva concluso il viaggio? Non lo sapeva. Non dipendeva più dalla sua ragione, ma dalla capacità di somigliare al fiume, di entrare nella corrente: sarebbe rimasto nel centro dell'Europa anche dopo essere tornato in città?

Mosse lo specchietto retrovisore finché non riuscì a specchiarcisi dentro, si coprì il volto con le mani e pensò di partire.

LUSSEMBURGO

Marco Goetz

Europa

Titolo originale:
Europa
Traduzione a cura di Eurotraduc Luxembourg

Marco Goetz

Europa

Che cosa rimarrà tra 1000 anni?

Storie, nomi, sentimenti, risa e lacrime.

Che cosa rimarrà di tutto questo?

Che cosa verrà scritto sui libri? Quante pagine riempiranno la guerra in ex-Jugoslavia, la guerra civile in Irlanda del Nord, gli attentati dei fondamentalisti islamici a Parigi, la crisi del o dei governi in Italia oppure cinquant'anni di Nazione Unite?

Che cosa è accaduto anni fa e che cosa ne sappiamo oggi, e quanto dettagliato è questo sapere?

Che cosa rimane di una vita umana?

Una data... e un'altra..., intagliate in una pietra fredda o memorizzate banalmente in linguaggio binario su un dischetto di computer, e che altro?

Anche le cose più grandi diventano poco a poco più piccole, compresse, concentrate, sempre più sfumate, da scartare senza problemi.

100 anni di storia. Una tappa nel videogioco, una camera nel ciberspazio.

1000 anni di storia: Game Over oppure hai vinto un'altra partita?

Europa. L'Unione Europea, ci sarà tra 1000 anni?

E se sì, a chi interesserà tra 1000 anni sapere come tutto era cominciato?

A chi interesserà sapere dopo un periodo così lungo quali erano i sogni e le delusioni dei padri dell'Europa?

Se l'Europa dovesse arrivare a esistere, se i sogni si realizzassero, chi potrà dire tra 1000 anni a che punto il francese ha smesso di essere un francese, il tedesco un tedesco, l'italiano un italiano?

L'uno passerà a poco a poco nell'altro oppure arriverà un giorno, l'ora X dell'europeo?

Quello di carne e di sangue, e non quello avvolto nelle direttive e nel mantello blu con le stelle.

Quando? È difficile dare una risposta!

Rimarremo magari legati per sempre alla patria, per abitudine, per comodità, e saremo europei solo quando ci farà comodo.

Europa, un'utopia? Una rappresentazione ideale di un posto che in realtà non esiste? Una specie di Camelot di una cavalleria moderna?

Di visioni pessimistiche sull'idea dell'Europa ce ne sono tante, basta cercare per trovarle.

Se sono giuste però lo deve dire il futuro.

È certo però che chi vuole l'Europa deve preparare il mondo. Dice il detto: chi vuole ottenere il 100% deve puntare al 150%.

Non bisogna portare con noi sulla bandiera solo l'idea europea, ma anche quella cosmopolita.

Questo approccio non è sicuramente il più falso, anche se sembra esagerato a prima vista, e magari non sarà più difficile da raggiungere di quanto lo sarà l'Unione Europea.

Ma non importa quello che accade. L'Europa non deve essere tutto, tanto meno l'ultima verità. Dovrebbe essere come ai tempi del Benelux o del Trattato di Roma, una tappa per qualcosa di più grande, con il globo terrestre come unica frontiera. E dipenderà sempre solo dalla nostra limitata fantasia il fatto che non ci poniamo come obiettivo un'Unione dei Pianeti. Desideriamo il mondo, il nostro pianeta, come una sola e grande unione, quando avremo raggiunto questo traguardo, allora ce l'avremo fatta.

Nessuna fantascienza, ma sicuramente una lunga strada.

Una strada lungo la quale le tradizioni europee e cosmopolite devono essere erette e trasmesse nelle menti, come direzione da seguire, una protezione, o meglio ancora, una specie di barriera di una terrazza che porta lo sguardo lontano verso il mondo.

Una terrazza che dà voglia di correre verso il mondo con il desiderio di scoprire novità.

Che cosa sarebbe oggi il mondo senza i grandi scopritori e ricercatori che hanno riunito i pezzi del grande puzzle e sviluppato i rapporti tra di essi? Sicuramente, il nostro mondo sarebbe molto più piccolo e non al livello di oggi.

Forse in alcuni luoghi gli uomini avrebbero più paura, e forse l'Inquisizione continuerebbe a far stragi dietro le mura dei castelli.

Ma solo con difficoltà è possibile cercare e scoprire un punto di partenza fisso e preciso.

Anche se oggi probabilmente non c'è più nessuno che crede che la terra è un disco piatto, dall'orlo del quale si può cadere giù all'infinito, tuttavia la paura dei paesi stranieri o generalmente dello straniero non è scomparsa dalla terra.

Chi vuole l'Europa deve passare oltre la paura e come un boy-scout o un pioniere tentare percorsi nuovi.

Perciò è importante stabilire il punto di partenza e la strada in immagine, parola e suono, anche nella speranza che rimanga o, più ancora, che serva a qualcosa per quelli che verranno. Non solo per quelli di domani o dopodomani, ma soprattutto per quelli dei prossimi decenni e secoli. Devono sapere cos'era in gioco, quali erano i sogni e le delusioni, e cosa, al tempo loro, rimane ancora in gioco.

L'Europa ha di fronte a sé una dura lotta.

La lotta contro la pancia vuota.

La lotta contro il sentimento di non essere più buono a nulla, perché non c'è più lavoro.

L'Europa è tutto, tranne che un'impresa, ed è questo che dà filo da torcere all'Unione.

Anche se alla fine dell'anno il bilancio è quasi soffocato dalle cifre in rosso, nessuno può essere "razionalizzato", licenziato e mandato via.

L'Europa è per tutti o, alla lunga, per nessuno.

Un'Unione europea, come ogni altra unione o comunità, non può andare contro l'uomo o contro l'umanità.

Come si fa a evitare la gelosia, l'invidia di quelli che hanno meno, oppure a evitare il protezionismo di quelli che pensano di avere di più o che hanno paura di affondare in strutture economiche veramente liberali? magari perché sono coscienti della debolezza che colpisce oggi il mondo civilizzato.

Dividere non è nella natura dell'uomo. Quanto è difficile, per esempio per i tedeschi accettare l'imposta di solidarietà?.

Ma dividere è una condizione *sine qua non* per un mondo migliore, per un'Europa migliore.

L'Europa, come vera Unione, può realizzarsi solo quando il progresso, che esiste già nella teoria, diventa una realtà per tutti nella pratica.

Come già detto, chi vuole trova i lati negativi dell'Europa. Non è difficile trovare prospettive pessimistiche.

Ma a che punto siamo oggi?

L'Europa già esiste di sicuro. Nei dettagli come nell'insieme.

Le relazioni tra coppie di diversi paesi europei stanno diventando sempre più frequenti. E i bambini che nascono da queste relazioni già portano in sé l'idea europea, anche perché crescono conoscendo almeno due lingue e possono curiosare in due culture.

In ogni caso, i bambini che crescono adesso in una certa "euro-euforia" sono predestinati a portare lo spirito europeo nel prossimo millennio. Gli adulti, i genitori dei bambini, ma anche gli uomini politici, gli scrittori e i giornalisti, hanno qui una responsabilità che non è da sottovalutare.

Le frontiere cadono non solo per il fatto che i posti doganali vengono smantellati oppure funzionano da stazioni di servizio, come a Wasserbillig, frontiera tra il Lussemburgo e la Germania, dove parecchi tedeschi vengono a celebrare l'Europa per la benzina a basso prezzo e per l'alcool e le sigarette meno cari.
Ma le frontiere cadono anche nelle menti umane.
In questo non c'è nulla di rivoluzionario. Altri grandi intellettuali in secoli più liberi ci avevano già pensato; solo che non avevano avuto la possibilità di realizzare la loro idea.

Oggi la gente d'Europa si sta avvicinando sempre di più. I viaggi nell'Unione sono confortevoli e poco complicati.
Il Trattato di Schengen dà a tutto questo una forma precisa: libera circolazione per gli abitanti, l'europeo dell'Unione o l'europeo di Schengen.
Questa sensazione di libertà si può sentire ed è apprezzata dalla gente.
Chi nel Lussemburgo non ricorda quanto tempo doveva aspettare alla frontiera con la Germania quando, in un normale giorno della settimana, voleva fare una gita a Treviri?
La pazienza veniva messa a dura prova e il doganiere era un tormento fatto persona.
Oggi la città di Treviri si trova a due passi per il lussemburghese che desidera *Kaffee und Kuchen* (caffè e torta) oppure vuol recarsi al mercato di Natale *made in Germany*.
La dogana rimane solo un ricordo nella mente dei lussemburghesi anche se i loro occhi cercano ancora il doganiere. Ma che gioia non trovarlo!

Trovarsi in un altro paese dopo breve distanza e poco tempo è un segno di mobilità e di libertà. Ed essere libero è proprio quello che desidera il cittadino.

Per non parlare del sentimento che si prova al ritorno a casa. La macchina così piena di vestiti e giocattoli che quasi non si può vedere dal vetro posteriore. E di nuovo non c'è doganiere alla frontiera o al posto dove si trovava sempre.

Nessuno che ci chieda se abbiamo qualcosa da dichiarare.

Forse c'è già qulacuno che non si accorge più di quanto questo sia bello. Semplicemente è così. Il ricordo di quello che è stato si scolorisce come una vecchia foto nell'album delle vacanze.

Per un gruppo di studenti russi che si trovavano in visita nel Lussemburgo mesi fa, questo salto attraverso le frontiere comportava in ogni caso qualcosa di misterioso, quasi di preoccupante.

Ancora poco tempo fa, perfino le persone in visita dall'Italia erano sorprese da quanto poco complicato fosse già allora il traffico di frontiera tra i paesi del Benelux. Era un qualcosa di esotico, proprio come noi lussemburghesi eravamo considerati esotici e magari lo siamo ancora.

L'Europa esiste, senza dubbio. Non integralmente, non dappertutto e neanche forse come dovrebbe essere, ma esiste.

Si può vederlo sui banchi delle botteghe. Ogni negozio un po' più grande è oggi quasi una specie di "Kadewe" berlinese, i grandi Magazzini dell'Ovest, dove i prodotti provenienti dai paesi europei sfilano come nel paese della Cuccagna.

La domanda c'è: lo si nota quando i supermercati organizzano delle settimane portoghesi, spagnole o italiane.

L'Europa si può comprare e gustare. Sta quasi diventando chic poter fare una scelta fra tante cose diverse e con le diverse combinazioni dimostrare uno spirito europeo.

Qualche anno fa questo non era così evidente.

Un tempo si potevano comprare nel proprio Paese pochi prodotti provenienti da altri paesi europei.

E quando si aveva la fortuna di portare a casa da un viaggio una specialità qualunque, questa era davvero una cosa eccezionale, un arricchimento del quotidiano.

Forse questo o quello sentiranno la mancanza di questa opportunità.

Ma siccome il progresso dovrebbe valere per tutti, questo sviluppo attuale è assolutamente soddisfacente.

Inoltre, se uno vuole, c'è sempre la possibilità di trovare all'estero, estero europeo, qualcosa di particolare venduto in un piccolo mercato locale e non destinato all'esportazione.

È bene che questo rimanga.

Ogni Paese dovrebbe mantenere le sue particolarità, sotto il comune tetto di un'armoniosa Unione.

L'unificazione di tutto non ha senso e non sarebbe neppure accettata dalla gente.

L'Europa non sono gli Stati Uniti d'America. Lì in un luogo si fabbrica il vino, da un altro Stato viene la frutta, o arrivano le auto.

Questa età sussidiaria è naturalmente un pregio e un vantaggio economico, ma in Europa non dev'essere troppo spinta.

Differentemente dagli Stati Uniti d'America, sul continente europeo si deve combattere la permanenza di tradizioni, di strutture d'origine storica e, non dimentichiamolo, contro rivalità e rancori che avevano potuto svilupparsi nell'Europa così diversificata.

Se si vuol sapere dove sono al giorno d'oggi queste rivalità, basta osservare più da vicino le relazioni tra Francia e Germania.

Molto di quello che si capisce difficilmente in modo razionale ha le sue radici nel terreno dei sentimenti, un terreno che è stato ben fertilizzato per secoli e che è fiorito nel modo probabilmente più spaventoso nel nazismo tedesco con il suo folle concetto del *Herrenmensch*.

Soltanto per questo, anche solo per evitare per sempre una tale viltà della razza umana, vale la pena di colmare di vita l'idea dell'Unione europea.

Ma la sfida non è lanciata all'Unione; essa può soltanto stimolare l'individuo o ancora mettere a disposizione la struttura base.

L'individuo deve prendere coscienza del fatto che la realtà dell'Europa inizia con lui.

Spetta a lui la responsabilità di costruire la realtà in modo da farla funzionare.

Si può sempre sbagliare, ma gli errori non devono impedirci di andare sempre avanti, di provare sempre di nuovo, di sperimentare. Ci vuole coraggio.

Come consolazione, si può dire che tra 1000 anni, ammesso che l'Europa sia stata un successo, quegli errori saranno così piccoli da non avere alcuna importanza.

Occorre partecipare.

Oggi il fatto di essere una piccola parte di tutto questo processo ci compensa di tanta fatica ed è senza dubbio eccitante.

Ma è necessario che ognuno abbia avuto l'opportunità di partecipare effettivamente.

Ogni genere di esclusione fa girare all'indietro la ruota del progresso e scaccia quel che di buono si era creato.

Da questo punto di vista, l'Unione europea deve riflettere anche su come intende trattare i profughi l'immigrazione in generale.

Il Parlamento europeo a Strasburgo continua a rilevare che sulla questione dei profughi dev'essere stabilito uno statuto comune europeo. Finora, però, i singoli Stati membri dell'Unione sono relativamente poco in sintonia.

La perversità dell'evoluzione dell'Europa può diventare che

l'Unione affondi a causa del proprio successo, o che almeno conosca gravi problemi.

Dall'est dell'Europa, dai Paesi più liberi del Patto di Varsavia o dall'Africa si annunciano flussi d'immigrazione simili alle grandi migrazioni.

Come devono essere accolti?

Come i profughi albanesi che, a Brindisi, l'ingresso in Italia sul litorale adriatico, sono semplicemente rinviati indietro?

La carità umana è una bella cosa, ma una pagnotta non si lascia dividere in quanti parti si vuole; nessuno deve più sperare in un miracolo come la moltiplicazione dei pani.

Si tratta di una ripartizione giusta che deve però osservare una certa restrizione, anche se forse questo non è umano o sembra perfino crudele e senza cuore e provocherà più d'una discussione emotivamente esplosiva.

In questo senso dovrà anche essere discusso il concetto di valore, di quei valori che vanno al di là del senso materiale.

È pure necessario riconoscere in questo contesto che, come ha già detto il Club di Roma tempo fa, la crescita non può aumentare sempre in eterno, almeno non in modo lineare.

Neanche questa non è un'esperienza piacevole.

Quanto essa può essere penosa e quanto può ripugnare all'egoismo del singolo individuo, si mostra oggi in tutte le situazioni nelle quali si parla di acquisizioni sociali. Come per esempio ultimamente in Germania o in Francia, dove eserciti interi di funzionari pubblici non riuscivano a credere che in futuro avrebbero ricevuto aumenti salariali minori o nulli.

Gli uomini politici e i sindacalisti hanno tuttora difficoltà a spiegare agli elettori o agli iscritti che non è possibile ricevere sempre aumenti in busta paga e nello stesso tempo fare meno ore di lavoro.

Anche se più d'uno se ne rende conto, per paura di perdere voti o la base per ora non se ne parla.

È sicuro che verrà il momento in cui ciò non si potrà più evitare.

Le librerie sono piene di libri che ci dicono come si può organizzare più o meno saggiamente il tempo libero, rispettivamente come si riesce ad oziare in modo corretto e riposante.

Il valore di questo tempo libero non è però riconosciuto per suscitare grande entusiasmo in larghi strati della popolazione.

Europa e Lussemburgo

Dire che il cittadino lussemburghese è il tipo europeo esemplare è magari esagerato, tuttavia, un po' per la sua storia, un po' per la situazione geografica del suo Paese, egli ha una serie di possibilità che nessun altro ha o solo pochi hanno.

È difficile dire se se ne renda davvero conto, però vive una realtà che ha seguito l'idea europea. È cresciuto in questa realtà, parzialmente, anche perché lo doveva.

La grande quantità di stranieri nella popolazione lussemburghese ha certamente contribuito molto, per prima naturalmente l'immigrazione italiana, che iniziò più di 100 anni fa e che ha dato un grande impulso al Paese.

Un grande impulso che si manifesta nei numerosi ristoranti italiani e nei cognomi italiani sull'elenco telefonico. Ma non è davvero tutto.

Anche nella mentalità si fa notare questa influenza, nel modo di vivere e di valutare i valori della vita.

Grazie al contatto quotidiano con gli stranieri, la barriera che trattiene il lussemburghese dall'assaggiare le novità è molto più ridotta rispetto ad altri.

A questo si aggiunge il plurilinguismo del Paese. Accanto alla lingua lussemburghese ufficiale, quasi ogni lussemburghese sa esprimersi normalmente in tedesco e in francese.

L'inglese non è un grande problema, anche se il numero di quelli che lo parlano è ridotto.

E più di uno parla pure lo spagnolo, il portoghese o l'italiano.

Quando un lussemburghese viaggia, non non si confronta spesso con la difficile situazione di dover farsi capire con i gesti dal suo interlocutore.

Così il lussemburghese è accolto in modo diverso da come è accolto il turista che non vuole capire che la sua lingua madre suscita solo stupore nel luogo delle sue vacanze.

Perciò il lussemburghese può più facilmente entrare in contatto col Paese più o meno straniero e con i suoi abitanti.

Lo stesso vale naturalmente anche per il contatto che il lussemburghese prende con lo straniero nel proprio Paese.

Egli può vivere un'altra cultura in modo del tutto differente. Possiede una sensibilità del tutto diversa, nata magari dalla consapevolezza penosa, ma importante e positiva, che il Lussemburgo non è né il centro dell'Europa, né quello del mondo.

In questo senso non c'è da meravigliarsi che il Lussemburgo si trovi al primo posto in rapporto alle statistiche europee e che fosse più di tutti gli altri Paesi ha un'approccio più pragmatico ai problemi che si pongono nel quadro dell'identità europea.

Nel Lussemburgo il razzismo è quasi inesistente.

Si dice che ciò deriva dal fatto che il lussemburghese, o chi abita in Lussemburgo, viva negli agi.

Ci sono certamente fondati elementi di verità, ma non è tutto.

Il razzismo nasce dalla paura dello sconosciuto e questa paura è meno presente nel Lussemburgo che in molti altri Paesi.

Ne consegue che in Lussemburgo, diversamente che a Sarrebruck in Germania, non occorre che si dia vita a un'iniziativa di avvicinamento dei bambini della scuola materna alla musica, al teatro od altri gruppi per imparare a capire altre culture.

Che questo non occorra nel Lussemburgo non è necessariamente un merito dei lussemburghesi. Loro non hanno fatto molto per arrivare a questa situazione. Ma non hanno neppure fatto niente contro questa situazione.

È semplicemente così. È un approccio ormai entrato sia nel corpo che nell'anima.

Dimostra soprattutto che si sta arrivando ad accettare l'Europa.

Dovremmo approfittarne.

Non solo in Lussemburgo.

PAESI BASSI

Anton Haakman

Dal centro eccentrico

Titolo originale:
Dal centro eccentrico
Traduzione di Silvia van der Velden-Terribili

Anton Haakman

Dal centro eccentrico

Accadde nel marzo 1994, in un'altra parte del mondo che si trova nel cuore e in cima al nostro continente, a metà strada tra Roma e Rotterdam. Per essere precisi nel montuoso Uri, il cantone tra il Gottardo e Lucerna, quello in cui gli antichi svizzeri nel Tredicesimo secolo si allearono con i cantoni di Schwytz e Unterwalden per difendersi dal mondo nemico – e tuttora si difendono con le unghie e con i denti dagli stranieri, dagli intrusi che si arrischiano sul loro territorio.

Per essere ancora più precisi, accadde l'11 marzo, sull'autostrada N2, all'altezza del paesino di Amsteg, non lontano dal chilometro 159,3. È tutto documentato, forse anche da una foto che dovrebbe dar l'apparenza di un sodalizio di breve durata.

Era una giornata primaverile piena di sole. Dopo un tratto di strada coperto e una curva alcuni poliziotti che galleggiavano nelle uniformi deviarono tutte le auto che non avevano la targa svizzera a turno verso la corsia di emergenza e verso la corsia più a sinistra, dietro due auto della polizia, che ogni volta avanzavano un po' per far posto alla successiva vettura che era stata fermata. In breve tempo si erano formate, su entrambi i lati, due enormi file di auto, le cui targhe indicavano la provenienza da paesi stranieri come la Francia, la Germania, l'Italia, il Regno unito, la Danimarca, il Belgio, i Paesi Bassi e il Lussemburgo.

Al volante di un'auto di provenienza olandese c'era un uomo che effettivamente stava andando da Roma a Rotterdam e che per questo si era avventurato su un territorio che non faceva parte della Comunità europea. Quell'uomo – non starò a girarci intorno – ero io alla guida di un'automobile targata PV 74 YJ (NL). Qualche giorno fa, nel mettere in ordine i conti del 1994, ho trovato delle prove che possono confermare l'attendibilità del mio resoconto.

Ero fuggito a Roma per sottrarmi per breve tempo alle burrasche casalinghe. Non avevo alcuna fretta di tornare a casa e un breve ritardo non avrebbe fatto alcuna differenza per me. A dire il vero non sapevo bene se a Rotterdam volessi arrivarci o no.

Mi avevano fermato sulla corsia di sinistra e capii subito che non aveva senso lasciare il motore acceso. Ancora prima che potessi chiedermi quale fosse lo scopo dell'azione intrapresa dalla polizia, un tedesco scese dalla sua Citroën costretta a fermarsi davanti alla mia e il cui lato posteriore sfoggiava la vignetta ovale con le lettere EU su fondo blu, contornate da dodici stelle d'oro.

Quest'uomo di mezza età, impettito, mi si avvicinò per chiedermi che ne pensavo del perché di questa imboscata. Scesi anch'io, c'era il sole e tirava una piacevole arietta fresca. Dietro di me due giovani italiani scesero dalla loro BMW. Uno di loro fece una battuta sul denaro sporco che io tradussi per il tedesco, il quale la prese sul serio.

«No, non è che qui ti trattengano perché potresti avere molti soldi con te. Questo l'apprezzano, i clienti se li tengono buoni».

Io continuavo a svolgere il mio compito di interprete.

«Forse stanno cercando merci di contrabbando».

«Cercano armi», suggerì uno dei giovani italiani della BMW. E per farsi capire meglio dal tedesco, con la mano destra fece il gesto di sparare.

«Cercano letture proibite, come qualche anno fa succedeva ancora al confine con la nostra "Zona est"», disse il tedesco.

Gli italiani, di Milano, avevano in programma di passare il pomeriggio a Lucerna.

Il gruppo si infoltì. La moglie del tedesco si unì a noi, con la telecamera in mano e poco dopo anche in posizione d'attacco, per riprendere la conversazione tra suo marito e me e, tramite me, con i giovani italiani. Infine si girò verso il paesaggio alpino, ben più degno di nota. Da un pulmino familiare Renault uscì una famiglia francese. Anch'essi furono ripresi nel video. Dall'altro lato della strada, sulla corsia d'emergenza, c'era una Porsche con targa belga. Il conducente, un uomo basso e tarchiato, dal volto olivastro, a prima vista non belga di nascita, rimase al volante con un ghigno. Da una *station wagon* Mercedes, beige e di targa tedesca, che si trovava anch'essa all'altro lato della strada, uscì un signore alto, rapato a zero: un americano, si sarebbe detto. Nell'attraversare, per poco non fu investito da un camion svizzero. Tranquillizzò nella loro lingua i bambini francesi, che a quanto pare si erano spaventati di questo arresto in massa, e disse loro che avrebbero potuto farsi una bella corsa dopo esser stati seduti per tanto tempo in macchina. Cosa che fecero subito dopo aver chiesto il permesso ai genitori. («Non allontanatevi troppo!»). Anche a me si rivolse in francese. Quando poco dopo andò a prendersi in auto la giacca, lo sentii scambiare due parole in italiano con i milanesi della BMW.

No, l'auto di targa tedesca non era sua, ma l'aveva presa in prestito da un collega americano. Che parlasse francese gli era utile perché grazie al suo lavoro aveva avuto molto a che fare con i francesi. In quel momento stava andando a Parigi per dimostrare e vendere apparecchiature radar di fattura italiana. Era un expilota di caccia e fino a qualche tempo prima aveva volato su un Tornado, ma ora che aveva compiuto 40 anni gli era rimasto solo il compito di istruire altri piloti a fare affari a nome dell'Aeronautica. Adesso faceva il pilota "a tavolino" e stava pensando di lasciare il servizio per aprire un ristorante.

Lui non sembrava preoccuparsi del fatto che ci trattenessero lì e pareva addirittura che non se ne chiedesse neppure il perché, mentre i tedeschi e i francesi intorno a me avevano cominciato a guardare sempre più spesso l'orologio e ad indispettirsi, e anche a me era venuta voglia di mettermi a protestare per la maleducazione di quegli agenti svizzeri che ci trattenevano già da un po' di tempo senza dire perché.

Il pilota mi propose di partire in avanscoperta. Ci movemmo lungo le enormi file di auto, roulotte e camper nella direzione in cui presupponevamo ci fosse la polizia. Davanti alla Porsche del belga tarchiato c'era un carrello-tenda trainato da una Volvo con targa olandese, in cui si trovavano un uomo, una donna e due ragazzini biondi con i capelli corti. L'uomo era rimasto calmo al volante con l'espressione inconfondibile di chi è timorato di Dio, mentre la donna fissava con sguardo spento la Renault blu con targa inglese che si trovava davanti a loro. I ragazzini, in ginocchio sul sedile posteriore, stavano attaccando figurine di plastica sui vetri.

Dopo una passeggiata lungo interminabili file di auto, durante la quale ero riuscito a malapena a star dietro all'italiano con le sue gambe lunghe, vedemmo un agente con l'uniforme di due taglie più grandi e la testa come una patata. Volevamo chiedergli quale fosse il motivo del ritardo, ma lui puntando il braccio nella nostra direzione gridò: «Indietro! Restate dentro l'auto!».

In gabbia!

Alla Ferrari con targa svizzera che ci era sfrecciata accanto come un caccia non aveva prestato la minima attenzione.

Un francese, che aveva visto e udito come l'agente svizzero si era rivolto a noi, espresse la propria indignazione per il modo in cui in tutti i paesi in cui si parlava tedesco, e dunque anche lì, la polizia ti abbaiava come un cane. Il pilota rispose che in quel paese si parlavano tutte le lingue dei paesi confinanti e che anche gli agenti francesi sapevano che non dovevano essere troppo gentili con gli stranieri.

Feci un'osservazione sull'arroganza e lo sciovinismo francesi. Lui disse che non tutti i francesi erano sciovinisti e non tutti i funzionari tedeschi cani.

A proposito degli svizzeri di lingua tedesca, ripensai all'ultima volta che ero andato in treno in Italia e a quando, nella stazione di Basilea, nel cuore della notte, doganieri e altri funzionari che sbraitavano in tedesco ci avevano tirato fuori dalle cuccette, come se fossimo stati una banda di malfattori. Forse gli era capitato spesso di avere a che fare con dei banditi.

Mentre tornavamo alle nostre auto, alcuni inglesi incuriositi attaccarono discorso con noi nella convinzione che fossimo venuti a sapere perché loro si trovassero lì.

«Qui sanno fin troppo bene come mantenere i segreti», risposi.

L'italiano del ristorante raccontò che aveva fatto un volo non-stop dalla Sicilia alla Norvegia settentrionale e in pieno volo aveva fatto rifornimento sopra il Mare del Nord, tra Olanda e Danimarca – ho dimenticato come si chiama quel luogo nel linguaggio dell'aeronautica militare. In Sicilia aveva comprato gli ingredienti con i quali, qualche ora dopo, non lontano dal Polo Nord, avrebbe preparato un risotto per alcuni aviatori norvegesi e italiani.

Fare acquisti nell'estremo Sud e lo stesso pomeriggio preparare un pasto nell'estremo Nord del nostro continente. Quell'uomo sapeva come prendere le misure dell'Europa.

Quando stavamo ritornando alle nostre auto sentii la radio accesa nel pulmino francese. Mentre i bambini se ne stavano seduti da bravi ai loro posti, i genitori stavano cercando notizie che potessero spiegare la nostra situazione, ma oltre alla musica trovarono soltanto una stazione in cui parlavano una lingua che nessuno degli astanti capiva. Romancio forse, la quarta lingua parlata in questo paese plurilingue con le sue numerose organizzazioni internazionali, umanitarie e finanziarie. Anche gli italiani della BMW si misero ad ascoltare. Più tardi anche il tedesco e sua moglie; loro sapevano che la lingua parlata alla radio era Zwyzerdütsch, tedesco-svizzero e che si trattava di una trasmissione religiosa. La donna, che parlava bene francese e italiano, si era ora sostituita a me nel compito di interprete. Spensero la radio e il tedesco iniziò, col tono di chi sa il fatto suo, una relazione sulla politica svizzera e sui motivi per cui volevano rimanere neutrali, se non altro all'apparenza.

Ascoltavo senza fare particolare attenzione, perché pensavo a quello che mi aspettava a casa, a mia moglie, al nostro viaggio in treno a Roma passando per Basilea.

«Ovunque ci sono i treni ci sono i binari», dissi in olandese. Non sempre ho voglia di parlare in una lingua straniera in cui mi sento più stupido che a casa. La tedesca che faceva da interprete mi guardò meravigliata. Suo marito osservò:

«Però è seccante non parlare tutti la stessa lingua».

«Mah, anche gli svizzeri parlano quattro lingue», disse il pilota, «e a dir la verità dovremmo prenderli come esempio: basti pensare a questa loro variegata federazione di Stati, questo loro microcosmo».

Il tedesco continuò infaticabile la sua lezione. Quando, con lo sguardo volto al traffico che gli sfrecciava accanto, tirò in ballo la politica svizzera nei confronti degli stranieri, il francese lo approvò e raccontò che il mese prima c'era stato un referendum in cui avevano deciso che entro dieci anni tutto il traffico merci in transito per la Svizzera sarebbe stato vietato.

«Intanto si danno anche troppo da fare per scoraggiare il traffico delle persone in transito con azioni come questa», rispose il tedesco pestando i piedi e col tono di chi ha patito un torto.

In quel momento ci accorgemmo che continuava a circolare soltanto il traffico svizzero di merci e persone. Poco prima avevamo guardato meravigliati automobilisti francesi, olandesi e italiani che ci passavano accanto.

«Forse ora il confine è chiuso per tutti gli stranieri», osservò beffardo il tedesco.

«Forse prima di noi hanno piazzato su questa strada un'altra trappola come questa», disse il francese.

«Forse c'è stato un incidente in galleria e circola solo il traffico locale», suggerì il pilota italiano.

Durante l'ultima conversazione l'olandese della Volvo ferma davanti alla Porsche si era aggregato alla compagnia e anche l'uomo della Porsche aveva abbandonato il posto di guida, pur senza attraversare la strada.

Guardai l'orologio, più per abitudine che perché il ritardo durasse troppo a lungo. Otto minuti alle due. Mi trovavo altrettanto bene qui come a Rotterdam, dove mi attendevano innumerevoli difficoltà. Niente indicava che in breve tempo ci sarebbe stata data una spiegazione della nostra prigionia. I bambini francesi, seduti sul sedile posteriore dell'auto, guardavano un libro illustrato.

All'orizzonte si avvertiva qualche movimento, come se potessimo proseguire. Il movimento si avvicinava lentamente e dopo un po' ci accorgemmo che anche noi potevamo fare qualche piccolo progresso di una decina di metri. Dopodiché tutti rimasero ancora per qualche tempo seduti in macchina, col motore acceso, ad aspettare tranquillamente. Solo nella Volvo c'era un certo subbuglio. I due ragazzini sul sedile posteriore si stavano tirando i capelli biondi, che per fortuna erano cortissimi, e i genitori di quando in quando allungavano indietro il braccio per mollare ceffoni. Quando dopo qualche minuto non si avvertì più in lontananza alcun segno di movimento, l'uno dopo l'altro gli automobilisti spensero il motore e scesero dalla macchina.

Un po' più in là una famiglia, sulla piazzola al bordo della strada, aveva cominciato a preparare da mangiare su un fornello da campeggio. In effetti era ora di pranzo e chi aveva provviste con sé cominciò a mangiarsele e a distribuirle. I francesi avevano pane e vino, il che strappò all'olandese della Volvo un'osservazione denigratoria sul sacrificio cattolico della messa. Ma anche lui mangiò del loro pane e, seppure controvoglia, del loro formaggio.

I giovani italiani dell'auto dietro di me avevano un'ampia scorta di provviste, tra cui del pollo, che offrirono anche a me e al loro connazionale. Mi versarono anche un bicchiere di vino, che fu subito riempito non appena si fu vuotato.

La famiglia della Volvo mangiava mele. I tedeschi mangiavano dolci.

La coppia francese, durante il pasto più o meno comunitario sulla banchina, aveva continuato a esprimere il proprio grave disappunto per il modo in cui venivamo trattati, cosa che nel loro Paese non sarebbe mai successa. Cercai di controbattere e il francese cominciò ad alzare la voce per difendere il suo paese.

Il pilota italiano, seduto in macchina con la portiera aperta, stava sfogliando un grosso libro e nel frattempo ascoltava la nostra discussione. A un certo punto scese dalla macchina col suo librone, attraversò con prudenza il traffico svizzero che proseguiva indisturbato e indicò con la mano la copertina del manuale di storia della letteratura europea che aveva in mano e che si chiamava *Lettres européennes*.

Aveva comprato il volume il giorno prima a Roma nella libreria francese e non gli dispiaceva più di tanto che parlasse solo di letteratura europea. Sulla base delle indicazioni di quell'opera voleva acquistare a Parigi alcuni libri per colmare le sue lacune nella conoscenza della letteratura francese.

Tanto interesse per la loro letteratura da parte di uno straniero rabbonì i francesi.

I tedeschi andarono in giro a distribuire agli altri, come dessert, quello che era avanzato loro dei dolci, dopodiché la tedesca tirò fuori una grossa macchina fotografica giapponese. Voleva scattare una foto di gruppo e convocò tutti quelli che si trovavano nelle auto circostanti, anche quelli dall'altro lato della strada. La coppia tedesca aveva chiaramente assunto il comando, il che strappò ai milanesi la considerazione che tra breve tempo saremmo diventati tutti tedeschi e che nel 2000 il marco tedesco sarebbe stata l'unica moneta legale.

Eppure collaboravano tutti da bravi, anche i milanesi. Solo l'uomo della Porsche, rimasto in disparte, si riaccomodò in macchina con le gambe di fuori. La donna con la macchina fotografica aspettò finché, schivando le auto svizzere, che sembravano rincorrersi freneticamente, riuscì ad attraversare la strada per prendere la necessaria distanza per una foto di gruppo. Poi, insieme a suo marito, cominciò a impartire dettagliate istruzioni. Dalla Porsche arrivavano, in francese, commenti sarcastici:

«Ecco l'Europa unita! Commovente tutta questa comunione adesso che sono stati presi in ostaggio dal comune nemico!».

La donna con la macchina fotografica voleva che ci mettessimo davanti al pulmino francese, in ginocchio, sdraiati, come in una vera foto di gruppo. I bambini francesi in ginocchio dietro i milanesi della BMW, che si erano stesi sull'asfalto e per poco finivano sotto le ruote di una Bentley che gli era sfrecciata accanto. Ci volle un po' di tempo prima che la donna si ritenesse soddisfatta e riponesse la macchina fotografica.

Per un breve istante mi sentii europeo mentre si scattava quella foto. Ma non durò più a lungo della frazione di secondo necessaria all'operazione. Immediatamente riandai con la mente ai problemi che mi attendevano al varco. L'avvocato, la casa, la divisione dei beni, gli sforzi spasmodici che avrei compiuto per non accapigliarmi con mia moglie, con colei che tra breve tempo non sarebbe stata più mia moglie.

Quel pomeriggio l'energica tedesca si annotò tutti i nomi e gli indirizzi delle persone che aveva fotografato. Ma la foto non l'ho ricevuta mai, forse perché non era riuscita e – al posto di quelle persone che un'artigianesca saldatura aveva fuso in gruppo di fronte alla sua macchina fotografica – aveva immortalato per sbaglio una delle tante auto che le passavano davanti.

Non appena tutti quegli europei si furono risvegliati dalla fissità imposta dalla foto, cominciarono a muoversi avanti e indietro e a esprimere la propria gratitudine per quel senso di unità che si era creato dopo che erano stati messi di fronte a una macchina fotografica e a un comune nemico invisibile, che continuava a preoccuparli molto e che parlando cercavano di identificare, per ricondurre a dimensioni accettabili la minaccia che da esso proveniva.

«Nostri alleati in ogni caso non lo sono, questi montanari», disse il pilota italiano che somigliava a un americano. «Non stanno da nessuna parte». Naturalmente voleva dire che a causa della loro neutralità ad oltranza, che aveva loro giovato molto in questo secolo, soprattutto dal punto di vista finanziario, non si erano associati né alla NATO, né al mercato europeo e addirittura neppure alle Nazioni Unite.

«La Svizzera dunque non conta».

«Considerate pure che la Svizzera conti, ma nel segreto più assoluto».

«Un paese conta grazie ai suoi vicini», disse il pilota italiano, continuando a parlare francese, mentre la donna con la grossa macchina fotografica traduceva tutto in tedesco. «E la Svizzera ne ha tanti: l'Italia, la Francia, la Germania, l'Austria».

I giovanotti della BMW, rimasti in disparte come me, mi versarono ancora un bicchiere d'oblio.

«Per non dimenticare il Liechtenstein», aggiunse il tedesco.

«La Svizzera è un nodo e allo stesso tempo un'enclave, un macchia bianca sulla carta dell'Europa».

«In passato l'Europa cessava di esistere alla cortina di ferro, ora scompare al centro», disse il tedesco battendo in terra il piede.

«Finisce di esistere dove comincia l'ex Jugoslavia», disse il francese, e avrebbe voluto aggiungere ancora qualcosa se non fosse stato chiamato da sua moglie perché i bambini si stavano accapigliando e piangevano.

Col bicchiere di vino in mano mi rinserii nella compagnia e, con un tono sommesso di preoccupazione e sbirciando sugli orologi altrui, parlai di argomenti che distraevano loro e me da quello che realmente e sempre di più angustiava ciascuno di noi.

«L'Europa dunque non esiste più oggi non grazie al blocco dell'Est, bensì grazie alla neutrale Svizzera», concluse il tedesco.

«Per lo meno qui siamo uniti nella foto», dissi. Ma dentro di me pensavo: che cosa me ne importa della Svizzera? Che cosa me ne importa dell'Europa? Ho ben altro per la testa, io. E poi, a pensarci bene, cos'altro è l'Europa se non un eterno campo di battaglia? C'è forse di che essere orgogliosi? In nessun'altra parte del mondo si è versato tanto sangue quanto nel nostro continente.

«Dunque, con la nostra brava Unione dobbiamo difenderci dagli svizzeri», dissi con un sorriso forzato. «Allo stesso tempo qui tutto comincia a somigliare a una vera e propria congiura contro il popolo che ci circonda».

«Contro un gran numero di popoli che ci circondano», mi corresse il tedesco. «Gli svizzeri hanno la loro Unione, la loro repubblica federale, che conta ben ventitré cantoni indipendenti, ventisei repubbliche. Il cantone di Uri, del resto, non ha più abitanti di un paese. La Svizzera è lo specchio in miniatura della nostra Unione, un microcosmo, come ha già detto il signore». E fece un cenno in direzione del pilota italiano.

«Dal sommo di questo osservatorio si può avere una bella visione d'insieme dell'Europa», osservò ridendo quest'uomo.

Ripensavo alla frase pronunciata una volta da un fotografo: *Se vuoi fotografare una nave, non devi andarci sopra*. E mi resi conto che se vuoi riflettere sull'Europa, devi essere fuori dell'Europa, se necessario trovarti in un'enclave come questa terra di montagna. Se vuoi riflettere su ciò che sta succedendo nel tuo paese, devi guardare dall'esterno.

«Questi svizzeri ci mettono a confronto con la loro patria e con l'Europa», sentii che diceva ancora il pilota italiano, e poi sogghignando: «Hanno inscenato tutto per farci discutere sulla Comunità europea».

«No, per farci discutere sull'impero cattolico romano!», gridò l'olandese della Volvo in una specie di tedesco puntando l'indice accusatorio verso l'ovale blu con le stelle d'oro attaccato sul lato posteriore della Citroën della coppia tedesca. «Guardate, il simbolo della CEE, le dodici stelle dell'aureola sul capo di Maria e il suo manto blu. Non capite che è opera dei papi di Roma?».

Questa tesi l'avevo letta anch'io da qualche parte. Dunque avrebbero dovuto rimanere in dodici, altrimenti la teoria sarebbe venuta a crollare. Altri paesi aspettavano soltanto il momento buono, e persino dal lato orientale la Svizzera sarebbe stata inglobata da un'Europa che congiurava contro di lei.

La donna del pulmino francese si mise a parlare con un gruppetto di persone nelle auto davanti a lei che sembravano estremamente preoccupate, poi venne a riferire quello che aveva sentito. Le auto che stavano all'inizio della fila venivano controllate da una squadra speciale e sigillate se mostravano certi piccoli difetti, per esempio un faro anteriore che non era messo bene a punto.

«Non posso crederci», disse suo marito. Dopodiché seguì uno scambio di idee, che ebbe fine quando ci raggiunsero altri discorsi che provenivano dalla corsia d'emergenza. La polizia giù in lontananza stava perquisendo a fondo tutte le auto, servendosi anche di cani poliziotto e si diceva che di alcune auto fosse stata persino tagliata la tappezzeria.

Dato che all'orizzonte non si registrava più alcuna attività e poiché mi era venuta una certa sonnolenza a causa del vino, rientrai in macchina, poggiai le braccia sul volante e la testa sulle braccia e ripensai a tutta quella gente che, prigioniera di un nemico comune, aveva cominciato a formare una vera unità. Immaginai che tutte quelle persone simpatiche, se nulla avesse loro intralciato la strada, magari avrebbero potuto attentare alle reciproche vite o come minimo si sarebbero spedite a quel paese. Che io non li trovassi tutti decisamente simpatici, poteva dipendere dal mio stato d'animo. Una vera unione si era creata naturalmente solo sulla foto, del resto ognuno aveva i suoi crucci, proprio come me.

E mi appisolai.

Mi svegliò il chiasso di una baruffa e il pianto dei bambini nel pulmino francese, che si erano spaventati perché il ritardo si protraeva tanto a lungo e soprattutto perché i loro genitori nervosi avevano alzato la voce per discutere su come avrebbero potuto tranquillizzarli. Evidentemente così facendo cercavano di sopraffare con la voce la loro stessa paura di quella prigionia inspiegabile.

La tedesca era andata nel pulmino per tranquillizzarli e rassicurare i bambini, ma rimase coinvolta nello scambio di idee e la situazione sarebbe precipitata se in quel mentre non fossero stati spaventati da muggiti, strilli e grida in un francese non privo di accento. Quasi in piedi nell'auto, l'uomo della Porsche aveva intonato una litania:

Terra di nessuno! Abbi pietà di noi!
Enclave orgogliosa! Rimani distante ed esotica!
Punto cieco d'Europa! Abbi pietà di noi!
Asilo e porto franco del perseguitato Mammona!
Baratro! Pozzo senza fondo! Resta neutrale e provinciale!
Salvadanaio ermetico! Cassa d'oro! Colombaia della Pace!
Abbi pietà delle nostre nazioni guerrafondaie!
Rifugio, ricovero del denaro sporco di sangue!
Resta distante e barbaro!
Paese dell'Ovomaltina, del Nescafé e del Valium! Abbi pietà...

Improvvisamente si lasciò scivolare sul sedile, avviò il motore, abbandonò la fila facendo stridere gli pneumatici e, rasentando il rimorchietto, filò via in direzione del pericolo per scomparire infine all'orizzonte, osservato da un gruppetto di europei spaventati, stranieri stupiti che si chiedevano da dove venisse mai quell'uomo (dal Nordafrica? Dal Medio Oriente?) e dove volesse andare. Che fine abbia fatto non l'ho saputo mai.

Poi per un bel pezzo tutto rimase tranquillo. Il tedesco aveva scalciato ancora un po' pestando i piedi e suscitando l'ilarità dei milanesi nell'auto dietro di me, dopodiché sembrò che tutti i miei compagni di sventura si fossero rassegnati al loro comune destino. La francese aveva poggiato il capo sulle spalle del marito e i bambini dormivano.

Guardai l'orologio. Segnava ancora otto minuti alle due. "Domani devo ricordarmi di cambiare la batteria".

Quando sembrava che nessuno ormai ci contasse più, scorgemmo in lontananza due poliziotti che si avvicinavano e restavano un bel pezzo fermi presso tutte le auto. Poi si vedeva uno dei conducenti che scendeva, gesticolava infuriato e si avviava a piedi in direzione ovest verso Lucerna per poi sparire alla vista.

Alla fine arrivarono anche da me. Parlavano una lingua che non capivo e di cui afferrai soltanto parole come "passaporto" e "carta di credito". Mi indicavano a ovest un punto all'orizzonte ed era chiaro che, armato di passaporto e carta di credito, avrei dovuto avviarmi in quella direzione.

Nel bagagliaio di un'auto della polizia c'era un apparecchio che accettava le carte di credito e accanto c'era un agente che sapeva leggere i passaporti ed era in grado di riempire formulari. Quittung, Quittance, Quietanza e Receipt, così si chiamava quel modulo per maggiore chiarezza, in tre lingue del paese e una straniera, ed era provvisto di una testa di mucca, emblema del cantone di Uri. L'agente compilò il luogo e la data (Amsteg, 11.3.94), targa, nome e cognome, professione, data di nascita, indirizzo e luogo di nascita in base ai dati ricavati dai passaporti e alle informazioni fornite. Nonché la somma ricevuta come cauzione per una infrazione compiuta. La stessa trafila era toccata già al francese e al tedesco che mi avevano preceduto nell'arrivo.

Dopo la mia liberazione decisi di pernottare a Lucerna, ma tutti gli hotel erano occupati dagli europei che erano stati liberati prima di me e che come me si erano arenati.

Posteggiai la macchina in un parcheggio con l'intenzione di dormire in auto e misi lo schienale in posizione orizzontale. Però non riuscivo a prendere sonno per cui dopo mezz'ora rimisi il sedile in posizione verticale, accesi la lucetta e, blocco alla mano, mi stavo accingendo a descrivere la piacevole giornata di socializzazione.

Un'auto mi si ferma accanto. Pericolo. Chiudo rapidamente la portiera e faccio per accendere il motore e filare via. Ma sento bussare al finestrino: «Polizei!».

Alcune settimane dopo, a casa a Rotterdam, in mezzo al caos delle trattative, tra il gelo dei silenzi e le lettere degli avvocati, ricevetti una raccomandata della Direzione di Polizia del cantone di Uri. Mi avevano condannato ad una multa di 200 Frs e 50 Frs di spese per la violazione del SVG 32 Ziff. 2, SVG 90 Ziff. 1, SVG 27 Abs. 1 e SSV 22 Abs. 1. Vettura: automobile, PV 74 YJ (NL). Luogo: Amsteg, autostrada N2, km 159,3. Data/orario: 11.03.94, 13h 53'.

«Già pagata».

PORTOGALLO

Fernando Campos

Ritorni

Titolo originale:
Regressos
Traduzione di Alessandra Balsamo

Fernando Campos

Ritorni

> *Ed ecco quasi al colmo della testa*
> *di tutta Europa il Regno lusitano:*
> *qui finisce la terra e il mar s'attesta,*
> *qui scende il Sole in mezzo all'Oceano.*
> (Camões, *I Lusiadi*, III, 20, 1-4)

Addio, addio! Via, a gambe levate! Chi me lo ha fatto fare di essere pettegolo? Perché ho guardato dentro casa invece di guardare lontano dalla finestra sul mare? Quando mi accorgo del pericolo che ho corso...

Ero nel pieno della pubertà e, essendo portato per gli studi, mio padre, desideroso di incoraggiarmi a seguire il mio buon destino e di prepararmi l'ingresso all'università, mi portò a Lisbona e mi fece ospitare a casa di una vedova. Ero lì con la mia mesata, senza dover dare spiegazioni a nessuno, padrone di me stesso. In un istante diventai un uomo. Presi parte alle lotte studentesche all'università e un giorno, durante una manifestazione, fui arrestato e portato a Caxias dove trascorsi quindici giorni puzzando. Quando uscii, corsi a casa a farmi un bagno lustrale all'anima e al corpo, era la vigilia del venticinque aprile. Stetti tra la folla a vedere i garofani nelle canne dei fucili. Anima grande è quella che non rinnega il suo ancestrale lirismo fino al giorno in cui non fa una rivoluzione! Ma i garofani erano rossi e immediatamente alcuni vollero dar loro una connotazione ristretta, mentre altri pensavano che, affinché il lirismo fosse completo, ci dovessero essere anche garofani bianchi, viola, gialli... Ed iniziò così un periodo conturbato di adolescenza democratica con crisi di foruncoli, brufoli e sogni bagnati. Senza volerlo, un giorno fui testimone di ciò che nessuno doveva sapere in quella casa che mi ospitava. A Lisbona, la città rosa. Lo vidi con questi occhi che la terra divorerà. Il caso volle che la mia vita fosse messa a tal rischio che, per salvarmi, dovetti fuggire in tutta fretta. Saltai il parapetto, corsi lungo la via ed eccomi qui sfiancato sul Cais da Pedra, con nient'altro che la roba indosso e in gabbia un piccione viaggiatore, mio fedele amico cui volevo dare la libertà.

Le sirene delle navi formano un coro con i fischi dei treni di Santa Apolónia. Il portoghese non ha dimora. O emigra in Brasile, in Canada, ai confini del mondo, o entra in una terza classe, verso le gallerie di Francia e Aragona. Anche lassù i cieli chiari dei gabbiani sono rigati dalla nuvola bianca dei jet che ci portano al lavoro in terre straniere. Accanto alla banchina c'era una nave mercantile, sulla quale mi sono imbarcato clandestinamente e che subito dopo è partita. Nascosto tra balle di non so cosa, stanco, mi sono addormentato...

Era il tempo in cui ai margini del Tago si accatastavano, traboccando dalle dogane, i container con le cose tratte in salvo e la mobilia vecchia dei rifugiati delle excolonie, i quali si sedevano a terra a gruppetti, con lo sguardo triste e perduto, negri e mulatti e gialli, indi e meticci, oltre ai bianchi nati e cresciuti lì, con occhi e anima abituati a un'altra luce e a un altro tepore, ora sdraiati, finiti nella loro patria estranea senza arte né parte. Resti dell'impero crollato. Questi infelici, e una certa coscienza del Portogallo antico, sentivano parlare con rabbia impotente dell'esercito cubano in Angola e Mozambico, di Timor abbandonato e subito invaso da stranieri, e proprio qui, in Portogallo, assistevano al tentativo di imporre un'altra specie di dittatura. Ore d'incubo ormai trascorse. Nel frattempo con il muro di Berlino sono crollate speranze e utopie di alcuni e sono rinate speranze e utopie di altri...

«Che sai fare?».

So lavorare la terra, cogliere e macinare il grano e cuocerlo al forno, rispondevo a caso. So scapecchiare il lino, filare la lana, tessere la seta. Lancio l'esca e la rete. Ho cacciato balene al largo di Pico e di Faial, ho pescato il merluzzo a Terranova. Ho raccolto le perle e il corallo nelle acque del Levante, ho cacciato l'elefante e il leone nelle savane dell'Africa, ho aperto sentieri in Amazzonia, mi sono lavato nelle acque sacre del Gange, ho braccato i pirati nei mari della Cina, ho fatto commercio e amicizie a Nagasaki, ho trafficato in schiavi, ho evangelizzato gli indigeni, ho inflitto il supplizio della corda, della garrotta, dell'autodafé in nome di Cristo, ho predicato la tolleranza, ho tiranneggiato, ho ucciso e scorticato, sono morto per la libertà, per lei ho subìto la prigionia, l'esilio, la clausura, ho abolito la pena di morte e la schiavitù, ho eretto cippi a picco sul mare, ho amato la donna negra, la bianca, la mora incantata, la meticcia, l'indiana, la cinese e la giapponese, la malese... io, miscuglio di sangue celtico, fenicio, cartaginese, goto, visigoto, ostrogoto, greco, romano, arabo, ho mescolato il mio sangue con tutte le razze... Posso lavorare dall'alba al tramonto nei vigneti del Douro, nei campi di granturco del Minho, nelle pianure acquitrinose del Ribatejo, nelle fabbriche di zucchero e cacao, nella raccolta del cotone e del caffè...

«Ti ammazzo!».

Ascolta. Aspetta. Metti via il tuo pugnale. Sono capace di affrontare un toro possente e curvargli la cervice... so nuotare come un pesce... so cantare il dramma dell'amore, della gelosia, il sangue...

«Ti scortico!».

Scortica tua nonna!, urlai arrampicandomi su per la murata e aprendo la porticina al piccione. Con uno slancio in aria dal sibilo metallico, *zzzz!*, è sfrecciato in alto, ha fatto alcuni giri, come se cercasse di orientarsi, e poi è scomparso, mentre io volavo con la testa in giù e le braccia aperte per tuffarmi in acqua... Ho fatto in tempo a sentire il sibilare delle pallottole vicino a me, ma rapidamente e con vigorose bracciate ero fuori dalla portata dei pirati. Credevo che non esistesse più la pirateria nel Mediterraneo, pensavo mentre entravo deciso nelle acque di Gibilterra. Da lontano vedevo Ceuta, Tangeri. Lì mi sono diretto. In fin dei conti siamo fratelli da secoli, buoni amici dopo essere stati buoni nemici, eroi da una parte e dall'altra, fin dal tempo in cui noi li chiamavamo cani e loro a noi *perros*...

Sulle montagne del Rif parlare con un beduino, magro e saggio, nella notte calma in cerca di inattesi risvolti dell'essere, con il fumo rado della pipa tra le parole amene. L'amico Xocro! Mi ha accolto a casa sua. Padre di famiglia numerosa. Estrema miseria. Vivono di capre e povere piantagioni. Come gli altri uomini, fuma *Kif*, pezzetti di sepali del fiore della canapa – l'hashish – mescolati al tabacco. È forte ma l'effetto scompare non appena le stelle smettono di brillare. Xocro tiene molto alla sua famiglia. Lui e la moglie ridono sempre. Lui le dà un pizzicotto sul sedere quando passa e in cambio riceve una finta sberla... e gli amici ridono. Una delle figlie è molto bella e mi guarda di nascosto, timorosa del padre e dei fratelli. Non la lasciano neanche parlare con me. Non accettano la nostra civiltà. All'imbrunire ci sediamo in terra con le gambe incrociate, davanti alla porta di casa. Sappiamo che da una parte c'è il mare dell'Atlante e oltre, aldilà delle vette, l'orlo del deserto.

«Tra non molto sarà notte: guarda il Sole che tramonta nel mare», dice Xocro.

«Ma allora non ci sei andato a scuola? Non hai imparato che è la Terra che si muove e non il Sole?»

«Sì, certo che l'ho imparato. E quando il maestro me lo domandava io rispondevo come voleva lui, altrimenti erano guai. Questa casa era del bisnonno del mio bisnonno e credi che si sia mai mossa dal suo posto? Dai, dimmelo, si è mai mossa?».

Cerco di spiegare a Xocro che la terra gira intorno al Sole e il meccanismo dei giorni e delle notti.

«Tu la sai lunga», mi dice, senza però capire quel che dico, nonostante ci provi in spagnolo. «La tua testa... molta confusione...».

«Perché non studi?», gli domando. «La scienza dei tuoi, fin dall'antichità, è molto laboriosa».

Alza le spalle. Sia pur seguendo la legge del Corano, avvertono l'ingiustizia che alcuni commettono quando, con la scusa della religione, professandosi parenti di Maometto, si arrogano il diritto di entrare nelle case a qualsiasi ora e appropriarsi di tutto ciò che vogliono...

Non ricordo come ci siamo lasciati, ma mi sono rimasti nel cuore. Alcuni ragazzi e ragazze che conoscevo passarono di là e approfittai di un passaggio in macchina. Lungo la strada ci accorgemmo che eravamo seguiti. Tra i versanti pericolosi della montagna una fuga folle, dietro di noi i banditi, da entrambe le parti si spalancavano precipizi. Quando fummo vicino a Ceuta li perdemmo di vista. Illusione. Passeggiammo per la città e quando tornammo la macchina era scomparsa. I miei amici telefonarono a casa e rimasero ad aspettare che i genitori mandassero loro dei soldi. Per quel che mi riguarda, mi ritrovai a nuotare di nuovo verso la Spagna. Qualche ora dopo misi piede su una spiaggia vicino a Valenza, dalle cui acque sono emerso con la mia tuta da sommozzatore, dopo essere passato sotto la chiglia di una nave spagnola attraccata là. La notte che calava celò la fuga. Senza che nessuno mi vedesse nascosi l'attrezzatura da sommozzatore sotto i rami di un arbusto e mi avviai sulla strada. Uno zingaro arrivava sul suo motorino. Aveva poco più di trenta allegri anni, lungo la via gorgheggiava le sue cinguettanti melodie:

«... *con un clave-e-el sangrando en la bo-o-o-ca-a-a...*».

Gli feci segno. Mi diede un passaggio. Più avanti, in un paese, ci fermammo ad un bar. Birra, chiacchierata:

«*Me llamo Manolo. Y tu?*»

«Pedro. Sono portoghese».

«*Y que haces aquí tan joven, tan solo por estas carreteras de España?*»

«Vado a vendemmiare in Francia... dove capita... Sono studente e approfitto per conoscere il mondo...».

Molto pericoloso viaggiare così da solo. Avevo soldi? Cosa! No? si stupiva. Gli rispondevo un po' confusamente che ero uscito di casa senza sapere bene dove andare e tutto sommato...

«*Virgen de Guadalupe*».

Mi dette dei soldi. Mi dette un amuleto, un cornetto contro il malocchio, le stregonerie, gli incantesimi e le malie della luna. Di nuovo in strada, il suo genuino cantare:

«... *con una vari-i-ta de mimbre en la ma-a-a-no-o-o...*».

Lontano, lungo la curva, la polizia stradale. Manolo si ferma. Non può proseguire, non ha i documenti della moto:

«*Adiós, amigo*».

«Addio».

Prende una scorciatoia, si volta per chiedermi di venirlo a trovare al ritorno.

Più avanti, mi trovai in una stazione ferroviaria e comprai un biglietto. *Di ritorno*, pensai mentre il treno mi portava via! Ma se proprio ora ho girato le spalle... Quale *ritorno*? In Portogallo ho un amico negro che un giorno mi mostrò un marchio a fuoco sulla pelle:

«Lo mostro solo a te. Non lo dire a nessuno. C'è molta gente della mia razza in giro. Sono impazziti. Sanno che sono vivo ma non sanno dove. La mia vita è in pericolo. Se mi prendono...».

È figlio di un re ed erede al trono della sua tribù. Il sangue regale che gli scorre nelle vene lo si avverte nel modo di fare, in una certa superiorità dello sguardo, nel suo riso contenuto. Con quello che sta succedendo nel suo Paese africano non ci pensa nemmeno a ritornare...

Neanch'io, per lo meno adesso, intendo ritornare. Girerò le mie sette parti di questa vecchia Europa. Eccomi in cammino. Vado nelle fattorie vicino a Madrid per la raccolta delle arance. Lungo la strada mi dà un passaggio un signore molto ben messo e profumato nella sua limousine di lusso, capelli lucidi di brillantina, baffi ben curati, lineamenti fini. A mezza strada dato che era quasi notte ci fermammo. Mi pagò l'hotel e a cena iniziò a fare lo spiritoso e a stendere la mano sotto il tavolo per vedere se rimediava qualcosa. Devo riuscire a liberarmene, pensai. Mi alzai: «Vado in bagno», e sparii.

Presi un treno indolente e arrivai dopo quasi un giorno di viaggio. Negli aranceti dove andai non c'era posto e a fine giornata dovetti cercarmi una sistemazione.

Finii per dormire sotto un cespuglio nel giardino del Museo di Scienze Naturali. I rami ad arco e molto fitti formavano un'accogliente suite da hotel di non so quante stelle che brillavano lassù nel cielo. La mattina dopo intrapresi un lungo viaggio. Un giorno e mezzo di treno per arrivare in Catalogna, a Barcellona. Qui fu re infelice un conestabile portoghese. Attraversare la frontiera con la Francia a Cerbère, passare per Perpignan, Narbonne e arrivare a Béziers. Avanzi della mia cultura storica mi sussurrarono che quello che ripercorrevo era parte dell'itinerario del nostro re Alfonso V quando un giorno decise di recarsi nella dolce Francia alle vendemmie di Luigi XI... Camminare lungo la strada in cerca di fattorie. Stanco ed affamato, entro in un bar. Che gioia! Trovo Rui, vecchio amico. È in compagnia di una ragazza anche lei portoghese. Me la presenta:

«Lei è Suzana».

«Che bello», dice lei «perlomeno adesso siamo in tre».

«Pronti a tutto», rispondo al bel sorriso della ragazza.

«Sai di chi è figlia Suzana?»

«Non sono figlia di nessuno», dice con una smorfia di disgusto. «Sono io e basta: Quand'è che...?».

Rui non fa caso alla protesta e mi si avvicina per sussurrarmi qualcosa all'orecchio. È il nome di un politico molto famoso dell'epoca rivoluzionaria. Osservo il volto della giovane in cerca dei lineamenti del padre. Forse gli occhi. Per il resto, avrà preso dalla madre? Suzana veste semplicemente. Non è bella ma graziosa e emana una avvenenza insospettata. Avvertendo l'interesse, dice:

«Voglio pensare per conto mio, vedere per conto mio, vivere per conto mio e non all'ombra del suo carisma, capisci Pedro?»

«Ma come ha fatto una persona così severa, così forte, così... così intollerante come tuo padre, a permetterti di...».

«Avete un'idea sbagliata di lui. Se vi raccontassi...».

«Beh», interruppe Rui un po' assonnato, «basta con le chiacchiere.

Continuiamo dopo, adesso andiamo a cercare lavoro».

Fra amici lo chiamavamo Rui *Druffs* per via delle pasticche che prendeva sempre per dormire. Ma la notte si avvicinava e andammo in cerca di un posto per dormire. Vagando, facemmo il giro della piazza del paese con gli zaini in spalla, in attesa che si facesse completamente buio e che la gente si ritirasse. Notte tranquilla, in quel giardino un prato invitante. Là stendemmo i sacchi a pelo e ci coricammo al freddo, in uno stridio di grillotalpe e cicale, sotto la curva del cielo col suo pullular di stelle. Volano nella notte le lucciole sbrilluccicando, sfavillando... Senza pareti, né tetto, né persone! Solo di fronte all'universo... come quella volta... e quell'altra... e quell'altra... La nozione della vita! Una sassata che improvvisamente mi duole!...

La mattina ci siamo svegliati con una pioggia improvvisa e forte: i giardinieri della *mairie* non ci hanno pensato due volte e hanno incominciato a cacciarci con la pompa.

Di nuovo in strada, a circa due chilometri, un paesino e grandi vigneti ovunque. Cercammo il proprietario. È Jean-Paul, un tipo grasso, faccia da pochi amici. Ci fa delle domande. Vuole sapere chi siamo, se persone perbene o vagabondi. Rui non gli piacque molto per via del suo aspetto assonnato e la voce lenta. Suzana inventò dei genitori più consoni a quelle che giudicava fossero le idee conservatrici del padrone.

«E i tuoi», mi domandò l'uomo. «Cosa fanno i tuoi genitori?»

«Sono professori».

«Che? Professori?», esclamò meravigliato. «Il figlio di un professore viene a vendemmiare? Perché?»

«È l'avventura. Per vedere com'è. Molti amici me ne avevano parlato e io son voluto venire...».

A quanto pare, pensai, in Francia i professori godevano di notevole considerazione, perché era evidente che Jean-Paul da allora mi cominciò a trattare con più deferenza dei miei compagni. E probabilmente lo avrà raccontato a casa all'ora di cena. Sua figlia, anzi figliastra,

Louisette, ragazza molto carina di diciannove anni, corpo snello, capelli biondi, occhi azzurri, inizia a girarmi intorno, ad ancheggiare.

Oltre ai tre portoghesi, c'è un peruviano, García, un equatoriano, José María, un tedesco, Franz. Il resto del personale è francese, ragazzi e ragazze del paese. García è molto socievole. È là per cercare di guadagnare i soldi per finire l'università. A José María piace attaccar bottone con le ragazze. Franz è taciturno e poco socievole. Il padrone ci dà una camerata per dormire, ma i nostri compagni stranieri sono convinti che, per il fatto di venire con noi, Suzana sia un porto franco per tentare rapporti amorosi. Lei si ribella e si ripara dietro me e Rui. Ne parliamo con il padrone, il quale allora ci rimedia una stanza per noi tre. Com'era il rancio? Avevamo una cucina e ci preparavamo da mangiare. Per lo più le giornate erano ore interminabili con le forbici in mano a tagliare grappoli da mettere nel secchio e poi nella *seau*, il tino, e dopo ancora sul trattore. Dall'alba al tramonto a faticare. C'erano orci di acqua all'ombra dei tralci. A Louisette piaceva avvicinarsi a me con una brocca piena:

«*Prend-la, Pierre. C'est si fraiche!*».

«*Prend-la, prend moi, chéri*», era la risatina maliziosa delle altre ragazze e le parole e i gesti osceni dei ragazzi.

Rimanemmo in quel posto quasi tutto il mese, fino alla fine della vendemmia. Quando partimmo, Louisette mi aspettò nella penombra di un angolo. Mi baciò con le lacrime agli occhi. La contraccambiai:

«*Adieu*».

«*Au revoir, n'est-ce pas? Tu reviendras?*».

L'autostop per Narbonne e di lì a Montpellier: un'altra settimana di vendemmia con un altro padrone, nel Languedoc. Una casa tutta per noi tre. Un pomeriggio al ritorno dal lavoro, una lettera del padre attendeva Suzana. La aprì subito e si sdraiò sul letto a leggerla con il volto illuminato di soddisfazione. Stette parecchio tempo a fissare il soffitto con la lettera aperta sul petto.

Mentre la guardavo, sapendo di chi era la lettera, non so per quale giro di pensiero mi ascoltai dire:

«Il secolo finisce senza che l'uomo sia riuscito a fare la sintesi fra Cristo e i Socialismi».

«Se Cristo venisse oggi sulla terra», disse Rui, «sarebbe cattolico? Ortodosso? Protestante?»

«Senza dubbio di sinistra», risposi.

Suzana uscì dal silenzio:

«Non importa cosa sarebbe Cristo, ma ciò che sarà l'Uomo».

I miei compatrioti volevano proseguire verso nord, verso la Touraine, l'Anjou, lo Champagne. Ma io avevo il desiderio di andare in Provenza, nella regione dei trovatori, del *mistral*, che dalla valle del Rodano soffia il suo genio e con la polvere della terra solleva i versi di *Mirella*...

«Pedro», scherza Suzana, «non sa fare a meno di un riferimento culturale...».

«... E vede il Portogallo ovunque», aggiunge Rui.

«Ma che ovunque», replico. «Solo frammenti qua e là. Ovunque c'è il sangue, l'anima, il pensare e il sentire della matrice comune».

«Sapete cosa mi incanta?», dice Suzana. «Malgrado l'egoismo generale del "si salvi chi può", sembra pulsare una crescente solidarietà...».

«Istinto di sopravvivenza in un mondo cane: l'unione fa la forza».

«Saremmo fregati se non lo facessimo».

Ci siamo separati, non prima di esserci messi d'accordo che ci saremmo incontrati a Parigi.

«Ora vado ad Avignone, sul ponte dove *on y dance*, a Marsiglia e poi proseguo per l'Italia...».

Alcuni giorni dopo approdavo in Sicilia passando per la Sardegna.

«Portoghese? Cosa vuol dire?»

«Benedetta madre che ti ha messo al mondo, Carla! Non sai dov'è il Portogallo?»

«Portogallo? È Spagna?»

«Spagna un corno! Che ignorante! Nell'antica Hispania ci posso pure stare. Spagna proprio no».

Percorrendo l'Europa ormai non mi meravigliavo più di trovare tanti stranieri che ignoravano dove si trova il mio Paese. Alcuni avevano qualche reminiscenza: Portogallo? Ah, sì, Eusebio... Ma con l'ingresso nell'Unione sembra che una così strana ignoranza tenda ad attenuarsi.

Quanto a Carla, lei non se lo dimenticherà mai più. Una mattina:

«Vuoi venire con me in montagna a vedere il gregge dei miei genitori? Non è lontano e poi potremmo scendere a Castellamare e fare il bagno».

«Andiamo. Come sono belli questi cipressi, e i pini!»

«Stiamo già salendo. Vedi le caprette come si arrampicano? Brucate caprette la tenera erbetta affinché ci sia latte per la colazione del mio amico e per la mia».

«Guarda i buoi dallo sguardo mite che pascolano sereni...!».

«Pedro, che fai?»

«Ti bacio, non lo senti?»

«Ah, mascalzone! Le tue mani calde mi accarezzano il seno...».

«Com'è rigido e vellutato!»

«Tremo tutta. Perché mi butti sull'erba?»

«Oh, eri vergine!»

«E se viene qualcuno? Sento dei rumori...».

«I cipressi raccontano ai pini che sei diventata donna».

«Ho sgualcito la mia gonna».

«Te ne compero un'altra».

«Con che cosa se non hai soldi?»

«Raccoglierò mandarini nei frutteti dell'isola».

«Ben ricca sarò».

«Potessi darti anche l'anima mia immortale».

Vecchio Teocrito di Siracusa, padre dei poeti, ti ringrazio!...

Guance infuocate, Carla corse giù per la collina come portata dal vento. A stento la seguii. Quando arrivai alla spiaggia, lei già tutta nuda si tuffava nelle onde. Mi spogliai, mi tuffai e la presi tra le braccia. Baci salati, amore salato fino all'imbrunire. Poi, stanchi, stesi sulla sabbia, nella calda notte, lei cominciò a cantare una canzone romanesca:

...fammi sentir che è quasi primavera
mandami i miglior grilli
per far cri-cri
mandami il ponentino
più malandrino che sai...

I baci che ci scambiammo sulla spiaggia di Castellammare, a Messina, a Siracusa ci sono rimasti nell'anima. È stato con lei che per la prima volta ho sentito nostalgia del mio Paese. I portoghesi sono portati per le lingue. Un po' di convivenza ed ecco che iniziano a parlucchiare. Personalmente, la mia formazione linguistica, soprattutto quella latina, unita alla mia naturale tendenza mi aiutava ad assimilare più rapidamente gli altri idiomi. Il fatto stesso che lì, nel Sud d'Italia, la Magna Grecia, l'*arancia* si chiamasse *portugallo*, come in Mauritania e in Grecia, provocava in me un'improvvisa emozione. Ma quel giorno di riposo e di amore, in quella spiaggia della Sicilia... Sole aperto, cielo blu cobalto che ricordava le tele di Capri dipinte da Henrique Pousão, calore che t'invita al tuffo. Si intravedeva là di fronte, in mezzo al mare, del fumo che usciva dalla vetta di un monte e in fondo le montagne bluastre della Calabria.

«Che vulcano è quello?»

«Lo Stromboli», risponde Carla.

Un po' assonnato disegnavo sulla sabbia marchingegni degni di Archimede, con gli occhi semichiusi evocavo il professor Otto Lidenbrock, il nipote Axel e la guida Hans che venivano espulsi dalla lava dello

Stromboli sulla loro zattera, dopo il mirabolante viaggio iniziato in Islanda dalla bocca dello Sneffels, quando improvvisamente Carla mi invita:

«*Pedro, buttat'al mare!*».

Sgranai gli occhi. Lo sapevo bene che l'origine delle nostre lingue era comune e alle mie orecchie l'italiano appariva in gran parte simile al portoghese. Ma quella frase! Quello era proprio il portoghese *Pedro, bota-te ao mar!...* Ho sentito l'anima sciogliersi fino al midollo e ho evocato la mia spiaggia di Galapos a Arrabida.

«Son secoli che mi sono buttato al mare», le dissi.

Non mi capì, naturalmente.

Carla mi presentò la sua amica Assunta. Quando partii entrambe mi promisero che mi sarebbero venute a trovare in Portogallo.

«Arrivederci! Vi aspetto in Portogallo! Ciao!», mi sono buttato di nuovo in mare e sono finito a Napoli. Rilessi nella lettera di Plinio la descrizione dell'eruzione del Vesuvio nel settantanove e la rividi come quella che recentemente avevo visto in televisione. Con le orecchie piene di belle canzoni, mi diressi verso Bari e, come i pellegrini medievali che andavano a Gerusalemme, mi imbarcai per raggiungere la culla di ciò che siamo.

Mi vennero le lacrime agli occhi vedendo le pietre sacre del Partenone, ma Atene non era come l'avevo sognata. Nel frattempo però, dentro di me, la storia mi spiegava che tanti secoli di dominio ottomano le avevano sfigurato il volto. Ed evocai la figura di Byron mentre moriva per l'indipendenza della sua Ellade.

«*Kalì mera! Kalì spéra!*».

Adesso sono Icaro con le ali di cera dell'immaginazione mentre sorvolo le isole del mar Egeo. Ed ecco Lesbo, la patria dell'ineffabile Saffo, oltre c'è Troia e l'ombra di Omero e ancora più distante Istanbul, la città di Costantino, la moschea di Santa Sofia, il Bosforo, i Dardanelli, il Ponte Eusino, ὁ Ποντοσ Εὔξινοσ, "il mare ospitale"... Sono Icaromenippo e salgo a visitare i seleniti e dalla luna a osservare la terra laggiù – che riconosco dalla nebulosa della galassia dal faro di Alessandria, dalla torre Eiffel, dal Big Ben che batte le ore, dalla torre di Pisa, dal palazzo della Comunità europea a Bruxelles, dal fumo della guerra dell'ex Iugoslavia, dalle banderuole e le cupole del Cremlino – come sono ridicole formiche gli uomini con i loro problemini e la loro superbia di merda.

«Di merda?», sento delle proteste. «Ti sei adagiato sulle tue universalità e osservi altezzoso. Problemini? Non hai anche tu i tuoi? Vieni giù, scendi e guardati».

«Fame, malattie, guerre, in realtà l'Apocalisse è laggiù, sulla Terra. Qui, dall'alto si vede meglio come l'uomo sta distruggendo ovunque il pianeta, la sua casa. Ogni tanto non gli farebbe male vedere le proprie miserie dall'alto e con distacco...».

Un giorno mi trovai al raccolto di *portokallia* a Creta e di lì feci un salto a Cipro in pellegrinaggio in memoria di un portoghese che vi fu re. Fratello del re di Catalogna, entrambi figli di quel principe che come me percorse questi luoghi cinque secoli e mezzo fa. Ne seguo le orme scendendo verso la Terra Santa, verso l'Etiopia di Preste João, visitando l'Ombelico del Mondo, i regni di Gog e Magog, attraversando il Danubio gelato, con la differenza che lui aveva le tasche piene e il conto in banca a Firenze con ventimila fiorini d'oro depositati nella banca dei Medici. Lui certo non sapeva cosa volesse dire dormire avvolto nel sacco a pelo, sotto un ponte, senza soldi e affamato, in terra straniera... Io per quel che mi riguarda, non so più ciò che è leggenda o realtà o sogno, se sono partito da Occidente o da Oriente. Sento di camminare nei deserti dell'Arabia Petrea, nelle carovane dei mercanti sulle rotte della seta, delle spezie, del sandalo e dell'incenso, dell'avorio e dell'oro. Sono tutti i pellegrini del mio Paese. Vengo dal lontano Catai, dal Cipango, dai possedimenti del Gran Khan. Passeggio lungo le rive del Tigri e dell'Eufrate, per le strade di Bagdad, sono Alì Babà... Sono la bella Europa rapita da Zeus nei paraggi della Fenicia e portata sul dorso del Toro fino alle soglie di Ponente, fino all'Oceano, fino alle Colonne d'Ercole, al giardino delle Esperidi, alla città di Ulisse...

«Vai lontano a prendere Europa».

«Prendila lontano dove il Sole nasce e portala lontano dove tramonta e, facendo il giro del mondo, riportala da dove è venuta».

Finché c'è allegria e uva, agrumi, pomodori e lattuga da raccogliere, le tasche si riempiranno...

Un'aquila in cielo. Lente ali che si librano sulle cime delle montagne ricoperte di neve e indaco e improvvise picchiate scheggiate di precipizi... Guarda lì, un portoghese a passeggio per l'Europa dei romani. Com'è piccolo! I capelli hanno riflessi biondi, nero corvino, castani, gli occhi sono iridati di azzurro, verde, di oscurità degli abissi, pelle bianca, scurita, amalgamata a tutti i colori...

In ogni Paese mi appaiono davanti agli occhi fantasmi di ciò che ho imparato. Vorrei andare lassù verso le notti bianche del Nord, attraversare i Paesi del centro e la *Rossia*, come fece, secondo la leggenda, il principe di cui porto il nome. Più che il Paese della rivoluzione del secolo, la Russia mi porta alla memoria una miriade di riferimenti meravigliosi... Dostoevskij, Čechov, Pavlova, *Ociciornia*, Turgenev. Il Volga e i suoi barcaioli, e ancora mi risuona nelle orecchie la vecchia filastrocca imparata a scuola per memorizzare le fermate della transiberiana: Omsk, Tomsk, Vladivostok...

Vorrei andare lassù in Finlandia, in Svezia. Della Finlandia dai mille laghi non conosco nulla ad eccezione della neve dei ghiacciai, delle fotografie e del cinema, riassunti enciclopedici di eventi storici. Della Svezia poco più: Paese del Nobel e di quella regina Cristina, i cui amori con un ambasciatore spagnolo furono interpretati da Greta Garbo, detta "la divina", la donna che ebbe il coraggio di rendere eterna la sua particolare bellezza ritirandosi. Più a Nord, in Norvegia, ascolto la musica di Grieg tra le nebbie fitte dei fiordi... Arrivare in Danimarca, Paese dei vichinghi che incrociano i mari del Nord e insieme ai portoghesi scoprono isole sperdute e nuovi continenti. Lì vagano le ombre di Amleto alla corte di Helsenore e sulla cresta delle onde canta la sirenetta di Andersen...

Ma il momento di ritornare sta per arrivare e Suzana e Rui mi aspettano a Parigi. A Vienna, in Austria, un valzer, Massimiliano I con Maria di Borgogna, figlia del *portugalois* Carlo il Temerario. Il brivido della paura di fronte al tocco di striscio che passa vicino... strada innevata in seno alla Foresta Nera... Il re dei pioppi dallo sguardo lucente arriva facendo svolazzare il suo mantello color della notte allungando la mano ad artiglio, sulla montagna nera:

Wo reitet so spät durch wacht und wind?
Es ist der vater und sein kind...

Chi cavalca così tardi alla pioggia e al vento?
È il padre con il suo bambino...

Il bambino, al richiamo fantastico che sopraggiunge nel soffio della brezza e che lui solo sente, freme tra le braccia del padre:
«Vieni, vieni con me!...».
«No, non vengo», gli risponde risoluto. Spero che rimanga deluso e non continui a impaurire la mia gente. Correndo attraverso l'Olanda delle dighe, dei tulipani, di Erasmo amico dei portoghesi, il Belgio con cui i rapporti di fratellanza sono rafforzati da tanti secoli... Addio, addio, non ho tempo... e l'Inghilterra? e l'Irlanda? Ma varrà la pena evocare la rosa rossa dei Lancaster, del mio principe? E tutti i sacri miti che da lì provengono? In Svizzera compro un cappello tirolese, attraverso il Lussemburgo, il granduca è nipote di un portoghese... Addio, addio... *Paris, je t'aime, je t'aime beaucoup*... Ritrovo gli amici. I soldi mancano. Suonare la chitarra nel metró, il cappello riverso a terra per la raccolta di monete ignote, oppure in un ristorante portoghese ad accompagnare una vera *fadista*.

Angoulême, sulle rive della Charente... attraversare a nuoto il fiume verso una sponda sconosciuta, il fagotto dei vestiti sulla testa e dall'altra parte del fiume trovare ad accoglierci la canna di un fucile impugnato dal proprietario, zelante della sua vigna, del suo frutteto. Finì per darci lavoro. Un giorno rimasi schiacciato da un trattore e venni via con un braccio al petto. Un ricco industriale mi diede un passaggio fino a Valencia.

«Sai saldare?»

«No».

«Rivette sulle lamiere di grandi petroliere. C'è scarsezza di buoni saldatori. Impiego sicuro. Ben remunerato».

Mi trovai di nuovo senza un centesimo. Per rimediare i soldi per comperare il biglietto di ritorno, decisi di donare il sangue. Il banco lo chiamavano *El Vampiro*. Milleduecento *pesetas* a prelievo. Presi il treno per Lisbona e arrivando a casa sentii un batter d'ali...

Uscì fuori dai rami del pero e dell'albicocco, che oscillarono come in un breve inchino per salutarlo. Pere beccate dagli uccellini, *crash*, che si spappolano succose, saporite in bocca, colte dall'albero e mangiate con la buccia. *Plim!* La bacchetta della fata buona: pomi lucenti, lucidi come la testa calva dei vecchi, ingrassati dal concime, insipidi, standardizzati, europei... Albicocche che non riuscivano a maturare, tanta era la fretta di assaggiarle per il mese di maggio. Salivamo sul tetto del pollaio e poi ci allungavamo il più possibile, in punta di piedi e con le braccia protese per poterle cogliere. Albero troppo grande per noi così piccoli. Manteneva i rami più carichi fuori dalla nostra portata, senza lasciarci arrampicare. Ci offriva, tra il generoso e lo spassoso, alcuni rami fini che saturi si curvavano. Un ramo più alto del muro andava dall'altra parte a offrire il colore e il sapore ai vicini.

Sul pianerottolo del portone romanico tortoreggiava dimenando la testa, inarcando il petto. Le ali sembravano mani dietro le spalle di un signore panciuto e importante. Io sono il padrone di casa! Sono arrivato! Sono qui...! Poi entrò. Beccò la padrona sulla nuca, corteggiandola sottomessa...

Quante vie del mondo e della vita percorse! Tutte portano qui, non importa quanto lungo sia stato il pellegrinaggio... Anch'io ritorno alla piccionaia. A proteggermi? Ferito?... In fin dei conti siamo ciò che ci circonda e ciò che ci ha allevati fin da piccoli... oggetti, persone, terre, cieli e mari...

SPAGNA

Juan Goytisolo

Il nemico mortale

Titolo originale:
El enemigo mortal
Traduzione di Alessandra Picone

Juan Goytisolo

Il nemico mortale

Secondo una leggenda letta da bambino, ogni essere umano, al momento del parto, nasce accompagnato dal suo nemico virtuale. Questi può venire al mondo in un continente diverso, può appartenere ad un'altra razza ed essere di un altro sesso, vedere la luce agli antipodi. L'uno ignora l'esistenza dell'altro e l'odio ostinato che li unisce, a meno che un nefasto destino non li faccia incontrare. In tal caso, il riconoscersi sarà folgorante e lo scontro mortale. L'avversario nascosto non desisterà dal suo proposito fino a quando non vedrà compiersi il suo destino: cancellare dalla faccia della terra il suo gemello e rivale.

All'inizio dell'assedio, la leggenda rimase sepolta nel suo inconscio e non emerse che alcuni mesi dopo. Il suo appartamento comodo e moderno della città nuova, situato vicino alla linea del fronte, aveva subìto quasi immediatamente l'impatto dell'artiglieria nemica. Il salotto dove riceveva le visite – con le finestre che davano sul fiume e sulle case antistanti, covo dei cecchini – venne distrutto. L'onda d'urto smantellò la stanza da pranzo riducendola in uno stato precario, esposta ai lanci delle granate e dei mortai. Fortunatamente la terza stanza – la camera da letto – risultò indenne dall'attacco brusco e spietato dell'artiglieria. Soltanto i quadri erano caduti a terra e si affrettò a rimetterli a posto, dopo aver spazzato meticolosamente il corridoio che attraversava l'appartamento da una parte all'altra e dopo aver ammucchiato i calcinacci e le macerie nell'enorme breccia aperta sul vuoto.

Credeva, come i suoi vicini, che la situazione non sarebbe durata a lungo. La comunità internazionale non avrebbe tollerato quell'assedio medievale con armi moderne al quale erano sottoposti senza alcun motivo. Così, seguendo il loro esempio, a sangue freddo e armandosi di pazienza, si dedicò alle faccende di casa e al giardinaggio, lavori che poteva permettersi grazie al suo nuovo stato di storico disoccupato: la Biblioteca nazionale, dove prima dell'assedio trascorreva la maggior parte del suo tempo, consultando il fondo dei manoscritti arabi e ottomani per una ricerca che stava realizzando, era stata colpita da missili incendiari e, ad eccezione delle facciate di stile neomoresco dell'epoca asburgica, era ormai solo un malinconico mucchio di macerie.

Con l'aiuto di una zappa acquistata al mercato nero, prendeva la terra dai giardini che si trovavano nella parte posteriore dell'edificio e la portava al quarto piano. Secchio a secchio, la spargeva sul pavimento di quello che era stato il suo salotto trasformandolo così in un orto dove piantava semi di carote e di cipolle. Li innaffiava tutti i giorni, curando amorevolmente il suo scarso ma confortevole raccolto. Da quando era arrivata la Forza Internazionale d'Intervento, i bombardamenti dell'artiglieria e delle armi pesanti erano meno frequenti, nelle pause tra un bombardamento e l'altro fatte di lunghi silenzi che traevano in inganno si sentiva sporadicamente il rumore degli spari. Soltanto i cecchini proseguivano la loro attività senza tregua e senza niente e nessuno che si opponesse: i militari delle forze internazionali, i cui carrarmati circolavano proprio sotto casa sua, non facevano niente per metterli a tacere.

Il fischio di un proiettile a pochi centimetri dalla sua testa – quando ormai si era adattato a delle circostanze eccezionali divenute poco a poco di routine, dopo vari mesi di attesa innaffiava le piante del suo orticello – segnò l'inizio improvviso di un'altra tappa dell'assedio, più dura e inquietante. In preda al panico, aveva lasciato cadere la pentola con la quale versava l'acqua e aveva cercato riparo contro la parete della stanza attigua. Qualcuno aveva sparato su di lui da una casa al di là del fiume. Prese il suo binocolo e, attraverso la breccia aperta dall'esplosione dell'obice nella parete che separava le due stanze, mise a fuoco una ad una le finestre da dove apparentemente proveniva lo sparo, fino a individuare la canna del fucile che aveva preso di mira proprio casa sua. Nella penombra intravide una testa coperta da un passamontagna: il cecchino continuava a puntare sul bersaglio con una testardaggine che lo sconvolgeva. Perché proprio lui e non un altro? Lanciò un cuscino nel corridoio, nella parte dell'appartamento presa di mira, e il rimbombo del proiettile, che di rimbalzo si era conficcato nel soffitto, lo convinse di quanto fosse vero il suo presentimento. L'individuo con un sopracciglio appoggiato sulla culatta dell'arma lo aveva scelto come vittima. Fu allora che affiorò dal fondo della memoria il ricordo di quella lettura infantile: senza alcun dubbio si trattava del suo nemico mortale. Quella che era stata solo una minaccia virtuale si era concretizzata: adesso era a soli cento metri da lui. Quel nuovo assalto alla città li aveva messi in contatto.

Dopo il primo momento di perplessità, la scoperta rafforzò il suo desiderio di resistenza e il suo istinto di sopravvivenza. Invece di farsi vincere dallo sconforto come la maggior parte dei suoi vicini dopo aver atteso inutilmente per mesi e mesi un ipotetico intervento esterno, la certezza dell'esistenza del suo nemico mortale dall'altra parte del fiume era diventata assillante. Doveva scongiurare la sorte, contrastare i suoi piani, sorvegliare con la stessa tenacia e cautela con cui lui stesso veniva sorvegliato.

Individuato il nascondiglio da dove proveniva il pericolo, decise di adeguarvi la propria vita e i suoi movimenti. Per ore e ore, spiava la canna del fucile sempre in agguato e quella testa mascherata appoggiata sulla culatta: era il programma e l'obiettivo della sua giornata, la sua vera e propria ragione d'essere. L'eccessiva attenzione che gli dedicava quello sconosciuto finì per lusingarlo. Il suo nemico mortale era al suo servizio giorno e notte, gli consacrava scrupolosamente il suo tempo, come un amante solerte viveva solo per lui.

A quella strategia d'assedio rispondeva con la sua strategia di assediato. Spostò il materasso dalla camera da letto alla piccola stanza adiacente alla cucina, dove prima dell'assedio aveva consultato i manoscritti sulla vita di un oscuro santo marocchino e dove aveva ammucchiato libri e dizionari. Divideva il suo tempo tra quella stanza e la cucina, assorto nella cottura dei disgustosi cibi in scatola distribuiti dalle organizzazioni umanitarie o adattando versioni fittizie dell'assedio presumibilmente scritte da un anonimo comandante della Forza Internazionale d'Intervento.

Era consapevole che il suo nemico mortale non avrebbe desistito dai suoi propositi. Più di una volta, quando si era affacciato, senza le dovute precauzioni al corridoio per raccogliere un oggetto che aveva dimenticato in quella che era stata la sua stanza da letto o per controllare lo stato in cui era ridotta la stanza da pranzo dopo lo scoppio di una granata su un edificio vicino, il sibilo di una pallottola lo aveva restituito brutalmente alla realtà. Doveva mantenersi costantemente in guardia: qualsiasi distrazione poteva costargli la vita. Per assediare chi lo assediava, doveva correre in fretta e furia verso quella che un tempo era stata la sua stanza da pranzo e da lì puntare il binocolo sul nascondiglio.

Se il suo nemico mortale era al proprio posto, lui non poteva fare altro che nascondersi e aspettare che la canna silente dell'arma sparisse dalla finestra: anche il nemico si alimentava, defecava e dormiva. Non poteva più andare come prima in quello che era stato il suo salotto per innaffiare l'orticello; il fucile del cecchino era dotato di strumenti di visione notturna, come aveva potuto verificare la notte in cui uno sparo gli aveva letteralmente strappato dalle mani la pentola ferendogli il pollice e obbligandolo a sdraiarsi nella stanza accanto fino a quando all'alba, tremando di freddo, era riuscito a scorgere attraverso la breccia che il suo nemico si era assentato, di certo solo momentaneamente.

Il territorio che occupava nell'appartamento si restringeva come una pelle di zigrino. Soltanto la cucina e il piccolo studio offrivano un'esile parvenza di sicurezza. Ma la carenza di finestre in quest'ultimo e la mancanza di elettricità gli impedivano di stabilirsi lì per lavorare. Condannato all'immobilità, cucinava e scriveva rannicchiato in cucina, approfittando della luce che penetrava dalla facciata posteriore dell'immobile. Le candele con le quali all'inizio dell'assedio si faceva luce e che gli permettevano di consolarsi con la lettura erano ormai un lusso impossibile oltre che un'esca mortale. Le elucubrazioni e le fantasie sul suo doppio lo accompagnavano lungo l'intera giornata. Chi era, che aspetto aveva, erano stati stampati entrambi con la stessa matrice? Come aveva presentito e incarnato l'identità del suo irriducibile nemico? L'aveva decifrata osservando gli astri o leggendo le linee della mano? O era stato illuminato, come a volte pensava, da una visione fulminante, una anagoresi teatrale?

A volte credeva di essere vittima dell'autoinganno, di vivere una scena frutto della sua schizofrenia. Ma gli spari con i quali l'imboscato al di là del fiume gli ricordava regolarmente la propria presenza facevano svanire qualsiasi dubbio. Con una temerarietà prossima all'incoscienza, correva per il corridoio fino al nascondiglio da dove poteva spiarlo con il binocolo e tirava un sospiro di sollievo: era ancora lì. Il fragile e sottile filo di vita che li univa attraverso il fronte e il fiume era la sua ultima e migliore garanzia di continuità.

Poco a poco si era rintanato, aveva limitato i suoi movimenti al minimo necessario: un salto dalla cucina alla cameretta e da lì al bagno. Le veloci incursioni nella stanza da pranzo e verso il suo orifizio di guardone, contrarie alla più elementare prudenza, erano la sua droga quotidiana: per nessun motivo poteva rinunciarvi. Aveva continuamente bisogno di verificare la caparbietà di quell'amante geloso, quel suo vigilare devoto e costante. Durante giornate intere, scrutava la canna del fucile e la testa coperta con il passamontagna. Un dubbio lo corrodeva: la situazione di totale complementarietà e concordanza implicava reciprocità di sentimenti?

Poteva esistere l'uno senza l'altro oppure i loro destini erano inseparabili come pretendeva la leggenda?

Era stato l'esasperato dibattito interiore a rivelare per telepatia al cecchino il suo audace e ossessivo sospetto? O qualche suo vicino, complice occulto degli assedianti, aveva fatto la spia con segnali di un codice segreto? Un centinaio di spari ben diretti alle crepe e alle fessure del muro, crivellandolo di buchi, riuscì comunque nel proposito: rendere visibile e impossibile l'agguato. Nessun muro lo proteggeva più dall'accanimento della sua sentinella. Con una sconvolgente sensazione di sconfitta, si rifugiò nel suo spazio meschino ridotto ai pochi metri quadrati della stanzetta e all'inospitale e squallida cucina.

Rimase lì diverse settimane, senza scrivere e quasi senza mangiare, con la mente che pensava solo al mistero del suo implacabile nemico. Invecchiò, perse peso, smise di lavarsi. Il suo volto incominciò a risultargli estraneo quando si guardava allo specchio, quello stesso specchio dove una mattina, finalmente, vide riflettersi, all'improvviso, da lontano, quel gruppo di case situate al di là del fiume, la tana del cecchino, la corta e luccicante canna dell'arma, la testa appoggiata come sempre sulla culatta, alcuni secondi prima dello sparo, questa volta mortale e definitivo.

SVEZIA

Lars Gustafsson

Un sermone di prima estate

Titolo originale:
Andra Söndagen i Trefaldighet
Traduzione di Andreas Sanesi

Lars Gustafsson

Un sermone di prima estate

Ciocco posteggiò nel posto più facile che trovò, sotto un vecchio olmo vicino al muro di cinta del cimitero, i cui rami erano squassati dal vento. Poi andò a grandi passi fino all'ingresso della chiesa e, bagnato fradicio com'era, entrò. Non poteva andare a pensare che arrivava in piena messa grande. Tutto quello che voleva Ciocco era una chiave a tubo della misura della sua candela. E il sagrestano, Andersson, ce l'aveva: Ciocco sapeva perfino in quale cassetto della sagrestia.

Il portone sbatté molto più forte di quanto lui si aspettasse; doveva essersi sregolato il chiudiporta. E diverse facce, all'improvviso stranamente grandi e bianche nel buio del temporale, che cadeva rapido, si voltarono verso l'ingresso.

Tutto era cominciato così.

Dopo un mattino radioso, pieno del canto degli uccelli, del profumo di betulle in fronda e di tigli appiccicosi di melata, il cielo si fece fosco ad occidente, e un fronte temporalesco si levò sopra il Landsberget. (Si dice che prima di Mezzestate i temporali non passano mai il Landsberget, ma non è vero.) I pensionati arrivati da Sura e Virsbo col pullman prenotato guardavano ad occhi spalancati verso occidente, dove il cielo rapidamente si infoscava; cosa che qualcuno trovò di cattivo auspicio.

Fenomeni di questo genere, in giugno, sono piuttosto inconsueti, ma possono accadere. La pioggia arrivò come un muro, rapida, travolgendo tutto, e prima che ci se ne potesse ben rendere conto.

Ed era scomparsa la bella giornata di prima estate, certo la terza o la quarta di una serie di belle giornate.

Tutti, i pensionati e gli altri partecipanti alla messa, rabbrividirono ed entrarono di corsa in chiesa, dove quel giorno si suonava come preludio una variazione sul corale *In questo dolce tempo d'estate*.

Naturalmente non c'erano solo pensionati in pullman. Hjorth non c'era, ma erano venuti molti altri. C'era Sandberg, che ormai abita giù alle Bicocche, dove coll'aiuto dei figli, che vanno e vengono da Uppsala, conduce una specie di azienda agricola. Ha gli occhiali sempre pieni di macchie, per le scintille della saldatrice; per quanto stia a fregare non van mai via.

Tra gli ultimi, muniti o non muniti di ombrello, che si buttarono dentro al portone, c'erano le due sorelle Wickholm, Cecilia e Amelia, che possiedono e gestiscono con fortune alterne, fra inverno e estate, l'emporio che c'è su alle officine di Ängelsberg, e il trivellatore di pozzi Andersson di Vasstorpet, che è in alto, nel bosco di Kyrkoskogen, a metà strada per il lago di Hörende.

Che venisse Axelsson stupì più d'uno dei frequentatori della chiesa, dato che nessuno lo vedeva lì da anni. Forse stava arrivando all'età adatta per interessarsi di cose dello spirito. Piccolo, pallido e vigoroso, con sempre in testa un vecchio berretto a visiera sopra i vivaci occhi marrone, pronto di lingua e di testa, era conosciuto in quelle campagne perché aveva una quantità di libri, cosa lì non del tutto abituale. No, lui atteso non era.

Un poco più atteso era forse invece il capostazione Hanson, delle ferrovie. Lui era corista, ma ormai non veniva a cantare da un pezzo. Che volesse sentire come se la cavava il coro senza di lui?

E poi, per un gioco del caso, Ciocco, poveretto.

La comunità dei fedeli stava cantando, nel modo strascicato tipico di queste comunità di fedeli:

Adorna prati e valli già
Gentil verde vestito.
Carezza un'aura tiepida

*Il bel campo fiorito.
E il sole, il rio,
Il mormorio
Fra i salci d'acque chiare
L'estate sta a annunziare.*

*Ed ogni uccello lode fa
Di estate, e un'aria intona,
Già ebbro di felicità,
Dal bosco che risuona.
È un cantico
Che innalzano
Di speme quei cantori,
Con gli alberi ed i fiori.*

quando Ciocco, senza farsi troppo notare, dall'atrio si infilò in chiesa e, bagnato come un topo di chiavica uscito da un fosso, si lasciò cadere sull'ultima panca, salutato con un cenno del capo da alcuni, ignorato da altri, ma ben conscio di come tutti quelli che erano del paese comunque lo conoscessero.

Il comprendonio di Ciocco era generalmente ritenuto piuttosto limitato – in caso contrario Ciocco non sarebbe stato Ciocco – ma malgrado ciò le sue povere, limitate doti raziocinanti potevano apparire sorprendentemente acute quando si toccava un tipo particolare di questioni: quelle che avevano direttamente a che fare con l'esperienza. Ora per esempio se ne stava lì, tutto zuppo e tremante, e un po' vergognoso per il rivolo d'acqua piovana che si spandeva da calze e scarpe, rivelando una leggera pendenza del pavimento verso il passaggio centrale fra le panche (perché era da quella parte che l'acqua andava), a meditare non su come riuscire a mettere in moto il ciclomotore annegato nell'acqua e soffocato, ma su una questione ben diversa:cosa diavolo poteva voler dire il poeta quando diceva che «*il mormorio / Fra i salci d'acque chiare / L'estate sta a annunziare*»?

È vero che i salici amano i posti un po' umidi, ad esempio le rive dei fossi, ma se ci fosse stata tanta acqua da poter addirittura mormorare fra i salici, a quei poveri arbusti nessuno avrebbe predetto lunga vita. Noi sappiamo, ovviamente, che il povero Ciocco non è a conoscenza del nome scientifico della pianta utile in questione, cioè *Salix caprea*, ma nulla ci impedisce di mostrare, anche nel ritrarre un uomo inerudito, la nostra erudizione. Mica possono sopravvivere in mezzo alle acque mormoranti, i salici! O era una specie di inondazione quello che il poeta ha cercato di descrivere? In quel caso avrebbe potuto spiegare un po' meglio i particolari, verrebbe da dire.

Questi pensieri da dilettante, e certo del tutto privi di scientificità, attraversarono – quasi a passo di processione, si potrebbe dire – il lento ma meticoloso cervello di Ciocco durante quel minuto scarso, quarantadue secondi per la precisione, che il piccolo vicario Arne Blom (evidentemente un vicario straordinario), fornito di pancetta e di un paio di baffetti civettuoli, impiegò per salire i gradini e prender posto sul venerabile pulpito della chiesa di Västervåla.

Il vicario Arne Blom non aveva ancora dato prova di sé in quella chiesa. Per la verità nemmeno dopo i fatti che qui verranno narrati, e che innegabilmente attirarono sull'ometto la pubblica attenzione, si trovò qualcuno che sapesse dire con precisione da dove venisse e che cosa facesse su un pulpito. Era uno fra i tanti sostituti che andavano e venivano, ogni domenica o ogni due, per gran parte dell'anno liturgico. Da quando il vecchio curato Nilsson se n'era andato e da quando la canonica, resa privata, era stata venduta a un consulente di informatica di Stoccolma, di solito andavano così le cose.

E la cosa interessante è che nessuno, nemmeno dopo l'accaduto, fu in grado di spiegare in che modo quel vicario straordinario (decisamente straordinario, bisognava dire) aveva avuto quel posto di vicario, nonché di sostituto del curato di Västervåla.

Nell'archivio centralizzato del personale del venerabile Capitolo del Duomo, a Västerås, malgrado le ricerche molto dettagliate svolte in un secondo momento su espresso desiderio del vescovo Hans Ytterberg, non si reperì la benché minima informazione circa un vicario straordinario Arne Blom. Non era sul libro paga, né c'era mai stato. Per la diocesi di Västerås l'uomo sarebbe rimasto per sempre un totale mistero, non meno che per i fedeli di quella domenica. Il prevosto Tim, a Fagersta, giurò di non averne mai sentito parlare, e di non ricordare affatto di aver mai nominato un sostituto. Era assolutamente convinto che il problema del posto vacante di Västervåla fosse stato risolto l'anno precedente, non ricordava quando. Doveva esser successo che, da qualche parte, uno di quei pezzi di carta ufficiali tanto indispensabili nella nostra epoca si era inceppato, o piegato, dentro a qualche macchina per l'elaborazione di prodotti cartacei.

Non vi era traccia del fatto che quell'uomo eccentrico fosse mai esistito. Avrebbe potuto arrivare e andarsene senza che nessuno neppure si accorgesse di lui. Del resto a cosa sarebbe servito? Visto che l'uomo non era su un libro paga, a rigore non costituiva un problema; o era un problema del tutto passeggero.

Ma la Provvidenza aveva deciso altrimenti.

Tenendo conto della brevità della rappresentazione bisogna dire che ne seppe trarre il massimo.

I presenti al sermone ne riportarono impressioni diverse. Alcuni lo trovavano blasfemo, fino a raggiungere, e a superare, i limiti estremi di ciò che è ammissibile. Ad altri pareva di sentirvi il sorgere di un nuovo orientamento teologico in seno alla chiesa di Svezia, più legato alle nascoste tradizioni gnostiche del Cristianesimo, e più che necessario in un tempo in cui i sermoni sembravano perlopiù esortazioni a votare socialdemocratico. Alcuni poi lo vedevano come un attacco politico, abbastanza volgare, contro i verdi, e di fatto era possibile interpretarlo in quel senso.

Ma quasi tutti lo trovarono interessante. Fu comunque un sermone di cui si parlò dopo che fu finito. E non succede sempre così.

L'ometto con la testa pelata e i baffetti non aveva il discorso scritto. Pensosamente il nostro oratore rilesse, questa volta da solo, la bella strofa finale dell'inno estivo di Wirsén; quasi come se non fosse già stata appena cantata sotto le volte di quella chiesa.

Per un istante sembrò che fosse per lui un'esperienza del tutto nuova e sorprendente. Leggeva con attenzione, accentuando parole e espressioni completamente diverse da quelle che si accentuano di solito.

Passato ancora un istante a osservare, in modo molto sacerdotale, il baldacchino rotondo del pulpito (forse vi si era posata una vespa), il vicario si schiarì la voce, bevve un sorso d'acqua dal bicchiere e, risolutamente e senza seguire alcuna traccia scritta, cominciò a parlare:

«Amici!

«Con quanta vivezza d'immagini le parole del Poeta ci rammentano l'imperscrutabile saggezza e bontà con le quali la natura è stata ordinata da un benevolo Creatore! E vi è forse stagione in cui tale straordinaria bontà del Creatore ci viene dimostrata più chiaramente che ora, in giugno, nel tempo degli ippocastani e dei lillà, delle rondini, delle oche granaiole e delle gru?

«Quanto diventa chiaro, in questo nostro dolce tempo della Trinità, che questo mondo è stato ordinato da Qualcuno, Qualcuno che voleva il nostro bene!

«Non ci porta testimonianza la fragola di bosco col suo dolce profumo e sapore, proprio in questi giorni in cui i suoi frutti deliziosi appaiono discreti sui terreni delle carbonaie, di un disegno superiore, inteso al nostro bene?

«Quanto sono ancora chiari i nostri laghi, sotto un mite cielo di prima estate!».

(I lampi sempre più violenti provenienti da mezzogiorno rischiaravano le vetrate della chiesa – realizzate da Randi Fischer alla fine degli anni Cinquanta e donate dal console generale Axel Axelsson Johnsson, delle officine di Ängelsberg – così che per un attimo, nei loro molteplici colori, fecero un'impressione paurosa, troppo variopinta. Tutto sembrava dimostrare che la spontaneità del predicatore, in qualche misura, fosse simulata, e che anche lui, come altri, seguisse un testo scritto, mandato a mente senza farlo notar troppo. E che ora evidentemente non gli serviva più.)

«Con quanta vivacità sono increspati dalla mite brezza di prima estate, come accenna l'autore dell'inno; dalle grandi fresche distese dell'Åmänningen ad ovest fino ai piccoli, chiari laghetti dei boschi ad est, dal Märrsjön e dai tre laghi artificiali, passando per la foresta, fino al favoloso lago di Hörende, che nelle sue fresche profondità contiene tanti pesci buoni e nutrienti. In verità, ci è stata dispensata una grande abbondanza di pesci, dalle sinuose bottatrici, bianche sul ventre, che sono negli alti fondali dell'Åmänningen, ai temoli e ai persici piccoli e scuri dei laghetti; e tutto perché vi fosse nutrimento buono e abbondante per noi tutti.

«Ma pensate, nemmeno questi ricchi doni della natura esauriscono la dovizia di quanto ci ha dato un generoso Creatore!

«Non ci ha Egli infatti anche fatto trovare nelle nostre aiuole i grassi lombrichi che, attorcigliandosi piano sull'amo, richiamano l'attenzione vivace dei pesci?

«Considerate, cari cristiani, quanto sarebbe stato gravoso andare a pescare in giugno se fossimo sempre stati costretti a gettare pesanti reti e, al primo albore, a vuotarle!

«Che il creato intero, grande e misterioso, sia al nostro servizio, pieno di ingegnosità e di sorprese, in verità è cosa non soltanto vera nel bel mese di giugno. La benevolenza di Nostro Signore dura tutto l'anno, come ci dice un altro autore di inni».

Qui il vicario si schiarì la voce, alzò lo sguardo, sguardo fermo nella fede, verso il baldacchino del pulpito, quasi sperasse fervidamente che l'eventuale mosca o vespa che lì si trovava se ne fosse ormai andata. Il pio uomo parve per un istante aver veramente perso il filo, ma si scoprì che era solo uno di quei trucchi che usano i buoni oratori per tendere al massimo l'attenzione del pubblico.

«Per certo non è sempre giugno, e faremo tutti bene a prepararci a quel che ci può attendere.

«Presto sarà agosto, e i nostri boschi si riempiranno di nuove meraviglie della natura.

«Considerate, cari cristiani, la ricchezza, l'ingegnosità dei funghi! E non si pensi solo a quella delizia degli occhi che sono i gallinacci dal bel colore giallo, alla superficie grinzosa della spugnola, così gradevole alla mano che cerca, ma a tutti gli altri, a quelli più modesti, a quelli sotterranei, che, tutti, hanno parte in un insieme naturale più grande. Quelli filosi, quelli grigiastri, quelli bianchi e lanuginosi, quelli a squame appiccicaticce, quelli tenaci, quelli freddi e collosi.

«Quelli che non sono che una schiuma gialla su delle assi, sotto il cartone catramato di un tetto, o degli strani granelli sotto le radici di un albero caduto. Hanno tutti un proprio compito, e tale compito non è sempre legato al fungo visibile. Poiché al di là di quella delizia degli occhi così effimera vi è la formula, il segreto che nel giro di pochi mesi fa apparire tutte le delizie.

«Ed è questa formula ciò che dura. Vedete, si conserva pure d'inverno. Saggiamente custodita nelle oscure profondità del micelio, minacciata dai trattori forestali e dagli incendi, ma senza mai poter essere completamente distrutta, attende, con una pazienza che dovrebbe essere d'insegnamento a noi tutti, che giunga il suo momento.

«Dal più umile albero marcescente, dal più arido terreno di vecchie carbonaie il fungo sa sintetizzare le più sofisticate sostanze chimiche, i neurotossici più perfezionati, come la falloidina, l'amanitina e l'aflatossina, queste gemme della chimica organica, le quali dunque, in certa misura, sorgono da quanto è disprezzato, gettato via, sprecato».

(Qui più di un fedele trattenne il respiro per un istante, e il vecchio professore universitario nonché premio Nobel annuì, per mostrare che anche lui aveva una buona conoscenza delle scienze naturali.)

Il vicario straordinario continuò tuttavia imperturbato:

«Dirà però qualcuno: "Ma può questa Creazione, che fa crescere dalla terra cose così pericolose, pericolosissime, essere davvero buona? Può essere davvero intenzione del Creatore che i reni di ingenui cercatori di funghi si disfacciano come vecchie strisce isolanti per finestre sotto la mano che cerca, quella del medico legale? Che il fiducioso principiante muoia di una morte rapida e impietosa come punizione dell'errore, apparentemente veniale, di confondere la gustosa mazza di tamburo con la tignosa?". Ma esaminiamo più da vicino queste singolari manifestazioni della natura. Non vediamo che tutti i funghi velenosi sono stati forniti di evidenti segnali di avvertimento? Non hanno tutti gli ovoli la loro volva, ben visibile? E la tignosa non ha le sue lamelle bianche che la differenziano così chiaramente dalla mazza di tamburo, la quale è priva di volva e presenta invece delle appetitose lamelle color marrone?

«A chi è attento basta osservare i chiari segni della natura, quei segni che il Creatore ha posto nella natura stessa affinché noi impariamo a scegliere il bene e ad evitare, senza cedimenti, il male. Immagine questa, in verità, anche della nostra vita morale!

«Ma forse lo scettico che or ora voleva disturbare le nostre considerazioni sulla funzionalità e la bontà di cui la natura è stata dotata dal Creatore è ostinato.

"Sarà anche vero per i funghi comuni", dice forse il nostro scettico. "Ma è davvero possibile che tutti i rappresentanti dei miceti siano stati voluti da un Creatore buono e saggio? Non dovremo, volendo ragionare della natura e della sua bontà, soffermarci su qualcosa come quel grande sottogruppo che è chiamato dei micromiomiceti, ovvero il mondo ricco e vario dei batteri?"».

A questo punto, fra gli uditori, specialmente fra quelli un po' anziani, alcuni cominciarono a tossire con una certa impazienza. Evidentemente non tutti ritenevano che un sermone sulla ricchezza della Creazione dovesse proprio entrare così nei dettagli.

Ma il vicario proseguì indisturbato:

«Per certo non tutti i batteri vogliono il nostro male. Molti di essi entrano ed escono dal nostro organismo senza recarci né danno né giovamento. Altri poi hanno una funzione positiva, anzi indispensabile per la nostra digestione e per la produzione di vitamine e altre sostanze utili, di cui – è più che evidente – necessitiamo per il nostro benessere. In simbiosi antichissime questa flora batterica amica collabora con la biologia del nostro corpo, esattamente come nei boschi la terra di carbonaia collabora con la nobile pianta di fragole.

«Quanta varietà – per non dire quanta inventiva – in questo mondo nascosto: da quei batteri utili che normalmente sono come a casa propria nel nostro colon, e ci aiutano nella digestione, fino ai collaboratori biologici più piccoli, ma anche più utili, che sono nei nostri campi.

«È cosa in verità mirabile il ciclo della natura. E mirabile è la straordinaria precisione presente nel creato intero, dagli esseri più grandi ai più minuscoli.

«E il carattere di finalità, di un ordine meditato a fondo, che si coglie nel creato, ci appare nella sua forma forse più straordinaria quando, con raccoglimento, ci avviciniamo al mondo molecolare in cui vivono le loro vite così stranamente mutevoli gli organismi più piccoli di tutti, cioè i virus».

I colpi di tosse e il raschiar di gole si erano ora in qualche misura intensificati. Ma non certo abbastanza da disturbare il nostro pio oratore, che pareva piuttosto intenderli come manifestazioni di consenso.

«Insecchito, ridotto a volte a cristallo aghiforme, di fatto a pura e semplice stringa di informazioni conservata in una molecola di DNA, ridotto a un programma, finché non venga a contatto con l'acqua che gli dà vita e con il citoplasma della cellula ospite, che in questo incontro, e non prima, gli dà la possibilità di sviluppare quel messaggio che tanto a lungo era rimasto nascosto, il virus ha un fine suo proprio. Diffusi nell'aria in certi casi, ad esempio per la maggior parte delle cosiddette malattie da raffreddamento, in altri invece, come per l'interessantissimo virus responsabile della cosiddetta epidemia dell'AIDS, presenti in certi liquidi, questi virus hanno avuto una straordinaria capacità di diffondersi nel mondo.

«E non solo di diffondersi, ma anche di sopravvivere in un ambiente estremamente ostile».

Ai colpi di tosse provenienti dalle panche della chiesa si era aggiunta ora qualche debole protesta. Subito però messa a tacere da alcuni indignati fautori dell'ordine in chiesa. Si voleva forse impedire al prete di parlare dal pulpito? Non doveva forse questo vicario, evidentemente dottissimo – e, proprio come tutti gli altri predicatori che venivano la domenica, totalmente incomprensibile –, poter portare liberamente la sua novella evangelica fra le mura di una chiesa? Dato che comunque non eravamo in Russia?

Il vicario proseguiva tuttavia come se niente fosse nel suo svolgimento del tema "I segni del Creatore nella natura":

«Difficilmente il Creatore ci sembrerà, nella sua incredibile complessità e inventiva, più grandioso di quando consideriamo la stupefacente capacità del virus HIV di giocare, con gli anticorpi dell'ospite, a elaborate forme di rimpiattino biologico – una partita a scacchi ad alto livello, nella quale l'organismo aggressore è costantemente in vantaggio sull'organismo che si difende grazie al fatto di precederlo sempre di un passo nei complicati rituali dell'identificazione chimica e della lettura molecolare.

«Ma considerate che questo microrganismo avrebbe potuto essere costruito in modo per noi ben peggiore. Che cosa sarebbe avvenuto se il virus HIV fosse stato a diffusione aerea? Certamente non avremmo potuto riunirci qui in questa bella giornata di prima estate!».

Uno scoppio di tuono assordante – l'impressione fu che questa volta il fulmine avesse colpito in pieno il campanile, e passò un istante prima che pareti e vetri cessassero di tremare – non sembrò che voler ulteriormente sottolineare le parole dell'oratore.

«Ma forse il nostro scettico immaginario, incorreggibile com'è – o magari preferiremo dire: nella sua perplessità – si domanderà: "Non saranno tali cose espressione di una natura ignobile, inferiore, una natura che nemmeno i più faciloni fra gli amanti della natura sentono la minima necessità di conservare o proteggere, una natura, cioè, che per l'umanità, fin dai primordi e per tutto il tempo a venire, non può rappresentare altro che il Nemico, e che forse, in realtà, scaturisce da una fonte del tutto diversa, demoniaca, che nulla... veramente e letteralmente nulla..."».

Le parole che seguirono furono coperte – fortunatamente, diranno alcuni, e sfortunatamente altri – da un tuono semplicemente formidabile, che rimbombò per tutta la chiesa come se una potenza superiore, o inferiore, avesse voluto dare il proprio assenso. E ai fedeli, seduti sulle panche, venne fatto di rannicchiarsi su se stessi. Nessuno riusciva a ricordare di aver visto un temporale così grandioso prima di Mezzestate. In ogni caso non su quella sponda del lago.

Era chiaro che fuori grandinava a mitraglia, e solo le belle vetrate dipinte impedivano a Ciocco di vedere ciò che si sentiva così distintamente: le migliaia di piccole nocche arrabbiate della grandine che martellavano il tetto di lamiera e le finestre. Il temporale doveva essere ora al massimo della forza. Fuori dai vetri era buio completo, e se si fosse stati in un paese con una politica agraria diversa i presenti avrebbero probabilmente dimostrato un qualche interesse per le possibilità di sopravvivenza delle colture.

L'unico che appariva ancora notevolmente indisturbato era il vicario, il quale, in tono calmo e ieratico, come si addice a un predicatore nella Seconda Domenica dopo la festa della Trinità, riprese la sua dissertazione, interrotta solo per un attimo.

«Cari amici cristiani! Da tali domande, poco sagge, sulla responsabilità morale del Creatore nei confronti dell'opera sua, o persino sulla capacità del Medesimo di intendere e di volere moralmente, non ci lasceremo indurre all'incertezza o al dubbio!

«Il virus HIV, questa ingegnosa catena di informazioni e controinformazioni, questo strano essere che è in grado non solo di leggere come un correttore di bozze, ma anche di ricomporre e alterare la scrittura genetica che legge tanto da renderla letteralmente irriconoscibile a se stessa e incapace di distinguere fra amici e nemici, non ha cognizione della propria crudeltà. Vuole solamente vivere. Non ha la minima conoscenza del fatto di diffondersi attraverso atti dissoluti, e naturalmente non desidera che il bene dell'organismo ospite, che esso resti in vita il più a lungo possibile; esattamente come l'imenottero che depone le sue uova nella crisalide non augura all'animale ospite altro che la salute e la buona riuscita. Affinché esse possano vivere a lungo nel corpo dell'ospite.

«E non posso che ripetere quello che già ho accennato. Quanto sarebbe stato facile, per un Creatore maldisposto verso di noi, metterci nell'impaccio, se non glielo avesse proibito la sua infinita benevolenza! Non avrebbe Egli potuto far subire a questo virus HIV una mutazione che lo rendesse a diffusione aerea? Dopo tutto sappiamo, dall'esperienza delle malattie da raffreddamento, relativamente innocue, che cosa siano in grado di fare i microbi diffusi nell'aria. Non è sufficiente, d'inverno, un solo starnuto per provocare un'epidemia di raffreddori?

«In chiesa!

«Al posto di lavoro!

«Nella coda dello spaccio di alcolici!

«E in tal caso non sarebbero radicalmente mutate le condizioni della vita umana? In quel caso, in verità, non avremmo potuto riunirci qui in questa bella domenica d'estate, poiché sarebbe bastato per certo il minimo starnuto o colpo di tosse per porre fine alla nostra vita».

Un nuovo spaventoso scoppio di tuono interruppe ancora una volta questo scandaloso sermone, e nell'improvviso silenzio che seguì si udì una voce concitata, che, marcando notevolmente le parole, in un modo che poteva essere segno di una brillante gioventù in artiglieria come ufficiale della riserva, sbraitò, facendo nuovamente tremare le volte medioevali della chiesa:

«Basta con queste dannate scemenze!».

Era l'assai collerico vecchio ragioniere Mats Hanson, delle Case Nuove, che dava espressione, in quello schietto modo tipico del Västmanland, a un'esigenza di critica omiletica che la maggioranza doveva ormai sentire. Ma per la quale nessun altro aveva trovato parole tanto appropriate quanto il proprietario della tenuta delle Case Nuove, un uomo forte e tarchiato sulla settantina, di bassa statura, dai capelli corti ormai grigi, che parlando agitava ritmicamente il suo elegante bastone da passeggio dal manico d'argento. Ora si sentirono da diverse parti esclamazioni di consenso, e incoraggiato dal favore incontrato il signor Mats Hanson, paonazzo per lo sdegno, continuò:

«È per sentire queste maledette fesserie che paghiamo le tasse ecclesiastiche? Ci sarà pure un limite di decenza a quello che si può dire nella Casa di Dio... Cristo!».

Nemmeno il fragore del temporale poteva coprire il putiferio che scoppiò a questo punto in chiesa. Alcuni, disorientati, si alzavano in piedi per rimettersi subito a sedere non meno disorientati di prima. Un'anziana signora seduta proprio vicino a Ciocco, a quanto pareva lievemente isterica, gridò che bisognava chiamare la polizia, mentre un giovanotto in giacca di cuoio, che a nessuno sembrava di conoscere, con altrettanta energia gridò, facendo echeggiare tutta la chiesa: «C'è o no libertà di opinione in questo paese, dannazione?».

Il povero sagrestano Andersson, persona degna nonché proprietario di una chiave a tubo che era ancora nel suo cassetto in sagrestia, uomo che davvero non si meritava di esser messo in quella situazione imbarazzante, era ora giunto alla conclusione che il vicario, il quale in mezzo al tumulto era rimasto lassù, sotto il suo baldacchino, e con un sorriso dolce e un po' ebete guardava dall'alto la comunità in agitazione, probabilmente era stato colpito da, come si dice, qualcosa di psichico. E un limite fra la profondità di pensiero e la demenza bisognava stabilirlo. Il signor Andersson ritenne che tale limite fosse ormai stato oltrepassato, e corse in sagrestia per chiamare l'ambulanza da Fagersta.

Essendo domenica non fu facile trovare qualcuno che rispondesse. La comunità dei fedeli si era divisa in piccoli gruppi, che discutevano concitatamente. Gli uomini dell'ambulanza bestemmiarono in finnico stretto perché avevan dovuto interrompere senza nulla di fatto la domenicale partitina a carte in stazione. Ciocco approfittò dell'occasione per infilarsi finalmente, senza farsi troppo notare, in sagrestia e prendere in prestito, dal cassetto in cui si trovava, il grosso cacciavite e la piccola chiave a tubo del sagrestano. (La memoria dei cassetti e degli armadi è tanto migliore di quella degli uomini. Le cose sono abili, ma in un modo diverso.)

Ciocco, poveretto, aveva a volte una straordinaria capacità di sapere, all'interno di quel paesaggio, dov'era ogni cosa.

Ma non aveva neanche troppe altre cose da fare.

I fedeli si erano divisi in gruppetti che discorrevano animatamente sul prato della chiesa, dove l'acqua piovana correva via in torrentelli, e dove i fiori sussiegosamente si sforzavano di rialzarsi dopo la grandinata. E con molto sforzo Ciocco riuscì a togliere dal ciclomotore la vecchia candela annerita.

Se non era semplicemente rimasta soffocata per mancanza d'ossigeno un istante prima che arrivasse la pioggia, il problema doveva essere lì.

Notizie biobibliografiche

HENRY BAUCHAU è nato a Malines, in Belgio, nel 1913. Avvocato nel 1936, ufficiale nel 1939 e partigiano nel 1944, dal 1946 si trasferisce a Parigi, dove dà vita a una casa editrice e si sottopone a una lunga psicoanalisi. Nel 1951 fonda a Gstaad, in Svizzera, un collegio femminile internazionale che dirigerà fino al 1975.
Nel 1958 appare da Gallimard il suo primo libro: *Géologie*, una raccolta di poesie che vince subito il premio Max Jacob. Due anni dopo pubblica in Svizzera la pièce teatrale *Gengis Khan*, messa in scena da Ariane Mnouchkine. Nel 1966 appare il primo romanzo, *La déchirure*, e nello stesso anno Bauchau incontra Jacques Lacan, del quale seguirà a lungo i seminari. Intanto pubblica senza interruzione poesie e poemi: nel 1964 la raccolta *L'escalier bleu*, nel 1967 *La Dogana*, che comprende i versi scritti nel corso di numerosi soggiorni a Venezia. Dopo un altro testo teatrale (*La machination*, 1969), nel 1972 pubblica ancora con Gallimard un romanzo ambientato nella guerra di Secessione, *Le régiment noir*.
Nel 1976 inizia a lavorare come psicoterapeuta nelle istituzioni ospedaliere parigine, specializzandosi nell'assistenza agli adolescenti e nella espressione artistica come terapia per i malati. Nel frattempo pubblica il poema *La sourde oreille ou Le rêve de Freud*, e completa una monumentale biografia di Mao (*Essai sur la vie de Mao Zedong*, 1982). Nel 1986 raccoglie in un solo volume tutta la sua produzione poetica: *Poésie 1950-1986*.
Nel 1990, con *Œdipe sur la route* dà inizio alla pubblicazione del "ciclo edipico", che comprende prose, poesie e testi teatrali, e su cui continua tuttora a lavorare. Finora sono apparsi *Diotime et les lions* (1991) e *L'arbre fou* (1995).
In italiano sono stati pubblicati *Edipo sulla strada*, *Diotima e i leoni* e *Il ragazzo di Salamina*.

Lars Bonnevie *a cura del medesimo*. Il mio esordio letterario è avvenuto nel 1970 con il romanzo *Agent* che, come i due successivi, *Teresas Forvandling* (1972), e *Festen er forbi* (1974), è ispirato alle teorie del gruppo francese Tel Quel. I romanzi *Oppe i bjergene, ud på havet* (1979), e *Byen venter* (1984), invece, sono opere di satira sociale in un contesto realista. Negli anni '70 sono stato critico letterario per la stampa danese di sinistra. È una forma di ascetismo che davvero non mi sento di raccomandare a nessuno.

Ho trascorso la maggior parte degli anni '80 in Africa, nello Zimbabwe, in Tanzania, in Mozambico, lavorando come giornalista free-lance e scrivendo il romanzo *En grav i vinden* (1986), un racconto giallo sulla guerra civile nello Zimbabwe post-colonialista. Contemporaneamente ho anche pubblicato articoli sulla guerra civile in Salvador, che ha costituito lo spunto per il libro *Dagbog fra en krig*. Le guerre civili mi hanno sempre interessato.

Dal 1986 al 1989, che mi si creda o no, sono stato ispettore del Ministero della Pubblica Istruzione nel Botswana, dove ho abitato per tre anni in un villaggio del deserto del Kalahari, soffrendo di allucinazioni, attacchi di febbre e profonda nostalgia di Parigi, la città che più amo dopo Maputo. Ne è però valsa la pena. Ho descritto quelle mie avventure nel romanzo autofittivo *Botswana Blues* (1990), che ha riscosso i consensi della critica francese, ma non di quella danese.

Dopo il mio ritorno in Danimarca ho scritto *Vera K's hemmelighed* (1993), storia apocalittica postmoderna inserita in una cornice cattolica, che ha suscitato profonda indignazione. Nel 1995 ho pubblicato, sul conflitto palestino-israeliano, *I territorierne*, che ha ricevuto un premio letterario. Sono inoltre autore di racconti, radiodrammi e film televisivi. I miei libri sono tradotti in francese, tedesco, olandese e svedese.

Dal 1992 scrivo commenti, critiche letterarie e resoconti di viaggi – per lo più dall'Africa e dal Medio Oriente – per «Weekend-avisen». Dalla mia biografia appare evidente che sto meglio quando non sono in Danimarca.

Ho anche tradotto autori stranieri. In particolare voglio ricordare Jacques Derrida, Lautréamont, Euripide, Molière, Jean Genet, Jorge Semprun, Nazim Hikmet, Claude Simon, Jean Potocki e Le Clézio. Tradurre quel genere di scrittori è per me vitale.

Talvolta mi vien voglia di raccogliere gli articoli scritti negli ultimi venticinque anni e di pubblicarli, ma non ne ho il coraggio: ho paura di scoprire che sia stato tutto tempo sprecato.

FERNANDO CAMPOS è nato a Águas Santas (Oporto) nel 1924. Ha pubblicato i romanzi: *A Casa do Pó* (1986); *O Homem da Máquina de Escrever* (1987); *Psiché* (1987); *O pesadelo de d'Eus* (1990). Ha curato insieme a Alcide Soares l'antologia *Prosadores Relìgìosos do séc. XVI* (1950) ed è autore di saggi sulla letteratura e di studi etimologici.
In italiano è stato pubblicato il romanzo *L'uomo dalla macchina per scrivere*.

BERNARD CHAMBAZ è nato il 18 maggio 1949 a Boulogne-Billancourt (vicino Parigi). Insegna storia al liceo Louis-le-Grand di Parigi. Ha pubblicato i romanzi *L'Arbre de vies* (1992) e *L'Orgue de Barbarie* (1995); le raccolte poetiche *Le plus grand poème par-dessus bord jeté* (1983); *Italiques deux* (1992); il racconto *Martin cet été* (1994); i saggi *Le principe Renaissance* (1987), *La dialectique Veronese* (1989).

BARBARA FRISCHMUTH è nata nel 1941 a Altaussee, in Stiria. Ha studiato turco, ungherese e lingue orientali a Graz, Erzurum (Turchia), Debrecen (Ungheria) e infine a Vienna. Nel 1987 ha insegnato alla Washington University di St. Louis e ora vive a Vienna, dove lavora come scrittrice e traduttrice dall'ungherese. Membro del gruppo di artisti "Forum Stadtpark" di Graz, ha ricevuto numerosi riconoscimenti letterari fra cui il premio della Città di Vienna, quello del Land Steiermark, l'Anton-Wildgans-Preis, l'Ida-Dehmel-Literaturpreis e, nel 1988, il Würdigungspreis für Literatur conferito dallo Stato austriaco. Dal 1981 è la casa editrice Residenz di Salisburgo a pubblicare in prima edizione le sue opere. In traduzione italiana sono usciti nel 1986 *Il collegio delle suore* e *Inganno e incanti di Sophie Silber*.

MARCO GOETZ è nato a Wiltz (nel nord del Granducato di Lussemburgo) il 2 febbraio 1966 ed è scrittore pubblicista.
In un primo tempo è stato redattore presso il quotidiano «Tageblatt», il settimanale «Revue» e la rivista di arte e architettura «Formes nouvelles» di Lussemburgo, successivamente si e dedicato a servizi giornalistici nel settore radiofonico e televisivo collaborando con la radio tedesca RPR di Treviri (Germania).
Dal 1992 opera stabilmente presso l'Ente nazionale radiotelevisivo di RTL e dal 1995 collabora alla redazione di una rubrica culturale che accompagna il programma in lussemburghese *Eng stonn fier Letzebuerg*.

JUAN GOYTISOLO è uno dei grandi scrittori spagnoli del dopoguerra. Nato a Barcellona nel 1931, studiò Giurisprudenza per qualche anno. Nel 1956 si trasferì nella capitale francese e lavorò come consulente letterario per la casa editrice Gallimard. Dal 1969 al 1975, ha insegnato come *visiting professor* presso le università di Boston, New York e California. Da qualche anno vive tra Parigi e Marrakesh.

Tra i suoi romanzi ricordiamo: *Señas de identidad* (1966), *Reinvicación del conde don Julián* (1970), *Juan sin tierra* (1957), *Paisajes después de la batalla* (1982), *Las virtudes del pájaro solitario* (1994) e di recente pubblicazione *El sitio de los sitios*. Come saggista ha pubblicato libri come *Coto vedado*, *Disidencias* (1977), *Contracorriente* (1984) e *El bosque de las letras* (1995).

Nel 1985 ha vinto il Premio Europalia e nel 1993 il Premio Nelly Sachs come rappresentante della letteratura moderna e del dialogo tra le culture. È autore anche di due libri di reportage: *Cuaderno de Sarajevo*, Premio Mediterraneo 1994, e *Argelia en el Vendaval*.

LARS GUSTAFSSON romanziere, poeta, critico letterario e saggista svedese. Nato a Västerås (Svezia centro-occidentale) nel 1936. Direttore di «Bonniers litterara magasin» dal 1962 al 1972. Critico letterario sui quotidiani «Expressen» (1961-80) e «Svenska Dagbladet» (1981-). Ordinario di filosofia e lingue germaniche a Austin, Texas, dal 1983. Noto negli anni Sessanta soprattutto come prosatore dagli interessi filosofici, è approdato nel decennio successivo, con la pentalogia *Sprickorna i muren* – da *Herr Gustafsson själv* a *En biodlares död* a temi anche realistici e di critica sociale. *Bernard Foys tredje rockad*, grande successo internazionale del 1986, è un thriller intellettuale. Tra le sue opere principali ricordiamo: *Vägvila* (1957), *Poeten Brumbergs sista dagar och död* (1959), *Bröderna* (1960), *Följeslagarna* (1962), *Den egentliga berättelsen om herr Arenander* (1966), *Yllet* (1973), *Familjesten* (1975), *Sigismund* (1976), *Sorgemusik för frimurare* (1983), *En kakelsättares eftermiddag* (1991).

Non meno importante la produzione poetica di Gustafsson, che testimonia anch'essa dei suoi interessi filosofici, in specie gnoseologici, nonché di una vena mistica. Segnaliamo le raccolte: *Ballongfararna* (1962), *Kärleksförklaring till en sefardisk dam* (1970), *Varma rum och kalla* (1972), *Världens tystnad före Bach* (1982), *Förberedelser för vintersäsongen* (1990).

In italiano sono stati pubblicati: *Lo strano animale del Nord*, *Morte di un api-*

cultore, Dikter, Preparativi di fuga, Il pomeriggio di un piastrellista, La vera storia del signor Arenander: appunti e *Storia con cane: dai diari di un giudice fallimentare.*

ANTON HAAKMAN è nato a Bussum, Paesi Bassi, nel 1933. È stato cineasta (tra i suoi film ricordiamo *Sulle orme di Athanasius Kircher*), critico e cronista. Ha pubblicato il saggio *Achter de Spiegel*; i romanzi: *Liberty*; *De onderaardse wereld van Athanasius Kircher*; *Het Paradijs*; *De derde broer* e le raccolte di racconti *Uitvluchten* e *Helse machines*. In italiano è stato pubblicato *Il mondo sotterraneo di Athanasius Kircher*. Ha tradotto Pavese, Montaigne, Hawthorne, Baldassar Castiglione.

LEENA KROHN è nata nel 1947. Ha studiato letteratura, filosofia e psicologia. Scrittrice di poesie, romanzi, libri per bambini e saggi, Leena Krohn è un'ottima illustratrice. Con i suoi libri ha vinto numerosi premi letterari come il Premio Andersen (nel 1972 e nel 1975), il Premio Letterario di Stato (1989) e il Premio Finlandia (1992). Le sue opere sono state pubblicate in Bulgaria, Ungheria, Giappone, Norvegia, Svezia, Estonia, Inghilterra.

AIDAN MATHEWS è nato a Dublino nel 1956. Ha compiuto gli studi dapprima con i Gesuiti e in seguito all'università di Dublino e di Stanford in California. Ha pubblicato il romanzo *Müesli at Midnight*, due antologie di poesie e diverse commedie che sono state messe in scena a Dublino, Londra, Parigi e Boston. È inoltre autore di due raccolte di novelle: *Adventures in a Bathyscope* e *Lipstick on the Host*. Quest'ultima è stata tradotta in italiano e pubblicata da Bollati-Boringhieri nel 1994 con il titolo *Rossetto sull'ostia*. Ha vinto diversi premi sia in Irlanda che all'estero. Lavora come produttore per la radio nazionale irlandese (RTE) e vive a Dublino con la moglie e le due figlie.

TIM PARKS è nato a Manchester (Gran Bretagna) nel 1954, è vissuto a Londra e ha studiato a Cambridge e a Harvard. Nel 1979 ha sposato un'italiana e si è trasferito in Italia. Attualmente insegna traduzione letteraria presso l'Istituto Universitario di Lingue Moderne a Milano. È autore di sette romanzi tra cui *Tongues of Flame* (1985), *Loving Roger* (1986) e *Shear* (1993) accolti dal favore della critica e insigniti di vari premi letterari, e di *Italian Neighbours* (1992), un sapido resoconto della vita di provincia in Italia, che ha riscosso

molto successo in diversi paesi. Oltre alla sua opera di romanziere, Tim Parks è anche traduttore di Antonio Tabucchi, Italo Calvino e Roberto Calasso.
In Italia sono stati pubblicati il romanzo *Lingue di fuoco*, il saggio *Italiani* e sono in corso di stampa *Un'educazione italiana* e *Shear*.

LUISE RINSER è nata a Pitzling, in Alta Baviera, nel 1911. Negli anni Trenta, si dedicò all'insegnamento in alcune scuole elementari della Baviera e iniziò un'intensa attività giornalistica e letteraria. Cominciò in questo periodo un fitto carteggio con Hermann Hesse, che sarà in seguito uno dei suoi più convinti sostenitori.
Nel 1939, dopo aver abbandonato l'insegnamento per aver rifiutato di aderire al partito nazionalsocialista, sposò il direttore d'orchestra Horst Günther Schnell, caduto nel 1943 sul fronte russo.
Nel 1941 pubblicò con notevole successo il suo primo romanzo *Die gläsernen Ringe*, la cui seconda edizione fu vietata dalle autorità; nel 1944 fu arrestata per propaganda antimilitarista e rinchiusa nel carcere di Traunstein, dove scrisse *Gefängnistagebuch*, pubblicato nel 1946. Nel 1947 partecipò al primo congresso postbellico degli scrittori tedeschi e nel 1953, a Parigi, al primo convegno degli scrittori tedeschi e francesi. Intanto, dal 1948, si era stabilita a Monaco.
Le opere che segnano il suo definitivo ingresso nel mondo della letteratura sono il romanzo *Mitte des Lebens* (1950) e la raccolta di racconti *Ein Bündel voller Narzissen* (1956). Tra le successive opere di narrativa segnaliamo *Der schwarze Esel* (1974), e *Miriam* (1953).
Nel 1959, dopo la separazione dal compositore Carl Orff, si trasferì a Roma. Accreditata come giornalista, ha potuto seguire i lavori del Concilio Vaticano Secondo; da questa esperienza sono nati alcuni scritti di carattere teologico e *Zölibat und Frau* (1967), nei quali si dichiara a favore di una politica ecclesiale riformista.
Dal 1965 si è stabilita a Rocca di Papa.
In italiano sono stati pubblicati: *Diario del carcere*, *L'amore di Belardo*, *Il gatto rosso*, *L'asino nero*, *La gioia perfetta*.

GIORGIO VAN STRATEN è nato nel 1955 a Firenze, dove vive e lavora. Ha pubblicato i romanzi *Generazione* (1987), *Ritmi per il nostro ballo* (1992), *Corruzione* (1995) e la raccolta di racconti *Hai sbagliato foresta* (1989).
Altri suoi testi narrativi sono contenuti nei volumi *Il racconto del nostro*

presente (1989), *Canzoni* (1990), *Italiana* (1991) e *16 racconti italiani* (1992). Ha tradotto *Il giardino segreto* di Frances Hodgson Burnett, *Il richiamo della foresta* di Jack London e *Il libro della giungla* di Kipling.

Ha curato con altri la pubblicazione di *Ebraismo e antiebraismo: immagine e pregiudizio* (1989) e *Autobiografia di un giornale. «Il Nuovo Corriere» di Firenze, 1947-1956* (1989).

È collaboratore de «L'Unità». Suoi articoli e saggi sono apparsi su molti giornali e riviste, fra i quali «La Repubblica», «Nuovi Argomenti», «Micromega» e «Autografo».

VASILIS VASILIKÒS (Kavalla 1934). Ha studiato legge presso l'Università Aristotele di Salonicco e regia televisiva negli Stati Uniti. Ha vissuto in Francia, in Italia e in America, specialmente nel periodo della dittatura dei colonnelli (1967-74). Nel mondo delle lettere è apparso con la novella *Diùghisi tu Jàsona* (1953). Ha pubblicato più di 50 libri, molti dei quali sono stati tradotti in diverse lingue. Del suo romanzo *Z* (1966) è stata fatta una versione cinematografica dal regista Costa-Gavras. Alla fine del 1981 è stato nominato sostituto direttore generale della ERT-1(Radiotelevisione statale greca).Tra le sue numerose opere ricordiamo: *To filla, To pigadi, To anghèliasma* (1960 una trilogia premiata con il Premio dei Dodici), *Ektòs ton tichòn* (1966), *Kafenion Emigrèk* (1970), *O monarchis* (1973), *Glafkos Thrasàkis* (1975, romanzo), *Ta silò* (1976, autobiografia), *To nerò* (1977, racconti), *To sfrato* (1987, romanzo).

In italiano è stato pubblicato il romanzo *La foglia*.

Finito di stampare nel mese di marzo 1996
presso Giunti Industrie Grafiche S.p.A. - Stabilimento di Prato